AF465333

SECONDE PARTIE DE L'ETAT DE LA IUSTICE.

CONTENANT

LES PLVS IMPORTANTES MATIERES du Droit Civil, tant en theorie, qu'en pratique, & la maniere d'instruire le Procés civil.

Avec plusieurs Traités utils & curieux, notamment touchant les Droits Seigneuriaux, les matieres Beneficiales, les Tailles, & les appellations comme d'abus.

LIVRE PREMIER DE LA SECONDE PARTIE DE L'ETAT, DE LA IVSTICE.

CONTENANT LA THEORIE DV DROIT CIVIL.

CHAPITRE PREMIER.

SOMMAIRE ET HISTORIQVE Recueil du Droit Civil & Canon.

COMME la societé est naturelle aux hommes, rien n'est si important dans la vie que le Droit, qui la maintient par la punition des crimes, & la distinction des Domaines ; aussi le Monde ne fût pas plûtost tiré du neant par les mains de Dieu, qu'il exerça sa Justice contre les Anges rebelles, & l'homme prevaricateur.

Le Droit est le maintient de la societé.

Du siecle d'or.

Ie sçay à la verité que l'innocence du siecle d'or, c'est à dire des premiers temps, n'avoit pas besoin d'un grand nombre de Legislateurs, puisque au dire du Poëte châcun joüissoit du sien sans peine ny empêchement.

Ante Iovem nulli subigebant arva coloni.
Nec signare quidem, aut partiri limite campum
Fas erat : in medium quærebant, ipsaque tellus
Omnia liberius nullo poscente ferebat.

Des siecles d'argent, d'airain & de fer.

Mais la corruption des siecles devenus d'argent, puis d'airain, & enfin de fer, a causé les défiances, les injustices, & la necessité du travail, & de l'industrie.

Sed cum longa dies acuit mortalia,
Et labor ingenium dedit.

Source des Loix.

Tellement que les desordres augmentans, les loix se sont aussi acruës, comme les familles sont devenuës de grands Etats.

Premiers Legislateurs.

Les Hebreux, & les Grecs en ont été les plus fameux inventeurs, jusques à ce que les Romains étans devenus maîtres du Monde, en ont voulu être les Legislateurs.

Loix des Rois Romains.

Romulus, cét illustre fondateur de ce grand Empire, l'affermit d'abord par les Loix qu'il fit nommer *leges curiatas* à cause qu'il consultoit les Decurions en les faisant. Servius en adjoûta, concernant la guerre : Numa pour les Sacrifices, & ainsi des autres Rois. *a* Papirius recueillit les Loix Royales, qui enfin tomberent en decry aprés le crime de tarquin, & l'execration du Diademe.

a tot tit. ff. de orig. Iur.

Suite du droit Romain.

Le Peuple vêquit vingt ans dans l'incertitude, & fut contraint de deputer en Grece, d'où l'on apporta quelques Loix, qui avec leurs interpretations formerent celles des douze Tables.

Loix des 12. Tables.

Des actions.

Mais comme il fallut les mettre en usage dans le Barreau, l'on établit les actions, appellées *leges actiones*, lesquelles ayans été rangées par Appius Claudius son affranchy, il les donna au peuple, qui le recompensa de trois Offices remarquables, quoy qu'il se fit honneur du bien d'autruy.

Enfin Ælius voulant rencherir sur les actions forenses, il inventa des formules, dont l'inobservation étoit si à craindre, qu'une seule syllabe y étant obmise, l'on étoit certain de perdre sa cause ; ce qui a été abrogé par Iustinien, comme captieux & plein de surprise. *a*

Formules scrupuleuses d'actions.

Or, comme l'autorité souveraine residoit au peuple, il avoit droit d'établir la Loy sur les propositions d'un Magistrat du Senat ; & la populace s'étant separée, elle fit aussi des Loix populaires, appellées *Plebiscita* ; le Senat voyant la difficulté d'assembler le peuple, ordonna presque tout dans la suite, & ces decisions generales furent nommées *Senatusconsulta*. Les Preteurs qui avoient droit d'exercer la Iustice firent aussi des Edits à peu prés semblables à nos Reglemens, au dire de Varron : Mais avant que Iulian les eût reduit en vingt-quatre livres, & rendus perpetuels par l'autorité de Iulien l'Empereur, ils ne duroient qu'autant que les Offices de ces Magistrats. Les Princes ayãs repris l'autorité souveraine dans l'Empire, ils y établirent aussi des Regles generales; mais comme rien n'est plus digne du nom de Loy que ce qui répond à la raison *quærere legem*, dit Aristote, *ubi est ratio naturalis, est infirmitas intellectus.*) La derniere espece du Droit Ecript fut les réponses de quantité de Iurisconsultes celebres, ausquelles les Souverains procurerent le credit.

a tot. ti. de for. & impet. act. subl.

Lex.

Plebiscitum.

Senatusconsultum.

Edicta Pretorum.

Edictum perpetuum.

Placita Principum.

Responsa prudentum.

Les Coutumes eurent aussi force de Loy, mesme de l'abroger & de l'expliquer, *b* & furent nommées Droit

Consuetudo [illegible]

non écrit, *Ritus familiæ patriæque servanto,* dit la Loy des douze Tables, & Ciceron *a* adjoûte ces mots, *ex patriis ritibus colunto optima*, *consuetudines*, dit encore Pitagore, *animum formant. Consuetudinis usus que longævi non est vilis auctoritas*, disent nos Loix *b*, & Clarus remarque en sa Question 39. qu'il faut observer *Ritus patriæ.*

a *Cic. de leg.*

Effets de la Coutume.

b *l. 2. quæ sit. long. consuet.*

Ses qualitez.

c *Bald. de cõsuet. Intr. s. improbi que nisi possessio improba est.*

La Coutume doit être honnête & raisonnable, Papinien dit qu'il ne faut pas regarder ce qui s'est fait, mais ce que nous sommes obligez de faire, & Balde *c* desire quatre circonstances pour l'établir, les mœurs, la raison, le temps & le consentement du peuple, qui est presumé par plusieurs actes notoires, suffisant que le Prince ne l'impreuve pas, sans que son adveu exprés soit necessaire, & c'est le sens de la Glosse du Canon *frustra* 8. *dist.*

Loix nouvelles & superfluës sont odieuses.

Il faut pourtant tenir pour regle infaillible que la Coutume ayant commencé par Cain, & la Loy par Moyse, *& si prior consuetudo, melior est constitutio* : Que la Loy doit être honnête, juste, possible, necessaire, publique & manifeste, qu'enfin les loix superfluës ne sont pas la santé du corps naturel, *ubi multa pharmaca multi morbi*, jusques là qu'au dire de Manilius,

——————— *legesque per ipsas*
Sævit nequities ————

Divers recueils des Loix.

Codes Hermogenien, Gregorien & Theodosien.

Code de Iustinien, les Digestes & le Code vieux.

Le Code nouveau.

Plusieurs Princes & grands Personnages ont ramassées les Loix de temps en temps, Hermogene, & Gregoire hommes privez les reduisirent dans leurs Codes, lesquels furent autorisez par celuy de l'Empereur Theodose, qui les renferma dans le sien ; mais Iustinien se voulant attirer toute la gloire d'avoir rangées les Loix dispersées en tant de volumes, & & de vers, les reduisit dans les cinquante livres du Digeste, & dans les douze de son Code, où il ajoûta plusieurs choses remarquables par une seconde edition, qu'il nomma Code nouveau, aprés avoir foüillé plus de mille Constitutions dans celuy de Theodose, rétably aprés Cujas par Godefroy, & mis en lumiere aprés sa mort par les soins du Docte Marville premier Règent de l'Vniversité de Valence.

Histoire du Code Theodosie.

Ce Code avoit déja été receu en Allemagne par l'autorité de Federic, mais il ne le pût point être en Orient à cause des Baziliques; il est pourtant la fontaine du Droit Romain, comme ont remarqué les sçavans du Port Royal, dont la plume est si excellente, & si acreditée par toute l'Europe, qu'elle ressemble à celle de l'Aigle.

Baziliques des Grecs. Eloge de Mrs du Port Royal.

Le Code de Iustinien, & tout ce qu'il a ramassé de plus important, mesme des fragments de Caius pour l'institut, a été rangé par Tribonien, Theophile, Dorothée, Isidore, & quelques autres; & les Digestes ont été formés des sentiment de Pomponius, Caius, Africanus, Neratius, Scevola, Triphonius, Hermogenianus, Modestinus, Marcellus, Calistratus, Alfenus, Marcianus, Iunius, Florentinus, Proculus, & Sabinus, ces deux derniers ayans élevé un Schisme entre les Iurisconsultes, à cause de leurs opinions differentes.

De la Compilatiõ & ordre du Code Iustinien, & des Digestes & Institutes.

Iurisconsultes nommez dans les Loix du Digeste. Secte des Sabiniens & Proculeiens.

Les Empereurs Iustinien, Iustin, Tybere & Leon ayans fait des Loix appellées Novelles, elles ont esté jointes au Corps du droit, Irnerius en a aussi logé sous quelque titres du Code, certains particuliers ont ajoûté au corps du droit les Constitutions feodales, ainsi que remarque Pacius dans la Preface de ses Isagoges, Godefroy, & Accurse y ont fait des doctes Commentaires, & plusieurs ont écrit sur toutes les Loix, notamment Bartole & Iason.

Des Novelles & authentiques.

Des fiefs.

Loix particulieres des Princes dans leurs Etats.

Outre le Droit civil, appellé commun, parce qu'il affecte tout l'Empire, chaque Prince Souverain a établyles Loix qu'il a voulu dans ses Etats ; comme ont fait les Ducs de Savoye dans les leurs par l'ancien Statut, Commenté par le Senateur Sola, les Edits, & le Stil qu'ils ont approuvé.

Des reglemēs

Qui en peut faire.

Les Magistrats en dernier ressort, & méme les Villes font des Reglemens (qui peuvent être changez s'il plait au Prince,) non pas pour aller du pair, mais pour preuenir les inconveniens en choses, où le Prince n'a pas loisir ny le temps d'y mettre la main, & les Cours Souveraines en font par tout touchant la conduite des formalitez, & les affaires de police, ce qui n'est permis aux Subalternes comme a remarqué Dolives en quelque endroit. *a*

a Doliv. q not. liv. 1. c. 38.

L'Eglise a aussi ses Loix que l'on observe en Savoye lors qu'il s'agit *de periculo salutis æternæ*, & non en ce qui interesse le temporel.

Loix Ecclesiastiques. Leur divisiō.

Ces Loix portent le titre de *Droit Canon*, & sont aussi écrites, & non écrites, consistans en preceptes, qui sont ou moraux, ou mistiques, en coutumes, & en constitutions, qui contiennent les Decrets des Papes, les Decisions des Conciles, & les Dits des Peres de l'Eglise. Nous avons plusieurs Livres pour ce regard, à sçavoir les Decretales de Gregoire IX. celles de Boniface VIII. les Decrets, les Extravagantes de Iean XXII. & les Communes, *Ioan. Andreas*, Felin, Panormitain & *Bernardus* ont écrit fort sçavamment sur le Droit Canon.

Du droit Canon. les Decretales. Du decret de Gratian.

Regles de Chācellerie.

Les Souverains Pontifes ont étably des regles touchant la chancellerie Romaine, lesquelles ont esté ramassées par Paul III. dans un volume separé, elles sont rejettées en Savoye, lors quelles sont bursales, *b* & Gonzales

b G. Fab. def. 10. de sacr.

a fort bien écrit sur la huitiéme, Gomez a parlé de toutes.

Les Evêques, comme Pasteurs & Pontifes dans leurs Diocefes, ont aussi pouvoir d'y faire des Loix touchant le spirituel, ainsi qu'a fait autrefois le Glorieux S. François de Sales, & depuis peu l'illustre Evêque qui remplit aujourd'huy sa place avec tant d'exactitude & de pieté, qu'on peut l'appeller la veritable copie de ce grand Saint, comme il est son successeur dans la Prelature.

Constitutiõs particulieres des Evêques. Eloge de M. d'Alex Evêque de Geneve.

Les Loix auroient été inutiles de tout temps, si elles n'avoient eu des Ministres, & des Dispensateurs pour parler pour elles.

Des Magistrats.

Les Magistrats, qui sont les loix vivantes, furent ordonnés au temps de Moyse lors que Dieu luy donna les cinquante vieillards pour partager son esprit, & ses soins: les Grecs êtablirent plusieurs Tribunaux, entre autres le fameux Conseil de l'Areopage, & Romulus fonda un Senat à Rome de cent des plus anciens de son peuple; il l'accrût de cent autres aprés la reception des Sabins dans la Ville, qui furent appellez Conscrits comme les premiers êtoient nommés Peres; & Tarquinius Priscus en adjoûta cent, qui furent les Chevaliers & le dernier Ordre.

Du Senat de l'Areopage.

Du Senat de Rome.

Ses ordres.

Ce Senat (que Ciceron nomme Conseil d'Etat du monde comme Tacite l'appelle *Seminaire des dignitez*,) devint si nombreux par l'ambition des particuliers, qu'il fut de neuf cens Senateurs au temps de Iules Cesar, & de douze cens à celuy d'Auguste, qui les reduisit au premier nombre.

Nombre des Senateurs Romains. Voyez Loyzeau.

Il ne s'abbaissoit pas au jugement des procez pendant sa splendeur, mais à recevoir & envoyer les Ambassadeurs, à menager les causes de la guerre, à deputer les

Ses emplois, sa decheance.

a Bodin. l.3. c.1. Budee in l ult de Sen. b Denys Halycar. liv.6. Loyseau Polyb. des ord.ch.2.

chefs d'armée, & les Gouverneurs des Provinces, a & étoit plutôt un Conseil d'Etat, qu'un Tribunal de Iustice, qu'il faisoit exercer aux particuliers; b mais il commença à y être employé sous les empereurs, pour le détacher des choses publiques, & son autorité s'évanoüit insensiblement par l'établissement de la Monarchie, jusques-là que ses Arrests dependoient du caprice des Empereurs. c

c Voyez Loys. & Depeysse.

Les Magistrats populaires avoient déja diminué son autorité, & quoy que les Consuls fussent avant la Monarchie, les premiers de l'Etat, ils n'en étoient pas les plus absolus, on fut contraint d'agreger les Tribuns dans le Senat.

Autres offices de la Republique Romaine.

Il y eut une infinité d'emplois publics pendant la vigueur de l'Empire Romain, comme des Dictateurs, des Ediles, des Quêsteurs, Preteurs & autres que l'on peut lire chez Pansirol, & dans la Notice de l'Empire.

CHAPITRE II.

Des Personnes publiques, & Dignitez, tant Ecclesiastiques que Seculieres.

a Inst. de personis.

COMME les personnes sont l'objet plus noble du Droit, il est juste d'en preposer le traité, aux choses & aux actions qui sont les deux autres. a

De Dieu.

De la Vierge Marie.

Des intelligences Celestes.

Dieu tient, sans doute, le premier rang par les trois Personnes mysterieuses & adorables de la Trinité parmy toutes choses, & aprés luy la sainte Vierge Marie Mere du Verbe Incarné, & la plus parfaite de toutes les femmes. Les Intelligences Celestes sont aprés, selon les dignitez de leurs Hierarchies, dont la 1. eſt celle des Seraphins, des Cherubins & des Thrônes, la 2. celle des Vertus, Puiſſances & Dominations, & la troiſiéme des Principautez, des Archanges & des Anges: Il y a auſſi des ordres en Paradis touchant les hommes predeſtinez, ſçavoir des Patriarches, Prophetes, Apôtres, Martyrs, Confeſſeurs, Vierges, & autres Saints, étant à remarquer que les degrez d'élevation dans ce lieu de delices, n'eſt pas meſuré par la ſituation, mais par la proportion de l'amour de Dieu, & de ſa connoiſſance, ce qui a fait reſſentir à des Saints les joyes de Paradis dans des exthaſes.

Leurs ordres.

Ordre des predeſtinez.

En quoy conſiſte le honheur des SS.

L'Egliſe Militante a ſes Hierarchies & Dignitez, ainſi que la Triomphante, où le Pape tient le premier rang comme Vicaire de Ieſus-Chriſt, & Succeſſeur de S. Pierre, les Cardinaux le ſecond, & les Evêques, & autres Prelats à proportion de leurs dignitez.

Hierarchies de l'Egliſe viſible.

Du Pape.

Des Cardinaux.

Des Evêques, & autres Prelats.

Il y a un nombre preſque infiny de dignitez, perſonnats, & autres emplois dans l'Egliſe Catholique, méme en Savoye, comme des Archevêques, Evêques, Abez, Doyens, Prieurs, Prevoſts, Chanceliers, Archidiacres, Archiprêtres, Premiciers, Plebains, Chanoines, Curez, Chantres, Coadjuteurs, Prefets, Theologaux, Sacriſtains, Vicaires, Recteurs, Collegiez, Altariens, Chapellains, Chevaliers, Commendataires: & rien n'eſt ſi loüable que la belle & ſainte emulation de nôtre Clergé, ſoit que l'on conſidere les Prêtres ſeculiers, ſoit que l'on jette les yeux ſur les Colleges, & ſur les Moines, qui tous ſont des modelles & des exemples de vertu.

Des dignitez & perſonats de l'Egliſe.

Eloge de tout le Clergé de Savoye.

L'Egliſe ſouffrante a ſes ordres dans les aproches de la beatitude qu'elle eſpere, à l'avancement de laquelle les ſuffrages de la militante operent beaucoup auprés de

des ames [illegible]

Des Pardons & Iubilez.

Dieu, qui luy a donné les clefs du Ciel, *datæ sunt tibi claves regni Cælorum :* Aussi ouvre-t'elle ses tresors aux fideles, ou par des Indulgences limitées, ou par des plenieres, ou par des amnisties & pardons generaux, que nous appellons *Iubilez*.

Etymologie du mot *Iubilé*.

Ce mot vient de *Iobel*, qui veut dire remission en langue Hebraïque, parce qu'en ce temps les biens vendus retournoient aux vendeurs sans rien payer, & la liberté aux esclaves.

Temps des Iubilez.

Les Iubilez n'étoient accordez au commencement que de siecle en siecle, ils le furent aprés tous les cinquante ans, & le sont à chaque vingt-cinquiéme année, à la creation des Papes, & souvent aux urgentes necessitez de l'Eglise ; de sorte que les remedes s'offrent souvent à nos maux, mais nous sommes laches à leur application, & infideles aux semonces de la grace.

Des dignitez du monde. Voyez le 1. ch. de l'Etat de la Iustice part 1. & le ch. des fiefs touchant les Marquis, Cõtes & Barõs.

Quant aux dignitez temporelles, celles d'Empereur, Roy, Duc, Prince, Marquis, Comte, Vicomte, & Baron sont les plus connuës dans l'Europe, l'Electorat est la plus grande en Allemagne aprés celle d'Empereur.

Des Empereurs.

La qualité d'Empereur étoit anciennement moindre que celle de Roy, & n'appartenoit qu'au chef d'armée, *a* en effet Empereur vient du mot Latin *Imperare* : Mais aujourd'huy cette dignité est fort relevée, & son élection fut laissée aux Allemans par le Pape Gregoire V. dans un Concile. *b*

a *Alex. ab Alex. lib. 1. gen. dier.*

b *c. venerabilem de elect.*

Des Rois.

Celle de Roy a toûjours été fort considerée dans l'antiquité, mais elle n'est gueres plus relevée en Italie que celle de Duc, ainsi que remarque Paul Emille au 1. de son Histoire, & nous lisons dans Polibe que Publius ayant vaincu Adsdrubal la prefera à celle de Roy, que les vaincus luy avoient offerte. Cette auguste qualité a toûjours été conservée par nos Princes, quoy qu'ils ayent celle de Roy, & qu'il y en ait peu de plus grands & de plus magnifiques, comme on verra en quelque maniere dans le Chapitre suivant.

CHAPITRE III.

Etat present de la Royale Maison de Savoye.

PVISQUE l'occasion me conduit heureusement au pied du Trône de mon souverain (où je rencontre plus de sujet d'admiration que n'en eut la Reine de Saba abordant Salomon;) j'estime qu'il n'est pas hors de propos d'ébaucher les grandeurs de ce Prince, & d'en laisser sur le papier quelques idées à la posterité.

Suite de la matiere.

Ce Monarque issu de tant d'Empereurs, & de Rois qui *a* se fait admirer par toute la terre s'appliquant uniquemẽt à nous maintenir la paix que ses armes ont fait naitre, & à procurer l'abondance dans ses Etats, fait voir par sa conduite qu'il est l'honneur des Loix, l'appuy de la Iustice, le miracle des armes, & les delices du peuple, sur lequel il a versé cette pluye d'or qu'on dit être tombée sur les Rhodiens à la naissance de Minerve; ce qui nous reduit dans une impuissance d'en remercier dignement le Ciel, quelques sacrifices que nous luy offrions:

a *Voyez Monod, Guichenõ* Eloge de S. A.R. Charles Emanuel II. Duc de Savoye, Prince de Piémont, Roy de Chypre, &c.

Magna quidem superi petimus: sed debita terris
Pro tanto quæ sint improba vota Deo.

Il n'est pas icy necessaire d'étaler la naissance, les alliances, & les prerogatives de ce grand Prince, *a* n'étant pas mon dessein d'ecrire l'histoire, sinon par occasion, outre que j'en ay dit quelque chose dans le premier Chapitre de cét Ouvrage. Il suffit que sa qualité Royale, & son empire absolu, & independant, soient notoires, nonobstant l'opinion erronnée de Bodin, & de Loyseau, & les doutes que Guichenon temoigne d'avoir qu'il soit descendu de la tres-illustre Maison de Saxe *b*, ce qui est pourtant une verité incontestable.

a Menod des alliances de Savoye.

Ce dernier a nié le glorieux mystere de la Devise F. E. R. T. & appelle une fable, ce qui publie dans son explication naturelle le secours que les Serenissimes predecesseurs de ce Prince ont donné à Rhodes par la force de leur bras, en quoy il a imité cét Erostrate qui brûla le Temple de Diane pour se rendre remarquable pendant que les Ephesiens n'osoient pas prononcer par respect le nom de cette Deesse, & il a crû de mieux signaler sa plume en écrivant des choses nouvelles, & opposées au sentiment de tous les sçavans.

Erreur de Loyseau & Bodin.

b Guich. c. 15. de son Hist.

Erreur de Guichenon.

S. A. R. peut porter titre de Roy, non seulement par ses pretentions legitimes sur trois grands Royaumes, & sur une infinité d'Etats *c*, mais encore en veuë de ce qu'il possede actuellement & sans obstacle ; car s'il est vray ce qu'en disent Gregoire Tholosain, & Loyseau, qu'il suffise pour être Roy de posseder quatre Duchez, & dix Citez, il n'y a nulle difficulté à son égard, puis qu'il a sous son empire cinq Duchez, quatre Principautez, cinquante Marquisats, trois cens Comtez, un grand nombre de Baronnies, & cent belles Villes fermées, desquelles il y a plus de vingt Citez. Aussi voit-on plusieurs

Titre de Royauté des Ducs de Savoye.

c Voyez 1. p. c. 1. de l'Etat de la Iustice. Voyez Guich. ch. 12. Menod.

Royaumes considerables qui n'approchent pas l'étenduë de ses Etats, sans comprendre ses pretentions, (car s'il recouvroit ce qu'on luy usurpe, il y auroit peu de Princes au monde dont les possessions fussent si vastes. *a*)

a Voyez Guichenon Hist. de Savoye.

Et comme il est grand en toutes choses, il a été merveilleux dans le choix de nôtre Souveraine, sa chere épouse, qui est asseurément l'ouvrage des mains de Dieu, & du bon genie de l'Etat, puisque cette illustre Heroïne concourt si heureusement à ses bontez pour ses peuples; de sorte que si elle est le trône des graces & la merveille de son sexe, elle est aussi bien faisante, & le modelle des vertus.

Eloge de M. R. Marie-Jeanne Baptiste de Nemours, Duchesse de Savoye, Reyne de Chypre.

Ce choix fortuné de nôtre Auguste Souverain na pas esté sans d'heureuses suites, & sans les benedictions du Ciel; car nous voyons nos vœux accomplis par le glorieux fruit de ce chaste hymenée, qui fait la consommation de nos joyes, & la plenitude de nos bonheurs.

Eloge de Monseigneur le Prince de Piémont Victor-Ame-François.

Nous admirons cette éclatante parhelie, (je parle de Monseigneur le Prince de Piémont) qui reflechissant les vertus de ses Augustes parens à leur satisfaction & à leur gloire, n'est pas plûtost né qu'il est plein de courage & de majesté.

Hinc sata majestas ———

Quaque die partu est edita magna fuit.

La Cour de Savoye, étant une des plus magnifiques du monde, est composée de plusieurs Princes, & autres Grands Personnages, son sejour est en Piémont, depuis que le Duc Louys de glorieuse memoire l'y eût transferée, elle résidoit auparavant en Savoye, au grand avantage de cét Etat, *b* qui soûpire encor aprés cette perte, & rien n'ét capable de nous en consoler que la satisfaction de

Des Princes & autres Grands de la Cour.

b Voyez Guichenon, Paradin [illegible].

nôtre Prince, que nous préferons à la nôtre ; Nous joignons à ce motif respectueux, la certitude que nous avons de l'amitié de Messieurs de Piédmont, cymantée par tant d'Illustres alliances, lesquels résouviendront toûjours nôtre commun maître, du premier de ses états.

Quant à moy, je considere le Piémont à peu prés comme ma chere patrie, puis que Noble Estienne de Ville mon troisiéme Ayeul en est issu, lequel fut conduit en Savoye par le Duc Charles le Bon de *glorieuse memoire.*

Eloge de la Serenissime Princesse Loüise.

Quant aux Princes de la Cour de Savoye Madame la Princesse Loüise Sœur aînée de S. A.R. y tient le premier rang autant par ses rares qualitez, que par l'élevation de sa naissance.

Eloge des Serenissimes Princes de Carignan & Soissons.

Les Serenissimes Princes de Carignan, & de Soissons sont des plus illustres ornemens de la Cour, & c'est assés dire d'eux que d'assurer qu'ils sont les fideles copies, & les veritables expressions du genereux Prince Thomas, puisque comme dit Horace. *a*

a *Horace Carm. 4. Od. 4*

Fortes creantur fortibus.

Eloge de Mr Don Gabriel, & de Mr Don Antoine de Savoye.

Les excellentissimes Dom Gabriel & Dom Antoine de Savoye, dont le rang est des premiers en Cour, sont deux illustres Heros, l'un dans les combats par sa valeur, & l'autre dans l'Eglise par ses vertus, lesquels semblent avoir été figurez par les Machabées, qui tenoient d'un côté la lance & de l'autre l'encensoir, car partageans leurs illustres personnes entre Dieu & le Souverain, l'on peut dire avec le Poëte que,

Divisum Imperium cum Iove Cæsar habet.

Eloge de Mrs les Marquis de Lans & de D'ronero.

Messieurs les Marquis de Lans & de D'ronero, issus de la tres-illustre famille d'Est qui a fourny des Ducs à Modene, & des Lieutenans Generaux en Savoye, sont une

une figure tres-avantageuſe en Cour par leur naiſſance, & dans le ſervice de S. A. R. par leurs beaux emplois.

Monſieur le Marquis de Pianeſſe, Chevalier de l'Ordre, & ancien Miniſtre d'Etat, eſt trop connu pour avoir beſoin d'eloges, & les empreſſemens du Prince pour le conſulter, nonobſtant ſa retraite, diſent tout de ce grand homme, duquel les prerogatives ne ſont ignorées de perſonne, non plus que celles de Monſieur le Marquis de Livournes Chevalier de l'ordre ſon Fils unique.

Eloge de Mr le Marquis de Pianeſſe.

De Mr le Marquis de Livournes.

Et comme il n'y a preſque point de Prince Souverain qui n'ait étably quelque Ordre de Chevalerie pour animer ſes bons ſerviteurs, & les recompenſer (comme on peut voir en France par celuy du S. Eſprit, par celuy de la Toiſon d'or en Eſpagne, & par l'Ordre de la Iarretiere en Angleterre) il y en a auſſi en Savoye de fort illuſtres à ſçavoir l'Ordre de l'Annonciade, qui eſt le faiſte des honneurs, lequel fut étably par le Duc Amé VI. ſurnommé Comte Verd, celuy de S. Maurice, & celuy de ſaint Lazare *a*; les deux derniers ayans été unis par Emanuel Philibert de glorieuſe memoire: *b* le Prince eſt chef Souverain de ces Ordres, & porte toujours le Colier du premier, il a auſſi la bague de S. Maurice qu'il prend avec la couronne, comme la relique ſalutaire du Patron de Savoye, pour marquer le mariage qu'il contracte avec ſes Etats, auſquels il donne ſa protection, comme ils le reconnoiſſent pour leur Seigneur Souverain: Guichenon fait mention d'un agneau qui eſt en Angleterrre, que l'on nomme la Bague Royale, il prend cette relique comme les Rois de France reçoivent l'onction de la ſainte Ampoule dans leur inſtalation, & dans leur ſacre. Or

Des Ordres de Savoye.

Ordre de l'Annõciade.

a *Guichenon en ſon Hiſt. chap. 13.*

Ordre des SS. Maurice & Lazare.

b *au même lieu.*

Bague de S. Maurice.

Conseils deambulatoires

comme Saul receut l'huile des mains sacrées de Samuël, Les Serenissimes Ducs de Savoye ont plusieurs Conseils d'Etat & de Iustice, qui les suivans anciennement par tout, étoient appellés deambulatoires, composez d'Ecclesiastiques, de gens d'épée, & de Iurisconsultes *a*, ils en ont encore qui suivent la Cour, & des autres fixez en certains endroits.

a Voyez Guic.

Du grand Conseil.

Le premier de tous est le Conseil privé, soit d'en-haut, où le Souverain se trouve presque toûjours, lequel est composé de plusieurs grands & illustres personnages, tant Ecclesiastiques que Seculiers, notamment de Monsieur le Grand Chancelier, Monsieur l'Archevêque de Turin, Monsieur le Marquis du Bourg, Messieurs le Marquis de S. Thomas & Comte de Bugtilieres, Monsieur l'Abbé d'Aglié, & quelques autres. Ie ne sçaurois mieux comparer ce Conseil illustre, qu'à celuy qu'on disoit être tenu par Iupiter lors qu'il assembloit les autres Dieux dans l'Olympe pour les affaires importantes du Genre humain.

Eloge du Conseil d'en-haut.

Tum Iovis Imperio rapidi super atria cæli,
Lectus Concilio divum convenerat ordo.

Comme les Ducs de Savoye ont des Offices de Cour, de Iustice, de guerre, & de Finances, *b* aussi bien que les Rois de France *c*; il est à propos de sçavoir que les trois principaux sont le Grand Ecuyer, le Grand Maître d'Hôtel, & le Grand Chambellan qui n'ont aucune precedence entr'eux.

b Voyez Guic.
c Loysaau.

Offices de la Couronne. Eloge des 3. premiers Officiers de la Couronne.

Ces trois charges sont le mistere des trois yeux de l'image de Minerve en Argos, ou des trois visage par lesquels Diane se faisoit reverer parmy les anciens, puis qu'elles font éclater la grandeur du Prince par leur élevation, & par le merite de ceux qui les possedent, d'autant plus que le nombre ternaire qui est le plus parfait de tous est icy le hyeroglife de la puissance, de la perfection, & de la Iustice, que les Pitagoriciens luy attribuoient. *a*

a Deliv. ass. fer.

Le Grand Ecuyer, qui est aujourd'huy Monsieur le Marquis de S. Germain Chevalier de l'Ordre, a intendance sur les Ecuyers, Pages, Valets de pied, & sur toute l'Ecuyrie.

Mr le Marquis de S. Germain.

Les quatre premiers Ecuyers sont à present Monsieur le Marquis de saint Maurice Chevalier de l'Ordre, Monsieur Cagnol, Monsieur le Comte de Sales, & Monsieur de Marroles, les autres principaux Ecuyers sont Monsieur le Baron d'Arvey, Monsieur le Chevalier d'Aglié, & Monsieur le Marquis de Chastillon, tous personnes de merite, & pleins de zele pour leur Prince.

Des quatre premiers Ecuyers. *Des autres Ecuyers.* *Leur eloge.*

Le Grand Maître d'Hôtel, qui est à present Monsieur le Comte de Cumiane Chevalier de l'Ordre, est chef du Conseil de la Maison Royale, & a intendance sur les Maîtres d'Hôtel, les Gentilshommes servants, Contrôlleurs de la Maison, Ecuyers & autres Officiers de Cuisine, ensemble sur ce qui regarde la table du Prince.

Mr le Comte Cumiane. Droits du grand Maitre

Le Grand Chambellam, qui est aujourd'huy Monsieur le Marquis de Livournes Chevalier de l'Ordre, a intendance sur les Gentilshommes, Valets & Adiutans de la Chambre, comme aussi sur les Ameublemens & la Musique du Prince. Ie diray en passant qu'Humbert de Ville mon pere a eu l'honneur d'être Gentil-homme de la Chambre de S. A. R. & auparavant de celle de Victor Amé de glorieuse memoire, afin que toute la terre sçache que ma famille s'est toûjours attachée au service de ses Souverains, ainsi que je fais à leur exemple.

Mr le Marquis de Livournes. Droits du grand Chambellam.

Il y a aussi l'office de grand Maître de Garderobe

Mr le Marquis d'Elmare. Droits du grand Maître de garderobe

occupé maintenant par Monsieur le Marquis d'Elmare & de Cirié, qui a intendance sur le Contrôleur & Valets de Garderobe, ensemble sur ce qui concerne les habits & livrées du Prince, mais il n'est pas Officier de la Couronne.

Cour de M. Royale.

Madame Royale a aussi ses Ecuyers, Maîtres d'Hôtel, & autres Officiers à peu prés au méme ordre que S.A.R. & Monseigneur le Prince de Piémont les siens.

Bas Officiers de Cour ont tous dignité.

Il y a une infinité de bas Offices en Cour, qui tous font honneur à ceux qui les possédent par l'interest qu'a le public que le Prince soit servy, & par la gloire que tout le monde rencontre de le faire, jusques là que selon le dire des Iurisconsultes, auquel je soucris sans hesiter, *Coquus Principis habet dignitatem.* a

Eloge de toute la Cour de Savoye.

Enfin il n'y a rien qui ne soit grand & magnifique en nôtre Prince, & comme il est une merveille en toutes choses, particulierement dans la vertu, tout suit ses vestiges dans sa Cour.

——— Componitur orbis
Regis ad exemplum——— dit Claudian.

a *Tiraquel. de nobil. C. Fab. def 4. de dig. & nob Bald.*

Conseils d'Etat. Referendaires. Chef du Cōseil d'Etat de Piémont. Eloge de Mr le grād Chācelier Busquet.

Outre le Conseil d'En-haut duquel nous venons de parler, il y a des Conseils d'Etat, tant en Savoye qu'en Piémont : celuy de Piémont étant composé de douze Referendaires, que l'on nomme en France Maîtres des Requestes, & ayans le grand Chancelier pour chef.

Cette eminente dignité est à present remplie de l'illustre personne de Monsieur le Comte Busquet des Marquis de Ceve, duquel la capacité, l'experience & la fermeté luy procurent le glorieux titre de protecteur des Loix, & pere des peuples, comme il est le chef universel de la Iustice, & l'oreille du Prince par les droits de sa charge.

Hic est qui leges Regni Cancellat iniquas,
Et mandata pij principis æqua facit
Si quid obest populo vel legibus est inimicum.
Quidquid obest per eum desinit esse nocens. a

Quant au Conseil d'Etat de Savoye nous en avons parlé ailleurs. *b*

S. A. R. a un grand nombre de Secretaires d'Estat qui portent titre de ses Conseillers, mais les principaux sont actuellement auprés d'elle, & leurs emplois ne sont pas peu honorables, & importans, *arduum est*, dit Cassiodore, *principis meruisse secretum.*

Aussi voit-on dans plusieurs textes c du Droit, l'état que les Empereurs en ont toujours fait, ils ont toutes exemptions de Tailles en ce pays pendant qu'ils servent actuellement le Prince.

Ces dignitez étoient si relevées au dire de Livius que le premier Secretaire (qui étoit le Chancelier en ce pays, ainsi qu'à observé Guichenon) siegeoit jadis aprés le Roy, & portoit quasi les mesmes vêtemens; *Scriba*, dit-il, parlant de Minutius, *cum rege sedens pari ornatu multa agebat,* ils sont à l'égard du Prince comme étoit Ioseph auprés de Dieu, *ostendit tibi omnia Deus quæ locutus est.* d

Le premier Secretaire d'Etat est à present Monsieur le Marquis de S. Thomas, dont la plume excellente & fine ravit tout le monde. Ce grand Ministre d'Etat, qui est l'oracle du Prince chez les etrangers, est si fortement attaché à son maître qu'il se prive souvent des alimens & du repos par ses veilles, n'ayant d'autres veuës dans ses assiduitez, que son service & sa gloire, semblable à cette plante merveilleuse qui regarde toûjours le Soleil, dont parle Ovide dans ces vers. e

a *Lud. de pen. in l. nemo de decur. lib. 12.*
b *part. 1. c. 7. de l'Etat de la Iustice.*
Des Secretaires d'Etat. Leurs prerogatives.
c *Vide Rub. de prox. sacr. scrin. de agen. in rebus & de prepos. agent. in reb. C. l. 12.*
d *Genes. 41.*
Eloge de M. le Marquis de S. Thomas
Ses attachemés au Prince.
e *Ovid. Metamorp. 6. lib. 4.*

——— *Illa suum, quamvis radice tenetur,*
Vertitur ad solem, mutataque servat amorem.

Eloge de Mr le Comte de Butiglieres.

Monsieur le Comte de Butiglieres Marquis de Sommerive son fils, exerce la même charge en survie avec celle de Ministre d'Etat, d'une maniere qui ravit chacun d'admiration, & qui fait connoître qu'il succede dignement à cet important employ, où Messieurs ses pere, & ayeul, se sont signalez avec tant de zele & de succez, & que comme dit Horace *a*

a Horac. Car. 4. Od. 4.

——— *Nec imbellem feroces*
Progenerant aquilæ columbam.

Eloge de Mr le Comte Sansoz.

Monsieur le Comte Sansoz est un des principaux Conseillers & Secretaires d'Etat, l'ayant été du cabinet de feu M. R. avec une conduite & une fidelité remarquables pendant un grand nombre d'années.

Eloge de Mr Cauly.

Monsieur Cauly est aussi Conseiller & Secretaire d'Etat & des Finances de S. A. R. & un des plus experimentez personnages de son temps, sçavant en toutes choses; mais particulierement dans l'Histoire, & dans la Iurisprudence: enfin sa fidelité & longs services luy ont procuré du credit auprés du Prince, comme sa franchise le fait estimer universellement par les bons offices qu'il rend a chacun, *vir fidelis multum laudabitur*, dit le sage dans les Proverbes. *b*

b Proverb. 13.

Mr. le Comte Vibaud. Autres Secretaires du Prince. Barthelemy de Ville Secretaire d'Eta. & envoyé d'Em. Philibert.

Monsieur le Comte Vibaud est aussi Conseiller & Secretaire d'Etat avec merite, & plusieurs autres dignes personnages, lesquels je ne nommeray pas pour être brief, me contentant d'en conserver toute sorte d'estime dans mon silence, à quoy j'incline d'autant plus volontiers, qu'un de mes predecesseurs nommé Barthelemy de Ville a eu l'honneur d'être Secretaire d'Emanuel Philibert qui le delega pour demeler ses interests avec les Suisses, notamment pour le traité d'Evian. *a*

a Patentes du 7. Iuin 1567. signé Philibert.

Des offices de Iustice.

Les Offices de Iustice sont en fort grand nombre tant deçà, que delà les Alpes, étant un des plus illustres caracteres de la grandeur, & de la seureté d'un Prince, *erit salus*, dit le sage *b*, *ubi multa Consilia sunt.* I'ay parlé des Magistrats, & autres Officiers de Iustice de Savoye au premier chapitre de cet ouvrage, particulierement du Senat, Chambre des Comptes, & Iuges Mages, qui sont appellez Prefets en Piémont.

b Prov. 26. n. 6.

Offices de Iustice de Piémont.

Il y a en cette grande Principauté, qui est le Iardin de l'Italie, un grand nombre de Magistrats, aussi bien que dans le Comté de Nice; mais les Senats & Chambre des Comptes en sont les premiers, & les plus celebres.

Eloge de Mrs Novarina & Blancardy.

Monsieur Novarina est premier President au Senat de Turin, & Monsieur le Baron Blancardy l'est aux Comptes, tous deux personnes tres-equitables, & dignes des emplois relevez qu'ils possédent dans deux des plus celebres Compagnies d'Italie, y ayant peu de Cours de Iustice au monde d'où il soit sorty tant de livres, & de doctes écrits que de cét excellentissime Senat.

Eloge du Senat & Chambre des Cōptes de Turin.

Emplois de guerre auprés du Prince.

Les charges & emplois de guerre qui suivent ordinairement le Prince, sont fort considerables, & en grand nombre. Il y a une Compagnie fort remarquable dont les Officiers ont toûjours été Savoysiens, que l'on nomme *les Gentils-hommes Archers*; une autre des Cuirasses, une des Arquebusiers à cheval, outre celle de Madame Royale, un Regiment de Suisses, & un autre de gens de pied, appellé *Regiment des Gardes*, comme est celuy du Roy Tres-Chrêtien en France.

Des Gardes du corps. des cuirasses, des Arquebusiers, des Suisses.

Regiment des Gardes.

La charge importante de Capitaine des Gardes du

Eloge de Mr le Marquis de Bernex
Capitaine des Gentilshommes Archers.
Eloge de Mr le Marquis de S. Maurice

corps est possedée aujourd'huy avec merite par Monsieur le Marquis de Bernex, Chevalier de l'Ordre, qui est un des plus genereux & vaillans hommes de son siecle.

Monsieur le Marquis de S. Maurice aussi Chevalier de l'Ordre (outre ses autres emplois) en est Lieutenant avec rang & paye de Capitaine : cet illustre & aimable Marquis, qui s'est signalé depuis peu dans une Ambassade celebre, qui est l'appuy de la Noblesse, & la confiance de sa patrie, est aussi l'homme selon l'esprit & le cœur du Prince, comme David le fut de celuy de Dieu, *Directus est spiritus Domini in David*, a & l'ayant appellé auprés de sa Royale personne, il dit de luy ce que Dieu dit de ce même Roy, *stet in conspectu meo invenit enim gratiam in oculis meis*. b

a Samuel 1. c.16.
b Samuel 10.

Eloge de Mr le Marquis de Tournon.
Comparaisõ curieuse.

Monsieur le Marquis de Tournon, personne de qualité & de cœur, est Cornette des Gardes du corps, & l'on peut comparer ces trois heros aux trois pointes de la foudre dont la fable arma Iupiter pour rendre sa Majesté venerable, ou au trident, par lequel Neptune appaise les mers courroucées.

Chefs des autres Corps.
Leur eloge.

Monsieur le Comte Augustin de l'Elances Chevalier de l'Ordre, est Capitaine des cuirasses, Monsieur le Comte Visque des Arquebusiers à cheval, Monsieur le Marquis de D'ronero de ceux de M. R. Monsieur le Marquis Tanaz Chevalier de l'Ordre, General des Suisses ; tous personnes illustres & zelées pour la gloire du Prince, & pour la seureté de sa sacrée personne.

Armées de Savoye.

S. A. R. a plusieurs corps dans ses armées, tant d'infanterie, que de cavalerie, qui ont leurs chefs, & leurs Officiers. Monsieur Dom Gabriel exerce les charges de Lieutenant general de l'Infanterie, & de la cavalerie ; il y a des

des Commissaires generaux, des Fourriers generaux, Colonels, Sergens de Bataille, Aydes de Camp, Capitaines, Lieutenans, Cornetes, Enseignes, &c. & l'Escadron de Savoye a toûjours été en grande reputation par tout, s'étant signalé dans toutes les rencontres où il a été d'une maniere qui l'a fait admirer aux étrangers, & redouter aux ennemis, témoins les combats de Proz, du Thesin, & les guerres de la Valteline. Le Lieutenant general de ce corps est Monsieur le Baron de Mont-saint-Iean de l'illustre Maison de Clermont, Chevalier de l'Ordre, & grand Capitaine s'il y en a point dans l'Europe, & Monsieur le Marquis de Chevelu Commissaire general, qui est aussi tres-brave & grand homme.

De l'Escadrō de Savoye.

Sa reputatiō

Eloges de Mrs les Barō de Mont S. Iean & Marquis de Lucey

S. A. R. a plusieurs Regimens d'Infanterie, qui portent le nom d'une partie de ses Provinces, comme ceux de Piedmont, de Montferrat, de Nice, &c. Comme aussi ceux de Chablais, Genevois, & ainsi des autres, il y en a plusieurs auprés du Roy tres-Chrêtien, duquel les interests sont plus chers à nôtre Prince, que les siens propres.

Divers regimens d'Infanterie.

Divers gouvernemens.

Ce Prince a un grand nombre de Garnisons & Gouvernemens sous sa puissance, comme Savoye, Turin, Nice, Ast, Aouste, Verceil, le château de Chambery, Bielaz, Verruë, Cony, Montmeillan, qui est un des miracles du monde par sa force, & l'on peut dire sans exaggeration que ce Prince est grand en toutes choses.

Enfin comme nous avons divisé les Offices dependans de S. A. R. en Offices de Cour, de Iustice, de Guerre, & Finances: Il faut traiter des derniers en peu de mots.

Des Finances.

Quoy que le Conseil des Finances de Savoye soit incorporé à la Chambre des Comptes, il ne laisse pas d'a-

Eloge de Mr Granery.

voir ses Magistrats, entre autres Monsieur le President Grancery Comte de Marcenasc, qui remplit avec tant de merite la charge d'Intendant general des Finances deçà les Monts, se menageant si prudemment entre le Prince & le peuple, qu'il procure toûjours la satisfaction du premier touchant les Finances, & s'attire à même temps la benediction des autres.

Eloge de Mr le Controolleur Carron.

Monsieur le Maistre Auditeur Carron exerce aussi merveilleusement bien la charge de Contrôlleur general comme plein d'integrité & d'experience.

Du Conseil des Finances de Piémont.

Eloge de Mr le President Truchi.

Quant au Conseil des Finances de Piémont; il est composé de plusieurs personnes de merite, & a pour chef & premier President Monsieur le Comte Truchi, un des plus rares hommes de son temps, & rien ne peut mieux faire son panegire que la part qu'il a dans les bonnes graces de nôtre Souverain, duquel le discernement est infaillible, *sacrilegij enim crimen est*, dit une Loy *a*, *dubitare an dignus sit quem princeps elegerit.* Monsieur Ferraris est general des Finances de Piémont, personnage de probité.

a l.1.C. de crim. sacrileg.

Enfin tous les Officiers de Cour, de Iustice, de Guerre & de Finances vont à l'envy les uns des autres, châcun à proportion de sa sphere, & de son employ à qui servira mieux le Prince, & son Etat; & l'on peut assurer que S. A. R. est autant maître de nos cœurs, comme il l'est de nos biens & de nos vies.

CHAPITRE IV.

Des Personnes privées, de leurs états & divisions.

IL y a deux états parmy les hommes, le public duquel nous avons traité, & dont le changement *non minuit caput*, & le privé qui fait le contraire, *qui enim amittit libertatem cadit in maximam capitis diminutionem qui civitatem in mediam, qui familiam in minimam.*

Division de l'état des personnes.

a *Inst. de cap. dim.*

Nous divisons les personnes selon l'école, *de jure naturali in mares, & fœminas, de jure gentium in liberos & servos, de civili, in eos qui sunt sui juris vel alieni, & de Canonico in Clericos & Laicos.*

Division des personnes privées.

b *vid. Inst. de Iur. person.*

c *vid. Inst. de his qui sui vel aliam iur. sunt.*

Les libres sont ingenus, ou affranchis *d*, & les personnes sujettes dependent, ou des peres, ou des maîtres, ou des tuteurs, ou des precepteurs, & des pedagogues, ou des maris quant aux femmes. Nous traiterons châque espece de dependance dans son ordre ; mais auparavant je toucheray quelques divisions extraordinaires des personnes pour la satisfaction des curieux.

d *vid. Inst. de ing. ad lib.*

Division des personnes libres.

six especes d'autorité privées.

Quelques speculatifs ont divisez les hommes en adamites, & non adamites : les premiers sont ceux qui composent nos societez, & les autres certains hommes sauvages, ausquels ils ont attribué diverses demeures ; Ils ont logé les Cyrenes, & les Nymphes dans les mers, les Salamandres dans la region du feu, les Sylvestres dans les forests & parmy les bois, & les Pigmez parmy la terre ;

Divisions curieuses des persõnes des adamites. Des non adamites, des Cyrenes, des Nymphes, des Salamandres, des Sylvestres, des pigmées.

Sur quoy l'on pourra lire Paracelse *in magna Philosophia de homunculis.*

Origine des Dieux fabuleux.

Cette croyance fantastique a suggeré aux anciens toutes ces Divinitez fabuleuses, dont nos Poëtes ont remply leurs vers, particulierement Ovide ses Metamorphoses.

des monstres

Ce n'est pas que la nature n'ait produit des monstres, ou par leur stature, ou par leur forme, comme des Cyclopes, des Patagons, des Topynambots, & des Cyrcasses; nous avons même dit ailleurs qu'on a veu des hommes

Du monde souterrain.

Aëriens, & des esprits pleurer & gemir dans les forests d'Egypte; je pourrois icy parler avec Descharttes des hommes qu'il dit habiter la Lune, & chercher avec Kir-

Kircher de mundo subterran.

Metempsicose.

cher des habitans, & des arbres dans les entrailles de la terre; enfin renouveler la ridicule opinion de Pitagore touchant la Metempsicose & transmigration des ames, dont parle Ovide quand il dit:

Morte carent animæ, semperque priore relicta
Sede, novis domibus vivunt habitantque receptæ.

Mais outre que l'opinion d'Auzout opposée à Descartes me revient, & que je ne crois pas plusieurs des existences dont j'ay parlé : la briéveté qui m'est indispensable me reduira aux choses utiles, & à la suite des dépendances, dont je me suis prescrit l'ordre.

CHAPITRE V.

De la puissance paternelle, & des moyens de l'acquerir.

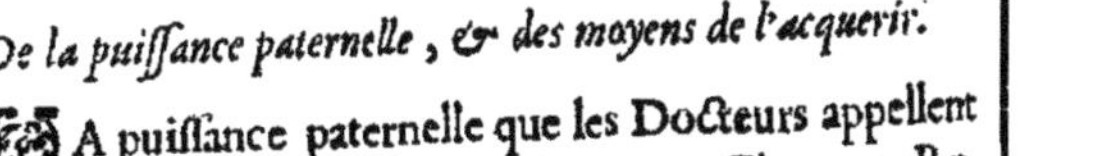

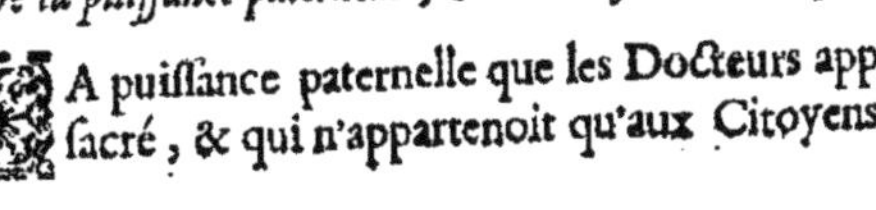

LA puissance paternelle que les Docteurs appellent sacré, & qui n'appartenoit qu'aux Citoyens Romains *a* étoit autrefois si grande que les peres pouvoient vendre leurs enfans jusqu'à trois fois, & même leur ôter la vie impunément ; mais aujourd'huy ce pouvoir est reduit à une correction moderée, & à certains avantages & usufruits touchant les biens (qui autrefois étoient aux peres par droit de pecule) s'ils ne sont acquis *contemplatione armatæ, aut togatæ militiæ*. Le fils de famille trouve aussi ses advantages, *in sacris paternis*, ne pouvant être preteri impunément, *b* ny desherité sans cause, étant censé maître pendant la vie même de son pere de ses biens, *c* & sa mort ne fait autre que luy laisser la libre administration de ce que la naissance luy avoit aquis.

Iusta quidem series patri succedere, verùm
Esse simul dominos gratior ordo pius.

Or la puissance paternelle s'acquerant par le mariage, la legitimation, & l'adoption, nous en parlerons briévement dans cette suite.

a Inst. de patr. potestat.

Anciēs droits des peres.

Leur pouvoir d'aujourd'huy.

Advãtage du fils tiré de la suite.

b vid. tit. de exhared. lib. & quib. mod. test. infirm. & de iniust. rupt.

c L. in suis ff. de l. & posth. & l. cum ratio de bon. damnat.

Moyens d'acquerir la puissance paternelle.

CHAPITRE VI.

Du mariage, & de ses circonstances.

LE mariage (appellé *matrimonium à matribus, nuptiæ à nubendo quia mulieres velatæ incedebant, & conjugium à communi jugo,*) n'étoit pas autrefois permis aux esclaves, ny aux libres avec étrangeres par la loy de Moyse, *a* & par celle de bizance ; *b* il y avoit pareils établissemens à Rome par la Loy *mentia*, que Vallens & Vallentinian abolirent, ainsi qu'on lit dans les fragments

Etymologies

Anciennes prohibitions des nopces.

a Exod. 34.
b Arist. acō. 1.

d'Vlpien qui assure que les Atheniens en usoient déja ainsi avant que le Preteur Euclyde y eut mis ordre.

A qui l'Eglise permet le mariage ? & quelles sont les circonstances.

Mais la loy du Christianisme, qui n'admet point de mariage qui ne soit Sacrement, le permet à tous pourveu qu'ils ne soient point liez avec autre, ou par le Diaconat, Subdiaconat, Prêtrise *a*, ou autrement par les vœux de Religion & de chasteté, & qu'ils soient puberes *b*, & capables de consentir, de le consommer, & qui se celebre en la presence du Curé & de deux témoins, suivant le Concile de Trente *c* que nous observons en ce qui touche la foy, & les Sacremens. Enfin qu'il n'y ait consanguinité *in 4. gradu*, ou alliance au même degré *in 1. genere.*

a 3. *Conc. Nic. c. divers. & c. 1. de Cler. coniug.*

à qui est prohibé.

b § 1. *inst. de nupt. to tit. de desponf. impu.*

c *Conc. Trid.* 1. *ss* 24.

En quoy est observé le Concile de Trente.

Il faut aussi le consentement des parens par les Edits de Savoye, comme assure le docte Faber, *d* aussi bien qu'en France par l'Ordonnance d'Henry II. de 1556. sans lequel les mariages sont clandestins avec privation des droits de legitime, n'y ayant rien de si contumelieux à un pere que le mépris qu'un enfant fait de ses advis.

d *C. Fab. def.* 12. *de inut. nupt.*

Mariages clandestins. Exemples.

S. Ambroise admire l'amour de Sizime qui pardonna à son fils pareille faute, & Damata se pendit, parce que sa fille Lavinia destinée à Turnus s'étoit mariée avec Ænée contre son gré. C'est assurément un des principaux motifs qui obligerent les Peres de l'Eglise à ordonner les proclamations aux Prônes, & qui rende nos Prelats si difficiles à en dispenser.

Il est vray que l'Eglise pleine de douceurs n'a declaré *de necessitate* le consentement des parens, mais seulement *de honestate*, *e* & il semble qu'on doive en exempter les hommes aprés trente ans, & les filles aprés vingt-cinq, parce que la virginité leur est à charge. *f*

e Can. [illegible] 27. q. 2. *Gloss. in cap. fin.* 22. *q. Gloss. in c.* 1. *de despons. imp.*

f *Conc. Trid. sess. de matr. C. Fab. def.* 2. *de nupt.*

Le mariage (qui est nommé par l'Apôtre *magnum Sacramentum*, & qui est un secours à l'infirmité, (*propter infirmitatem juvenum*, dit S. Chrisostome, *dominus nuptias dedit*) est le plus important affaire des particuliers, & des Etats, *in matrimoniis*, dit Quintilien, *scitis contineri, civitates, liberos, & populos*, & s'il est postposé à la virginité, ce n'est pas qu'il doive être improuvé en tous, comme il n'est pas approuvé en châcun, *sanctitatem virginitatis praeferimus*, dit Tertulien, contre Marcion, *non ut malo bonum, sed ut bono melius.* a

Cause de la permissiõ du mariage *in foro interno.*

a *Tertul. contra Marcion.*

Comme le mariage est la plus importante affaire de la vie, on la toûjours accompagné de solemnitez même parmy les Hebreux, ainsi qu'on lit des nopces de Tobie avec la fille de Raguel *b* la benediction en étant la principale, comme on voit dans leur Mahzore : les festins étoient aussi une des circonstances des nopces qui duroient sept jours. *c*

Importance du mariage. Ses solemnitez anciennes.

b *Tobie c.* 7.

c *Gen.* 29. *ind.* 14.

Ses formes parmy les Romains.

Les Romains avoient trois formes d'épouser leurs femmes à sçavoir *per coemptionem*, d *per confarreationem*, e *& per usum*, *f* les Cimbres se rognoient les ongles, & s'en faisoient present l'un à l'autre en signe de nopces ; les Teutons se coupoient les cheveux, & l'époux coupoit le bout de l'oreille à son épouse future. Nous lisons que ceux de Numidie crachoient en terre, & qu'ayant démelé leur crachat avec de la terre, ils signifioient l'union qui doit étre entre les mariés, qui de deux doivent devenir un seul, *duo in carne una* : Les Scythes se touchoient des pieds, puis des genoux, & enfin se baisoient *g* : Plutarque raporte que le Prêtre de Ceres benissoit les mariés, que l'on faisoit toucher le verrouil de la porte à la femme, & qu'on la parsemoit de froment, luy donnant

d *Cic. in Top.*

e *Boet. in* 2. *Topic.*

f *Gell. lib.* 3. *c.* 2. *Sigmius de antiq. iur. Roman.*

Superstitieuses ceremonies.

g *Vid. Grego. Thol in synt. p.* 11. *lib.* 9. *Plutarq in Rom. Bocat. lib. de nupt. Plutarq. lib. problem.*

en aprés les clefs en signe de son autorité dans la maison & qu'elle devenoit mere de famille, ce qui êtoit plus honorable que le simple titre d'épouse, comme remarque l'Orateur Romain, *a*, *genus est uxor*, dit-il, *eius duæ formæ, una matrumfamilias, hæ sunt quæ in manum convenerunt, altera earum quæ tantummodo uxores habentur.* L'Eglise Romaine qui est l'Ortodoxe, a aussi ses saintes ceremonies, qui sont la presence du Prêtre, & de deux témoins, *b* l'expression de la volonté par paroles, ou par signes quant aux muets, comme le declare Alexandre III. Pontife Romain, & la benediction nuptiale. Voicy les souhaits qui furent faits dans les nopces de Tobie, *Deus Abraham, Deus Isaac, Deus Iacob vobiscum sit & ipse coniungat vos impleatque benedictionem suam in vobis.*

a *Cic. in Top.*

Ceremonies de l'Eglise.

b *Paul. in l. mutus ff. de iur. dot. c. ex part. de spons.*

Le mariage est des premiers ouvrages de Dieu.

Or comme Dieu n'eut pas plûtost creé l'homme, & tiré la femme de ses os qu'il institua entr'eux le mariage; il s'en est declaré le protecteur, & nous y observons à peu prés le mesme ordre que les politiques desirent dans un Etat, qui n'est autre qu'une grande famille.

Comparaisō de l'Etat public avec l'état privé.

Car comme le Prince a superiorité sur tous ceux de son Etat, le pere de famille l'a sur toute sa maison, le Prince a des Conseillers, la femme doit avoir part dans les secrets, & la conduite de son mary, ses conseils n'êtans pas toûjours à rejeter, *faciamus adjutorium sibi*, *c*, jusques là qu'il est dit que l'heritage sans haye sera dissipé, *d* cela s'entend d'une femme vigilante, & menagere : Aussi le sage dit fort à propos que la femme fait & defait la maison, les enfans tiennent la place du Clergé & de la Noblesse, êtant de leur devoir de rendre honneur & obeïssance à leurs parens (*honora patrem & matrem*) & de suivre leurs dogmes & enseignemens, comme il est de l'office

c *Genes. 2.*

d *Eccles. 36.*

l'office des parens de veiller à leur education, & à leur vocation sans la geener, ce qui seroit une tiraunie damnable, & fort criminelle, enfin le tiers état des familles est les serviteurs, qui ne sont plus de la malheureuse condition des anciens esclaves, quoy qu'ils doivent servir fidellement leurs Maîtres, comme les Maîtres sont obligez au payement de leurs salaires.

De l'educatiō & vocation des enfans. Des serviteurs & domestiques.

Nous avons dit que la superiorité appartient au pere de famille dans ce qui en depend, & que sa femme est sa compagne, & sa conseillere (*faciamus adjutorium simile sibi*,) toutesfois ell'est sous son autorité, (& méme sous sa puissance chez les François, les marys selon ce qu'en dit Cesar dans ses Commentaires, avoient autrefois droit de vie & de mort sur leurs femmes, comme sur leurs enfans,) *in potestate viri eris*, dit l'Ecriture, *& ipse dominabitur tibi*, a tellement que s'il est vray que les gens de qualité sont ceux qui aiment plus leurs femmes, b aussi ne peut-on voir rien qui soit plus indigne de leur pudeur que la rebellion & la desobeïssance envers leurs maris; ce que connoissant Sara elle nomma toûjours le sien Baal, c'est à dire Seigneur.

Il faut la superiorité par tout & la dependance. la femme dépēs du mary.

a *Genef.* 3.

b *l. si uxor ff. de adult.*

La vertu fait honorer ce sexe, qui n'a pas la force pour se faire craindre, mais il perd son credit dans nos esprits lors qu'il sort de sa sphere que la modestie luy doit marquer, & il en est des femmes qui commandent aux hommes comme de ceux qui aiment mieux conduire les aveugles, que suivre les clairvoyans : il faut une honête complaisance pour elles, toutesfois il ne faut pas qu'elles en abusent, mais que s'aidans à supporter le joug commun, elles donnent leurs soins aux affaires de la maison, assistent leurs maris, & les consolent dans leurs disgraces,

La vertu & non la force fait honorer les femmes.

Devoir des femmes envers leurs maris.

Consolation du mariage.

auquel cas tous les evenemens deviendront suportables, *quid enim tam humanum*, dit Vlpien, *quam fortuitis casibus, mulieris in maritum, vel uxorem viri participem esse, quorum una domus ut ait Æschines*, a *unumque sepulchrum*, b Cette veuë obligea Hipsicratée à suivre par tout son cher Mitridate, comme remarque Valere le Grand: c La femme du Philosophe Crates en fit autant, nonobstant que son mary fut laid & pauvre, & même capricieux.

a *Æsch. epist. ad Sen.*
b *ca. unaqua. 15. q. 2.*
Exemples.
c *Valer. max. liv. 4. ch. 6.*

L'écriture dit que l'homme est heureux qui rencontre une bonne femme, & que le compte de sa vie est double, d & quoique quelques ennemis des femmes les ayent nommées *un mal necessaire*, neanmoins ils confessent qu'elles sont la joye & la consolation des maisons où elles peuvent être sans scandale.

Vtilité de la femme.
d *Ecclef.* 26.

Malum sunt mulieres, dit le Poëte, e *verum tamen ô populares*
Hoc sine malo domum inhabitare non licet
Nam & uxorem ducere, & non ducere malum est.

e *Suzario apud Stobæum in nupt.*

Il y a peu de choses utiles qui n'ayent leurs incommoditez en croupe.

Terra salutiferas herbas, eademque nocentes
Nutrit, & urticæ proxima sæpe rosa est.

Vxores autem non tam ad sedandam libidinem, prolemque producendam, ducuntur; quam in auxilium maritorum, nihil enim tam onerosum est, dit Herocles, *quod vir & uxor non facillime ferant concordes. Nihilque tam oblectat animum, ait Seneca, quam amicitia fidelis.* Or, qui osera soûtenir qu'il y ait d'amitié au monde semblable à celle du mariage, qui est un lien bien plus indissoluble que le nœud Gordien, puis qu'il est l'ouvrage de la main de Dieu.

Principale fin du mariage. Il n'y a rien d'insupportable aux personnes mariées qui s'aiment & qui sont de bonne intelligence.

CHAPITRE VII.

Des dotes, augments, joyaux, donations à cause de nopces, Boiiaires, & biens parapharnaux, & adventifs.

QVOYQUE la dote ne soit pas de l'essence des nopces, elle en est pourtant presque le seul motif au temps interessé où nous sommes, l'or étant ce point mistique, avec lequel Archimede se vantoit d'ébranler la terre, & la principale qualité que l'on recherche aux femmes.

Tace stulta, dit Plaute, *num tu nunc hominum mores vides?*
Dùm dos sit nullum vitium vitio vortitur. a
Cur nemo est hecalem, nulla est quæ irum? dit Ovide. *b*
Nempe quod alter egens altera pauper erat.

a Plaut. in pers. act. 3. scen. 1.
b Ovid 2. de remed. amor.

En quoy plusieurs s'abusent infiniment rencontrans souvent des imperfections avec une grosse dote,

Intolerabilius nihil est, dit Iuvenal, *quam fœmina dives.*

Les femmes ont trois sortes de biens, les dotaux qui sont constituez aux maris, les paraphernaux, qu'elles se sont reservez en propre, & les adventifs qui leur sont arrivez dés le mariage, les François nomment les biens extradotaux, pecule de la femme; le mary est maître civil, & bonitaire de la dote, & en a les fruits, *c* le domaine naturel restant à la femme. Il est administrateur des paraphernaux si elle ne l'empéche expressement suivant la constitution de Theodose & Valentinien, *d* mais si la femme n'ayant rien à soy s'acquiert quelque chose, il est presumé

Divers biens des femmes, des biens dotaux, paraphernaux & adventifs.

c l. doce ancil. C. de rei vind.
Genres de constitutiõs.
d l. hac lege C. de pact. cõvent. l. marit. C. de procur.

du bien du mary *l. quintus de don. inst vir. & uxor.*

a *l. ult. C. de dot. promis.*
b *l. neque mater C. de iur. dot.*
c *C. Fab. def. 3 de dot. prom.*

La dote est constituée ou necessairement comme par le pere, *a* & à son defaut par la mere, *b* & méme le frere, & si elle perit le pere qui l'a donnée en est responsable *c*, ou volontairement par la fille qui se marie, ou autres qui la veulent gratifier, étant certain que la fille peut constituer son bien à son mary elle mesme.

Division des constitutions dotales.
Cas de constitutions tacites.

Les constitutions sont encore expresses ou tacites, les dernieres naissans des conjectures & de la presomption, en certains cas, par exemple s'il y a une vraye tradition, faite au mary par sa femme, ou un leg pour la doter, ou enfin si elle a nommez ses biens, biens dotaux avec des tiers, & autres que son mary, ce sont les principaux cas que donnent Faber *d*, Menoche *e* & les autres Docteurs qui en ont écrit.

d *C. Fab. def. 18 de dot. ante nup.*
e *Menoc. praes.*
Cas de constitutions tacites sans dote.
f *C. Fab. def. 18. de dot. ant. nupt.*
g *C. Fab. def. 41. eod.*
h *C. Fab. def. 7. [illegible] de dot. promiss. [illegible] quaest. [illegible] 4. liv. 3.*
i *l. Cs. § [illegible] [illegible] 41. [illegible] legat.*
k *C. F. def. [illegible] de [illegible]*
l *C. Fab. def. 8. ne ux. pro marit.*
m *ex l. pro oneribus [illegible] de iur. dot. sur. Fab.*

Il y a une constitution dont la presomption est plus infaillible, qui est lors qu'une femme convole à des secondes nopces, *tunc enim dos constituta primo viro censetur constituta secundo*, *f* Monsieur Favre excepte les biens arrivés à la femme entre les deux mariages, s'il n'y a eu constitution de tous biens presens & à venir. *g*

Que si le pere & la mere constituent ensemblement dote à leur fille, le tout est presumé du pere, s'il répond à ses facultez, *h* & si il l'a constituée incertaine, elle est reglée dans leur conformité, *i* n'y ayant que luy qui le puisse dans cette maniere. *k*

Il faut remarquer que la femme ne peut rien faire au prejudice de sa dote, dont les fruits sont au mary, *l* & que les creanciers du dernier ne peuvent se saisir des fruits d'icelle si la femme & les enfans ne peuvēt se nourrir d'ailleurs *m* & que si bien elle peut renoncer à ses hypotheques, elle ne peut aliener sa dote *l. ambiciosæ ff. pact. dot.*

La loy engage si fort le pere à concourir au mariage de ses enfans qu'il peut être contraint à doter sa fille, feu mon pere obtint provision au Senat pour la dote de feu Demoiselle Claudine de Reydet ma mere contre feu Noble Loüis de Reydet, Seigneur de Choisi, & Baron de Grilly mon ayeul maternel.

Les liberalitez étans presque toûjours les compagnes de la joye, & de l'amitie, elles ont été de tout temps pratiquées dans les mariages ; jusques-là que les nouvelles mariées en recevoient des parens du mary pour les obliger à se laisser voir le lendemain de la nuit des nopces, present que les Grecs nommoient *Theoretrum*, c'est à dire, *merces visionis*, ainsi qu'a remarqué Dolives, eu égard à la honte que la pudeur leur inspiroit de cette innocente faute.

Present nuptial parmy les Grecs.

——primæque modestia culpæ
Confundit vultus ——

Les donations n'étoient anciennement permises dés le mariage contracté, quoy qu'il en fut le motif, l'étans seulement avant iceluy par les Constitutions de Severe, Antonin, Alexandre, Dioceltian, & Maximian, & pour ce sujet nommées *ante nuptiales*, mais Iustin les a admises *post contractum matrimonium*, & nommées *propter nuptiales*, desquelles les augments tiennent lieu en ce pays.

Des donations à cause de nopces.

L'augment est un avantage qu'a la fille qui constituë dote, lequel est deu aux enfans aprés elle, sans qu'elle en puisse disposer, il est du tiers quant aux immeubles & de la moitié au regard des meubles, & argent, suivant la Coutume de Savoye, *b* il peut être reglé autrement par les conventions des parties.

De l'augment coutumier & conventionnel.

b C. Fab. def. [illegible] de sen. ante nupt.

Des joyaux.

Outre ce profit deu à la fille qui constituë, ou autre pour elle, nous avons les joyaux qui sont du vingt pour cent entre personnes illustres, du quinze entre Gentils-hommes de qualité, & du 10 entre simples Nobles, du sept entre Bourgeois, & du cinq entre rustiques, *a* mais les derniers n'en doivent presque jamais.

a C. Fab. def. 5. de iur. dot. b C fab. def. 1. de iur. dot. c l. attilicinus ff. de part. dot. C. Fab. 6. de don. ante nu. d C. F. def. 5. de don. anten.

L'augment est deu pour la dote constituée, & non payée, *si fides habita sit de ea*, *b* sinon que la convention fut au contraire, laquelle ne le peut absolument aneantir, non plus que la dote, *c* quoy qu'on le puisse regler *ne dotis æstimandæ necessitas quandoque incurrat*, dit Monsieur Favre, *d* & s'il n'étoit point reglé en constitution de biens immeubles non estimez il sera deu, *arbitrio boni viri potius quam ex dotis comparatione, & hoc ex personarum qualitate, ne mariti supra modum onerentur.* e

e C. Fab. def. 4. de don. ant. & def. 18. de test.

Du doüaire.

Il y a certains avantages à Paris, en Bourgogne, & en quelques autres lieux que l'on nomme doüaires, lesquels approchent fort de ceux que nous appellons accroits, & augments (aussi sont-ils nommez *dotalitia* par Bouvot & Papon lors qu'ils en parlent, *f*) lesquels les reglent à la moitié des fruits des anciens biens du mary, ils sont des profits pendant le mariage du bien de la femme ou des pensions viageres, g le Senateur Grivel, *h* & le Docte Cujas ont écrit sur cette matiere, où les conventions derogent à la Coutume. Il y a en plusieurs lieux de commerce une societé de profits que l'on nomme acquets & conquets, qui font cesser le doüaire & l'augment, *quia duæ causæ lucrativæ non concurrunt.*

f Papon tit. 4. liv. 15. art. 11. Bouvo: q. not. du douaire.

g Pap. Bouv. h Grivel dec. de la Lebret, Bouvot. le Prestre.

Des acquets & conquets.

Donatiõs pures entre vifs prohibées entre mariez & pourquoy.

Nous avons dit que les maris peuvent donner à cause de nopces, mesmement dés le mariage, comme aussi les mariez reciproquement dans le contract, mais ils ne le peuvent par donation purement entre vifs *ne eorum concordia prætio conciliari videatur, & ne mutuo amore spolientur.*

Sed cum vrit amor quis modus ad sit amanti,

Et comme la femme ne manqueroit pas d'artifice pour dépoüiller son mary de ses biens.

Addresse des femmes.

——— Invenit artem

Fœmina quæ cupidi captat amantis opes. a

Aussi l'homme n'est pas peu industrieux quand il veut tromper sa femme.

a Ovid. 1. de arte amandi.

Illa fuit veterum semper natura virorum

Fallere fœmineum, credula corda, genus.

Malice des hommes.

CHAPITRE VIII.

De la renonciation des filles dotées.

QVOYQU'IL ne soit pas licite de traiter de l'heritage des vivans, *a* sinon de leur consentement: toutesfois on peut y renoncer utilement lors que le serment intervient dans la clause de renonciation, *b* selon la disposition du Droit Canon. *c* Il faut pourtant remarquer que la renonciation aux biens paternels & maternels ne comprend point l'augment qui n'est ny l'un ny l'autre, & que tant generale quelle soit, la legitime n'y est pas comprise: *d* qu'enfin elle n'exclut pas les petits fils quand ils succedent de leur propre chef, *e* quand mesme ils seroient heritiers de leur mere, *f* sinon qu'elle eut renoncé pour ses enfans, ainsi qu'on lit dans la definition 14.

a *l. ult. C. de pact.*
Exception.
b C *Fab def. 11 de pact.*
c *c quamvis de pact in 6.*
d *l. si quando C. de inof test.*
e *Greg Thol. in s, at. fachi. lib. 3. controv. c 23. C. Fab. def. 1. de pact. Robertus Mamanthia disp. 10. Paul de Castr. ad l. supersititis de acquir. hered.*
f *C. Fab. def. 14. de pact.*

du Code Fabrien, *de pactis*, & ne comprend jamais ce que la fille gagne *ex pœna binubis parentis*, comme remarquent les Presidens Favre & Dolives. *a*

Quant à l'effet de la renonciation affermantée, il est d'exclurre la fille pendant qu'elle subsiste, n'étant pas même necessaire d'en parler dans le testament; *b* mais si les pere & mere meurent sans tester, Monsieur Favre *c* est d'opinion que la fille qui a renoncé, peut en étant relevée demander sa portion *ab intestat*, & se regler au temps de leur mort pour établir son action & sa demande, sans qu'obste la definition 23. de ce Docteur illustre, couchée sous le titre de son Code *de inofficioso testamento*, puis qu'elle ne détruit pas l'autre touchant la succession des parens morts sans tester en conferant & representant ce qu'on a receu, *d* qui ne doit point passer pour legitime, *quia non est legitima patris viventis*, *e* les Praticiens errent de croire le contraire, & que *dos cedat legitimæ f cum differant inter se toto cælo*, comme assure le même President Favre, lequel declare qu'il faut regler les successions toûjours au temps de la mort, avant laquelle il n'y a ny legitime ny heredité, *g* & il assure que le Senat de ce pays le juge ainsi; *h* je puis dire la mesme chose puis qu'il le decida de la sorte entre les nommez Sadous & Chaperõ, moy étant des Iuges au rapport de Mr Morel, *i* en effet ces renonciations étans odieuses, & pour l'ordinaire des effets d'imprudence ou de crainte, l'on ne peut jamais en restreindre assez l'effet *k*, quelque interest que le public ait pour la conservation des maisons & familles.

Quant aux personnes qui s'en doivent prevaloir, le pere stipulant est presumé le faire en faveur de ses mâles, *l* & pour son heritier universel *m*: Mais la renonciation ne s'etend

a C.Fab.def. 15. de e[illegible] ep. del. q. or l. 3.
b C.Fab. def. 8. de pact. & decad. de err. pragmat.
c C.Fab.def. 8. de pact.

Cas notable.
d C.Fab. def. 10 de pact. l. quoniam novillæ c. de inof. testam.
e l. quoniam novella c. de inof. test. C.F. def. 15. e[illegible]
f C.Fab. def. 35. n. 13. & decad. prior. de error. prag.
g arg. l. cum quæritur C. de inof. test. C.F. def. 15 de pact. de collat. l. 2. de his quib. ut indig.
h C.Fab. def. 21 de inof. t. st.
i Arr du 10. Ianv. 1673.
k C.Fab. 21 de pact. id. def. ult. de transf. n. 10.
l Corn. Cons. 291 Gravet. Cons. 42.
m C.Fab. def. ult. de pact. Voyez Menoc. pres.

point à la succession future des absens, sinon que ce fut à la stipulation du pere. *a*

Lors que la fille fait casser la renonciation qu'elle a faite, on luy doit sa part hereditaire ou sa legitime, si elle s'en contente, *b* en conferant ou representant ce qu'elle a receu, le tout avec restitution de fruits, *c* étant à remarquer que *auctis facultatibus augetur portio*, aut legi imi, *d* *si læsio intervenerit*, *e* *quasi possit patri imputari cur congruam dotem ab initio non dederit.*

a C. dot. n. 6. 16. de pact.

b C. Fab. def. 19. de pact. c C. Fab. def. 20. de pact. d [illegible] e Dec. decis. [illegible]

CHAPITRE IX.

De la restitution & seureté des dotes.

Les Loix aussi soigneuses de veiller à la seureté des dotes, qu'à leur establissement, les ont renduës inalienables, & incapables de se perdre *a*; de sorte que la femme qui peut renoncer à ses hypotheques anterieures, *b* ne le peut pas si elle en devient indotée, & le mary negligeant à exiger les droits de sa femme, en est responsable, *c* sinon qu'ils fussent deus par elle mesme, ou par son pere *d*. Durand surnommé *Speculator*, a remarqué vingt-cinq privileges des dotes, dont les principaux sont l'hypotheque legale, & la preference, elles ont en Savoye le Senat pour premier Juge. *e*

Privileges des dotes. a L. [illegible] de pact. dot. b L. Iubemus.

c L. in rebus 17. ff. de iur. dot. d [illegible]

La restitution de la dote, qui anciennement n'étoit faite qu'à la femme, ou à son pere, *f* l'est aujourd'huy à ses heritiers, & méme au pere qui la constituée s'il n'y a pas des enfans, *g* encore qu'il n'y ait pact pour cela, étant l'action *rei uxoriæ*, confonduë avec celle que l'on nomme *ex stipulatu*, *tam pro exigenda dote quam pro restituenda a*, & quoyque le pere n'en ait répondu expressément, sa presence l'oblige *b*, & quand méme il auroit protesté de n'obliger que partie de ses biens, il n'en exempte pas les autres, selon Monsieur Favre, *c* ce que je trouve à la verité bien rude.

La mort naturelle, le divorce, & la nullité du mariage donnent lieu à la restitution, & l'appauvrissement du mary à l'assecuration, n'y ayant plus de servitude de peine, selon l'authentique, *d* qui abroge la constitution de Constantin.

Quant à la nullité, elle vient du defaut, du consentement, & de la proximité de parentage, ou d'alliance, il est vray qu'il faut être allié au premier genre dans le quatriéme degré pour la prohibition.

Il y a des moyens de separation de lit, comme si l'un des mariés devient heretique, ou lepreux, *vinculo tamen remanente*, étant au Iuge d'Eglise de connoître *de jure*, & au Lay de juger *de facto matrimonij. e* Theodose & Valentinien ont marquées les principales causes qui dissolvent le mariage selon le Droit civil, *f* n'étant plus le temps des anciens divorces qui naissoient du moindre degout, *g* auquel cas le fiancé disoit à sa fiancée, *conditione tua non utar*, & le mary reprenant les clefs disoit à sa femme, *res tuas tibi habeto*, on usoit quelquefois de *difarcation*, & la femme desobeïssante étoit chassée de chez son mary, comme on lit d'Assuere lors qu'il prit Ester, *h* nous lisons que Sulpitius repudia sa femme pour l'avoir veuë dévoilée en public, & plusieurs exemples de repudiation dans *Alexander ab Alexandro*, *i* Platon & méme dans

a *tot. tit. de rei uxor. act.*
b *C. Fab. def. 25. de rei ux. act.*
Effet de la presence du pere.
c *C Fab. d. f. 8. ne fil. pro pa.*
Cas de restitution de la dote.
de la mort.
d *Auth. sed hodie C. de donat. int. vir. & uxor.*
De la nullité du mariage.
Cause de separatiõ de lit, qui en connoit.
e *l 3. C de nupt. C Fab. def. 10. de ord. jud.*
f *l consensu Cod de r. pud.*
g *auth. de rep. §. mitior.*
Du divorce, ses formes, ses cas.
Exemples.
h *Joseph lib. 11. antiq. Iudaic. c 6.*
i *Alex ab Alex lib 4. c. 8.*

l'Ecriture, & j'estime que la facilité des divorces étoit signifiée par ces feux que le Prêtre allumoit chez les mariez le jour des nopces, dont l'estimation en donnoit la liberté, comme étant le symbole de l'amour. *a* Mais aujourd'huy dés le mariage justement consommé il n'y a plus lieu d'en revenir, *quos Deus conjunxit homo non separet*, *b* tellement qu'il n'est pas au pouvoir d'un des mariez de voüer chasteté, sans le consentement de l'autre, *c* les anciens signifioient la necessité des femmes à se tenir chez leur mary, lors qu'ils brûloient l'aissieu de la charrete, avec laquelle l'épouse avoit esté conduite chez son époux.

a Greg. Thol. de ra nupt. in fin lag. b c. 2. de conv. conj. prof. Mariage indissoluble, sauf par la mort. c c. cum sis de conv. conj.

Les temps de la restitution des dotes n'étoient point differens avant la Constitution de Iustinien ; lequel donna l'année pour les meubles, *d* & si le mary n'a dequoy, la femme a le choix de redemander sa dote à ceux qui l'ont mal placée, s'ils l'ont constituée necessairement, *& obligatione legali*, *e* elle peut même retourner sur le fonds dotal, quoy qu'estimé, aprés avoir discuty son mary, *f* qui à la verité l'avoit pû vendre.

temps de la restitution des dotes. d l. unic. §. exactis C. de iur. dot. C. F. d. f. 1. de rei uxor. act. e C. Fab. def. 11. de iur. dot. f C. fab. def 43. de iur dot.

Nous avons parlé cy-devant des privileges des dotes, il n'est pas hors de propos de remarquer qu'ils ne passent pas aux creanciers de la femme, elle vivante, *g* lesquels ne peuvent saisir les fruits de la dote pour les dettes du mary, *ex quibus mulier & liberi alendi sunt* : *h* & s'il s'agit de la dote & augment, Brodeau assure qu'elle est payée par preference, & que la dote non payée n'a l'hypotheque legale. *i*

g D. l. iv. qui. [illegible] h [illegible] de iur [illegible] La dote va devant l'augment en privilege. i Brod. lit. D. n. 42.

Que si la femme, qui desire être payée de son augment, a des enfans vivans du mary qui le doit ? elle ne peut l'exiger sans donner caution *k*, quoy qu'elle en puisse retirer

de la restitution de l'augment. k C. Fab. def. 14. de secund. nupt.

les fruits sans cette necessité, & méme le capital, s'il n'y en a point de vivans quand elle agit ; étant à remarquer que l'augment n'est jamais deu aux heritiers étrangers de la femme, si elle meurt avant son mary. *a* Quant aux joyaux & donations à cause de nopces, la femme les peut exiger sans caution, *b* parce qu'elle en peut disposer ne se remariant pas, & non de l'augment, dont la proprieté doit être aux enfans, *non est enim paternum, neque maternum, sed præmium liberis à lege datum.* c

a C.F. def. 6. de don. ante nupt.

La femme peut exiger ses joyaux sans caution.

b C. sub def. 14. de servit.

c auth. hæres. C. de nupt.

Quant à l'an de deüil, il est tellement deu à la veuve qu'on ne la peut pas sortir de chez son mary pendant sa durée, ny luy refuser son entretien ; il est vray aussi qu'elle n'aura en ce cas aucuns fruits de ses droits dotaux, ainsi qu'a remarqué Monsieur Favre *d* : Ce temps n'étoit anciennement que de dix mois *e*, mais aujourd'huy il est de douze, auquel temps les parens tiennent lieu du defunt à la chaste veuve.

De l'an du deüil.

d C. [illegible]

e [illegible]

Perfruitur lachrimis, & habet pro coniuge luctum.

Reste maintenant à parler des assecurations de dote que l'on ordonne en faveur des femmes, *marito vergente ad inopiam*, *f* que l'on peut nommer restitutions prematurées, il faut prouver la constitution, & la decheance pour obtenir ces secours, comme aussi faire voir que le mary n'a d'ailleurs pour asfurer la dote, aprés quoy l'on decerne des biens, *ad largam æstimationem dictamine proborum*, des mediocres, pourtant, *g* sans que l'on puisse l'offrir en argent, sinon qu'il n'y eut que quelque batiment, dont la division fut difficile : *b* Que si le mary mouroit pendant cette instance, l'on peut la juger contre ses heritiers selon Ferrariensis, *quia mutatio qualitatis actionis, non impedit transire judicium.*

De l'assecuration de dote.

f [illegible]

Il faut remarquer que les dettes qu'a contracté la femme depuis qu'elle a constitué ne peuvent prejudicier aux droits du mary, ny diminuer les fruits qui luy appartiennent, *a* qu'il peut retenir la dote *pro impensis in ea factis*, *b* le méme en est des enfans jusqu'à la position du compte de leur mere, quand même elle luy seroit remise par son mary, *c non potest enim rationes nisi scrupulosa & exacta nimis.*

a [illegible] b [illegible] de impensis [illegible] c [illegible]

CHAPITRE X.

Des secondes nopces.

Les secondes nopces sont si odieuses qu'elles ont été punies de penitences publiques dans un Concile, *a* comme étans des signes d'intemperance; & selon S. Chrisostome, de perpetuelles fornications, jusques-là que le Concile de Latran celebré sous Alexandre III. a defendu de les benir : Iustinien dit dans un texte que *anima defuncti ægrè fert secundas nuptias superstitis*, *b* & Portie fille de Caton disoit que celle qui épousoit plus d'un mary ne devoit point passer pour chaste. C'est ce motif qui fait dire à Didon chez le Poëte quand on la vouloit marier,

Ille meos primus qui me sibi junxit amores
Abstulit, ille habeat secum, servetque sepulchro.

Cependant l'Eglise étant une bonne mere, les tolere pour éviter le peché *c*, *quia tutius est*, dit S. Hierôme, *uni soli in domino nubere, quam inhonestè multos admittere*; jusques là que le nombre des mariages n'est point limité, car ce mé-

a [illegible] Horreur des nopces.

b [illegible] de nuptiis [illegible]

c [illegible]

[illegible]

me Pere de l'Eglise assûre avoir veu à Rome une femme avoit eu vingt-deux maris, dont le dernier avoit épousé autant de femmes : Iuvenal fait mention de cette bigamie de fait dans ce vers.

Exemples.

Sic crescit numerus sic fiunt octo mariti.

Et on lit chez Seneque, *a* & chez Martial, qu'en certain temps les femmes comptoient les années par le nombre de leurs maris, & non par celuy des Consuls ; Strabon *b* adjoûte que la femme qui n'avoit eu du moins cinq maris étoit notée d'infamie parmy les Medes.

a Senec. 3. de benef.

b Strab. au liv. 11. de sa Geogr.

Quant au Droit Romain, il ne defend pas les secondes nopces, mais il a étably des peines contre ceux qui y convolent, qui ne durent aujourd'huy qu'en tant qu'elles profitent aux enfans ; les femmes étoient privées de la succession des enfans du premier lit dans deux constitutions du Code *c*, il est vray que l'usufruit est reservé dans la derniere, mais la Novelle *d* de Iustinien rétablissant la rigueur de l'ancienne Iurisprudence fait seulement difference entre les adventifs, & les profectifs, en exceptant les successions testamentaires *e*, & quoy qu'on ait douté si ces peines affectent le pere, neanmoins l'on n'en fait plus difficulté, ainsi que remarque Dolives. *f* Ceux qui convolent en secondes nopces, ne peuvent pas donner d'avantage à ceux qu'ils épousent, qu'à proportion de ce qu'ils laissent aux enfans du premier lit *g*, *& in minimam portionem,* dit la Loy.

Peine des secondes nopces

c *l. femina de sec. nupt. & l. mater C. ad Tertull.*

d *Novell. 22. de non elig. secundo nub.*

e *auth. ex testament. C. de sec. nupt.*

f *Doliv. a. not. l. 1 c. 9. C. de secund. nupt.*

g *l. hac edict. cod.*

La femme remariée perd encore la succession des enfans du premier lit, ausquels elle n'a fait établir des personnes legitimes s'ils meurent impuberes *h*, & les femmes *quae ad secunda vota migrant*, en perdant d'abord la tutelle, étant leur coutume d'oublier avec les premiers

h *l. [illegible] qui petunt [illegible].*

maris l'affection que la nature leur doit inspirer pour eux, *non est mulieribus fides ulla*, disoit le Cardinal d'Amien, *quæ cum placere posteriori appetunt viro, audire nomen prioris suf-fusæ rubore, vultum impudenter erubescunt.*

Les femmes, qui par une precipitation dereglée anticipent l'année du deüil dans leurs seconds mariages trouvent encore aujourd'huy quelques châtimens dans nos loix selon l'opinion de Dolives, *a* Balde & Bartole, ne pouvans laisser, ny constituer au second mary plus du tiers de leurs biens *b*, ny recevoir des successions, & legs étrangers (*nullam extrinsecus sentiet largitatem*, dit la Novelle, *c*) & ces Docteurs ne croyent pas que ces deux peines soient abolies, nonobstant les Canons qui favorisent le mariage en toutes choses ; & quoyque j'aye bien du respect pour les sentimens du President Favre *d*,(mon patriote, & duquel la memoire est si chere au Senat, dont il fut chef,) neanmoins j'ay peine de soucrire au sentiment de ce grand homme, & d'abolir toutes les peines des nopces precipitées, en laissant celles des secondes, comme s'il falloit punir plus severement ce qui est moins coupable, & imiter l'injustice dont parle le Poëte quand il dit

Dat veniam corvis vexat censura columbas.

Tellement que je crois avec Bartole, Balde, & Dolives que rien n'est aboly que l'infamie pour ce regard. *e*

Quant aux femmes qui vivent impudiquement pendant l'an du deüil : Paul de Castre, & *Ioan. de Garnibus* tiennent qu'elles perdent leur dote *f*; mais le President Favre reduit ce châtiment à la perte de l'augment, & des joyaux dans une des definitions de son Code. *g*

Il faut pourtant tenir pour regle certaine que les inte-

Des nopces precipitées.

a Doli. q. not. liv. 3. ch. 11.

b l. 1. C. de sec. nupt.

c Nov. 22. c. 22 pacius in Isag.

d C. [illegible] 1. de sec. nupt.

e [illegible] de sec. nupt. [illegible]

f Paul. de Castro [illegible]

g [illegible] de sec. nupt.

r esse z peuvent remettre les peines des secondes nopces, Ainsi que remarque le même Docteur a, & qu'elles sont éteintes, *si omnes liberi primi matrimonij prædecedant.* b

a C. Pel. d f [illegible] b [illegible] C. [illegible] C. Fel. [illegible]

CHAPITRE XI.

Des legitimations & adoptions.

L[illegible] [illegible]

LE second moyen d'acquerir la puissance paternelle consiste dans la legitimation, & le troisiéme en l'adoption, y ayant des peres selon la nature, & des autres selon la loy comme remarquent S. Ambroise & S. Hierôme, *aut natura filios suscipimus, aut electione.*

Il faut distinguer l'estat des persõnes.

Les anciens ont toûjours veillé au discernement des enfans : les Indiens au dire de Strabon, & les Romains à celuy de Iules Capitolin avoient établis des Officiers pour enregistrer leurs naissances, sçachant que tout se conserve par l'observation de l'ordre des personnes, & par la distinction de leurs Etats.

Division des enfans.

Naturels & legitimes, bâtards, adoptif & legitimez.

Les enfans sont ou naturels & legitimes, ou naturels & illegitimes, ou naturels legitimez, ou enfin legitimes & non naturels. Les premiers sont les fruits du mariage, les autres sont les bâtards qui sont *aut ex soluto, & soluta, aut ex damnato coitu*, les troisiémes sont ceux que l'on [illegible] voue à soy, & les derniers ceux que l'on adopte, & s'ils sont *sui juris*, on nomme l'adoption arrogation, *quæ fit per rescriptum principis*, & s'ils sont *alieni juris*, elle garde le nom specifique d'adoption, n'ayant besoin que de l'autorité du Magistrat.

Les adoptions étoient anciennement fort communes parmy les grands, comme on lit de Cesar en faveur d'Auguste, de Nerva envers Trajan, & d'Adrian à l'égard d'Antoine. Sueton & Tacite rapportent qu'elles étoient autorisées par les Pontifes *a*, qu'on y observoit certaines ventes imaginaires, & qu'elles se faisoient en trois manieres parmy les Romains, à sçavoir, *per legem curiatam, per magistratum, & per testamentum* : Mais les femmes & ceux qui étoient naturellement impuissans, ou au dessus de certain âge ne pouvoient pas adopter, & celuy qui avoit des enfans ne le pouvoit nullement s'ils n'y consentoient *b*, aujourd'huy on n'entend presque plus parler de tels actes, ce qui me dispense d'en dire davantage.

Adoptions fort en usage parmy les anciens. Leurs formes anciennes.

a Tacit. l. 17.

Obstacles aux adoptiôs.

b l. 47. de adopt.

Quant aux legitimations, elles étoient faites *aut per subsequens matrimonium, aut per rescriptum principis, aut per oblationem curiæ, aut per nominationem publicam filij.* Mais il n'en reste plus que les deux premiers genres, encor y auroit-il de la peine de croire que l'on pût legitimer un adulterain ou fils de Prêtre *per rescriptum*, du moins *potestate Ordinaria c* (car le Prince peut tout, *absoluta*,) bien moins *per subsequens matrimonium*, & autres que ceux qui sont nez *ex persona in domo retenta, d* ne sont legitimez ; *per subsequens matrimonium, quia concubinatus imitatur matrimonium.* La legitimation & l'adoption ne peuvent être faites sous des conditions, ny par procureur, non plus que les autres actes legitimes, *e* elle se font devant le Magistrat avec quelques solemnitez, selon que la coutume des lieux l'exige, étant necessaire que l'emancipé ou adopté ait consenty s'il n'est enfant, il faut du moins qu'il ne dissente pas. *f*

Des legitimations, leur. genres.

Ce qu'elles requierent.

c Chopin l. 1. de doman.

d Dyn. & Bart. in l. 1. in fin. ff. de conc.

Actes legitimes ne se font sous côditions.

e l. nemo lege ff. de de reg. iur. l. 24. ff. de de emancip. Gl. in l. vlt. C. eod.

f l. 5 ff. de adopt.

CHAPITRE XII.

Des moyens de dissoudre la puissance paternelle.

Six moyens d'esteindre la puissance des peres.

COMME toutes les choses du monde ont leur fin aussi bien que leur principe : la puissance paternelle trouve la sienne dans la mort naturelle, & la civile, (car nous vivons naturellement & civilement) le patriciat (où je ne comprens les Conseillers s'ils ne sont du Conseil d'En-haut, nonobstant ce qu'en dit la Roche au livre 1. de ses Parlemens *a*, la captivité chez les ennemis de la foy & n'étans Chrêtiens *b*; l'émancipation, & l'adoption faite *à non extraneo*. Ie pourrois adjoûter un septiéme moyen aux six, que l'Institut nous enseigne, qui est la prescription, *longo enim tempore patria potestas perit.* *c* & nous voyons que Boyer & Bartole assurent qu'un fils ayant negotié vingt ans separé de son pere est delivré de la puissance. *Sibique acquirere, & efficaciter obligari ex mutuo* : Mais afin de ne passer pas pour inventeur de nouveautez, je veux conceder qu'il y a des emancipations tacites, & que la prescription dont j'ay parlé en est une [illegible]. Ce que pourtant on pourroit aussi bien dire des [illegible] que le fils acquiert à la persuasion & sous l'adveu du pere.

Il y avoit anciennement trois genres d'emancipations, à sçavoir l'Anasthasienne, la legitime & la Iustinienne: [illegible] aujourd'huy il n'en reste que le dernier genre, où le Magistrat fait sieger le pere à ses cotez, mettre le fils à

a C. Fab. def. 31. de patr. pot. J. Barry lib. 3.

b Bened. Rer. [illegible]

c ex l. 1. Cod. patr. pot. [illegible] Bart. [illegible] Menochius [illegible]

[illegible marginal note]

genoux auquel le pere ferme & ouvre les mains en signe de pleine liberté, la moitié des fruits luy restans, *in præmium emancipationis* en place du tiers de la proprieté qu'il avoit anciennement des biens adventifs de celuy qu'il emancipoit.

Quelques Docteurs *a* ont voulu qu'il y eut une emancipation tacite, *ex habitatione decennali separata à patre*; mais cette opinion n'est pas encore canonisée en Savoye.

Des emancipation tacite.

a [illegible]

CHAPITRE XIII.

Des Tuteurs & Curateurs.

Les tuteles, qui étoient déja connuës au temps des douze Tables, sont testamentaires, legitimes, & datives, les premiers n'ont besoin de caution, & toutes sont aujourd'huy datives, parce que le Magistrat les doit aprouver; & comme ces emplois sont publics, les femmes en sont incapables à la reserve de la mere, & de l'ayeule, qui ont le choix d'être tutrice de leurs enfans *a*, *tutela autem est vis & potestas in capite libero ad tuendum eum qui se per ætatem defendere nequit à iure civili data vel permissa.*

Division des tuteles.

Femmes incapables de tuteles.

Les electeurs & le Iuge ont grand interest d'établir des tuteurs solvables, en étans les electeurs, cautions *b* & le Iuge subsidiairement *c*, que si le Tuteur ne trouve caution, aprés deuë diligence, dont il doit apparoir par acte public, on le reçoit à sa caution juratoire pourveu qu'il aye quelques biens considerables, particulierement la

a [illegible] Electeurs, cautions [illegible] aprés eux le Iuge.

b [illegible]

c [illegible]

Maniere de proceder en ce cas.

mere & ayeule : Le Senat depute un des Senateurs en pareils cas, & l'on y recourt toûjours, parce qu'il n'est pas au danger des subalternes, *nulla enim actio subsidiaria dari potest contra majores Magistratus.* Outre qu'il est mieux éclairé.

des curateurs

Les Curateurs sont presque toûjours nommez par les mineurs, que s'ils en font difficulté, le Iuge les prend d'office, & s'il les faut établir aux biens de l'absent, ou du prodigue, ou imbecille d'esprit, il faut informer sommairement de la chose, comme s'il s'agit d'un hoirie vacante, oüir les plus habiles à succeder, & s'ils veulent la garde des biens de l'absent, on la decerne aux plus proches, moyennant caution, & la prestation du serment accoûtumé.

Du curateur aux hoiries, & aux biens de l'absent.

Excuses des tuteurs & curateurs.

Celuy qui pretend s'exempter de la tutele, & curatele, où il est nommé, doit proposer ses excuses dans cinquante jours, & toutes à mesme temps s'il en a plusieurs, & aprés les prouver dans quatre mois devant le Iuge competant de la matiere.

Temps de les proposer & prouver.

genres d'excuses.

Les principales excuses sont trois tuteles sans affectation, le nombre de cinq enfans, la profession des arts liberaux, l'administration des choses publiques, où je comprens Messieurs des Corps souverains, la Prêtrise, les inimitiez capitales entre le pupil, & le tuteur, ou leurs familles, la Religion, & l'absence *Reipublicæ causa*, la qualité de mineur & de soldat est plutôt une incapacité qu'une excuse.

Appel de la rejection des excuses, & non de la delation de tutele.

Que si les excuses sont rejettées, on peut en appeller, & non pas de la nomination, & election, parce que *datio tutoris erat legis* : Mais comme tous Iuges en ont droit aujourd'huy, je ne vois point de raison solide pour cette precision, puis que l'effet doit cesser avec sa cause. C'est pourtant un usage inveteré en pratique, & une leçon canonisée dans l'école.

[illegible] de l'école.

Les tuteles finissent par la puberté, & par la mort, & autres moyens; les curatelles par la majorité, ou cessation de leurs causes, &c. y en ayant *ad actum aut ad lites*, qui finissent avec le procez, ou par l'achevement de l'acte.

Fins des tuteles & curateles.

Tous tuteurs doivent rendre compte, quoy qu'il y en ait de moins exacts; mais non pas tous les curateurs, le Brun *a* y en engage de quatre sortes, sçavoir les curateurs aux hoiries vacantes, aux biens des absens, au ventre, & au furieux ou prodigue : Et comme l'action directe appartient à ceux qui demandent compte des tutelles, ou curateles, la contraire compete aux tuteurs, & curateurs, pour ce qu'ils ont legitimement payé de leur bien. Ie ne veux pas icy m'étendre sur les differences des tuteurs, & curateurs, & autres choses pour éviter des redites de ce que tant de principiaires ont déja écrit en mille endroits, & je proteste de ne parler des matieres scolastiques, que pour rendre intelligible aux Praticiens ce que j'écris pour les affaires du Palais.

Redition de compte des tuteurs.

Curateurs comptables.

a le Brun en so procez civil liv. 3.

Actions des tuteurs & curateurs.

CHAPITRE XIV.

De l'autorité des Pedagogues, Regens, Precepteurs, & Maîtres d'Ecole.

CETTE autorité n'étant pas de peu d'importance au bien public, il n'est pas inutil d'en dire deux mots dans cette suite, puis que d'elle dé-

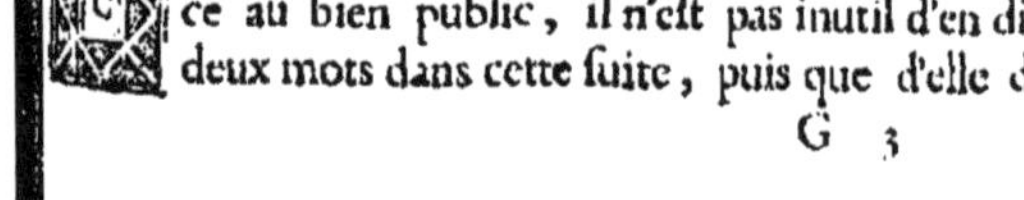

Vtilité des Maîtres d'école.

pend l'éducation des jeunes gens, & par consequent la santé du corps politique.

Quo semel est imbuta recens servabit odorem.

dit Quintilian.

Precepteurs sõt peres des esprits.

En effet les Ecoles sont composées des trois Etats de la Republique future, & les Maîtres d'Ecole, ou Precepteurs sont appellez par Quintilian *Parentes, non quidem corporeum, sed mentium, praeceptorem*, dit Iuvenal. *a Antiqui Sancti voluere parentis esse loca*, & S. Paul nomme ses Disciples enfans dans le quatriéme aux Galates.

a Iuven. Sa. tyr. 7.

Anciés honneurs rendus aux precepteurs

b Iul. Capitol.

Tellement que les disciples doivent obeïssance à leurs Precepteurs autant qu'à leurs ascendans, & nous lisons qu'Antoine logea les tableaux des siens avec les images de ses ayeuls *b*; qu'enfin les Atheniens honorerent la memoire de Conidas, parce qu'il avoit enseigné Thesée.

Correction des precepteurs doit être moderée

Les Precepteurs tant publics, que privez peuvent user de coups moderez, particulierement de verges contre leurs disciples s'ils sont en âge de les souffrir, & les chasser de l'école, s'ils sont scandaleux, & incorrigibles.

Car si bien les Maîtres répondent du mauvais succez de leurs disciples, il y en a de si indomptables & stupides, qu'il n'est pas en leur pouvoir d'en reüssir, *frangas potius quam corrigas*, dit un ancien, *quae in pravum indurnerunt*, & il est bien difficile de changer le naturel des personnes.

Naturam expellas furca, dit le Poëte, *tamen usque recurret.*

Examen des esprits.

Le choix des bons Professeurs, & Pedagogues est fort important au public, & aux familles. Licurgus obligeoit les parens à laisser épreuver les nouveaux nez pêdant sept ans dans un lieu appellé *Lesché* pour les faire élever selon leur portée, étant à propos de pousser la jeunesse aux emplois ausquels elle est propre, Dalibray a dit des choses fort curieuses touchant ce discernement. *a*

a Dalibray sur I. Huar dans l'examé des esprits.

CHAPITRE XV.

De la puissance des Seigneurs sur les esclaves.

ON assure que Nemrod fut le premier qui assujetit les hommes, ausquels la liberté est aussi naturelle que la respiration de l'air, & qu'en suite les guerres, & les usurpations firent les esclaves, qui étoient si peu de choses parmy les anciens, n'étans considerez que pour les œuvres, & pour les matieres du commerce, *servi pro nullis habebantur* : Nous lisons que Cham devint esclave pour s'être moqué de son pere *a*, & c'est le premier *qui servitutem pœnæ incurrit.*

Origine des servitudes.

Cette condition vile & malheureuse, & pire que la mort, *b* venoit de naissance, des guerres, de la peine, ou d'une lache vente que les serfs souffroient qu'on fit d'eux pour avoir part au prix *c*, & étoit si assujetie & dependante qu'il étoit permis à leurs maîtres de les tuer quand il leur plaisoit. *d* Et comme l'Etat les consideroit pour ses ennemis, *tot servi, tot hostes*, il furent declarez intestables, & incapables des emplois publics jusques-là que les Loix *alia sentia*, [illegible] ayent gêné la liberté de les affranchir, & qu'ils sont exclus dans les [illegible] des Ordres sacrez *g*, car si bien *servitus non est con*[illegible] *jus naturale, est tamen contra naturam.*

Il est vray qu'insensiblement on alla diminuant la hai-

a Gen. c. 9.
b L. interdictis, ff de cond. & demonst.
c de genribus serv. vit l. 1. C. de S. C. Claud.
l. 2. de lib. in C. Gell. lib. 10.
§ servi au. 6 Inst. de iur. person. l. 14. de capt. & postli.
Condition des Seigneurs sur leurs esclaves.
d l. 2. de his qui sui vel alieni iur. sunt.
e § eaec lege

a l. vlt. C. de eman. liber.

ne que le public avoit contre les esclaves *a*, & que l'on laissa tout pouvoir de les affranchir, ou entre vifs, ou en dernieres volontés, méme par lettres; cela se faisoit souvent dans les Eglises, devant le Iuge *b*, & quelquesfois l'on s'affranchissoit soy-méme par des actions illustres, comme fit Vindicius. Les esclaves devenoient souvent libres contre le gré de leurs maîtres, comme en payant certains tributs, que l'on nommoit *census lustrales*, ou à cause des mauvais traitemens.

Des affranchissemens. Voyez Pers. satyr. 5. appian. lib. 4. belli. civ. arrian. in epictet. lib. 2. b l. 2. C. Com. de manum.

Ie crois superflus de m'étendre sur cette matiere, puis que par la redemption du genre humain, il ne reste plus d'esclaves parmy les Chrêtiens que le Diable, & le peché, ainsi qu'assure S. Augustin, jusques-là que nos captifs ne sont point intestables, parce qu'ils conservent leur liberté *c* naturelle, *apud Deum nec liber est nec servus*, dit S. Paul, dans le troisiéme aux Galates.

Il n'y a plus d'esclaves chez les Chrêtiens que le diable & le peché. c Despeysse. d Bryer. in §. 1. de iur. pers.

Il y a des servitudes touchant les biens qui sont reelles, personnelles & mixtes; les reelles sont rustiques, & & urbaines, les personnelles qui sont ainsi nommées *d*, *à personis quibus fundus servit*, sont l'usufruit, l'usage & l'habitation: Les rustiques *Iter actus*, *via & aquæ ductus*; les urbaines, *oneris ferendi*, *altius tollendi*, *vel non tollendi*, *stillicidij*, *luminum*, *&c.*

Des servitudes prediales, des rustiques & urbaines, des personnelles.

Les servitudes sont continuës, discontinuës, & quasi continuës, & toutes individuës sauf l'usufruit.

Des servitudes continuës & discontinuës.

Les actions qui les concernent sont ou possessoires & interdits, ou petitoriales, que nous appellons confessoires & negatoires.

Actions touchant les servitudes.

Les servitudes s'établissent ou par conventions, ou par testamens, ou par prescription, & s'eteignent par la consolidation, le laps du temps, & par la mort, si elles sont personnelles.

Comment elles s'establissent & s'eteignent.

personnelles. L'on peut voir le détail des servitudes reelles plus amplement dans l'Institut de Iustinien *a*, & dans plusieurs titres du Code, & des Digestes de ce mesme Prince *b*, où le lecteur a les choses dont je me suis dispensé pour être brief, & éviter les redites, tant icy que sur les autres matieres qui s'offrent à ma plume,

a Vid. [illegible] servit. [illegible] usufr. & de usu & hab. b Vid. de [illegible] [illegible] [illegible] [illegible] [illegible] Pandect. [illegible]

CHAPITRE XVI.

De la nature, & division des choses.

NOus avons parlé des personnes qui sont le premier, & plus noble objet du Droit, il faut parler du second, c'est à dire des choses.

Le mot Latin, *res*, signifie mélange en langue Hebraïque, à cause que Dieu méla tout dans la creation du monde, & que rien ne peut servir à nôtre usage que les mixtes *a*, aussi tout est compris soûs ce mot *res*, car comme dit le Poëte,

a Greg. Thol.

Quodque ulla, res non est, nihil est.

Les choses de l'Vnivers sont ou hors du commerce, & communes à tous, comme l'air & la lumiere, ou seulement communes à tous les hommes, comme les chemins, & l'on les appelle publiques, comme l'on nomme les premieres communes, ou communes seulement à certains peuples, ou villes, & l'on les appelle *res universitatis*, ou enfin tout à fait hors du commerce, par respect, ou par impuissance; telles sont les choses saintes sacrées &

Division generale des choses.

Res publicæ communes, universitatis, & nullius.

Biẽs des particuliers sont libres, feodaux, emphiteotiques & tributaires.

& religieuses, comme aussi le Soleil, & les autres Astres: Ce qui sert à nôtre utilité a gardé le nom de bien *ab eando*, & c'est proprement ce qui est *in patrimonio*, des particuliers que l'on nomme *res singulorum.* Et pour user d'une division utile au Palais, je diray que les biens sont de quatre especes, à sçavoir les libres, feodaux, emphiteotiques, & tributaires, desquelles nous parlerons separément, & en peu de mots, d'une maniere qui peut être ne déplaira pas aux curieux, & aux doctes.

CHAPITRE. XVII.

Des biens libres.

Tout est présumé libre.

a *l. ex hoc iure ff. de iust. & iur. l. altius C. de serv.*

b *Levit.* 25.

COMME la liberté est presumée tant pour les personnes, que pour les biens *a*, il faut établir la dépendance lors que l'on la pretend, & quoy que les fonds allodiaux ne dependent d'aucun Seigneur feodal *b*, suivant les textes, ils ne sont pourtant pas independants, non plus que les personnes de la Seigneurie Souveraine, nonobstant le chapitre premier *de pac. juram. terra mea est, vos coloni, & advenæ mei estis.* Les biens libres sont nõmez allodiaux, *quasi sine laude quod nemini sint leodes*, si nous suivons la pensée de Cujas *c*, Amechachius tire ce mot *ab all, quod omne totum sonat apud Germanos.* Les François les nomment de *Franc-alleud.*

Des biens allodiaux, leur etymologie.

c *Cuiac. lib. 2. feud. c.* 17.

Franc-alleud.

CHAPITRE XVIII.

Des biens feodaux, & droits Seigneuriaux.

Les fiefs ont pris leur nom *à fide*, & sont quelquefois appellez *beneficia*, parce qu'ils sont gratuits de leur nature, & plutôt des titres d'honneur & de recompence, que de profit, ce qui les fait nommer *timars* parmy les Orientaux, ce qui veut dire honneurs. Des fiefs, leur ethymologie

Ie m'étonne de Bartole, & de Cujas *a*, qui veulent que fief, contract superficiaire, emphyteose, abergement, & contract libellaire soient tout un, en quoy ils se sont abusez, sauf le respect deu à ces grands hommes, & encore mieux nos Praticiens, & Commissaires d'extentes d'appeller fiefs les simples directes. Erreur de Bartole & de Cujas. Erreurs des Cōmissaires d'extentes.

Les fiefs furent inventez en faveur des vaillans soldats pour la defense de l'Empire, *ut rura sua defendentes attentius militarent* b, étans personnels, au lieu que les emphyteoses sont reelles, ainsi qu'a remarqué Dolives en ses Actions Forenses, & aprés luy Monsieur le President de Boissieu. *c* Origine des fiefs.

Le mot de fief vient *à fœdere, aut à fide d*, y ayant un engagement reciproque entre le Seigneur, & le Vassal, à l'un de protection, & à l'autre de foy & d'offices, d'où ils sont souvent appellez *conjuges*, comme ont remarqué les Presidens de Grenoble Guy Pape, & Monsieur de Boissieu; ils sont aussi nommés *consortes* en quelques endroits des livres des fiefs. *e*

a *Cujac. lib. 1. feud. c. 1. Bar.*

b *Lamprid. en la vie d'Alexandre Severe.*

c *Dol. act. 1. part. 1. Mr de Boissieu des droits Seign.*

d *§ fin. per quos fiat investitur. feud.*

e *Dol. qu. not. chap. 6. liv. 2.*

[illegible] ce [illegible] *a* [illegible] *de* [illegible] *lib.* [illegible] *ad.* 3. *part.* 3. Trois genres de [illegible] feodales.

Le Vassal est ainsi nommé comme qui diroit vaillant dans l'ancien gaulois *a*; mais comme il y a puissance de Iustice, de vasselage, & d'emphiteose *b* (la premiere étant la Iurisdiction) la seconde l'hommage, & la troisiéme la rente fonciere, il faut examiner le détail de chacune en peu de mots.

Il y a plusieurs terres en ce pays de cette nature, méme des maisons Seigneuriales, & directes; j'ay pareil droit dans ma maison & fief du Fontanil, riere S. Alban, dont les titres sont en Chambre en originaux avec l'Arrest qui les declare exempts de l'arriere fief, & de la Iurisdiction du Séigneur territorial.

Rigueur des constitutions feodales. *c In quibus caus. eadem amittatur* 23.

Les anciennes constitutions feodales ont été accompagnées de plusieurs rigoureuses adstristions. Le domaine restoit toûjours au Seigneur feodal *c*, qui pouvoit priver le feudataire du fief à sa volonté; il étoit mesme si personnel que les enfans n'y succedoient point s'il n'avoit été ainsi convenu dans leur concession. *d*

d § 1 *quibus caus. feud. constituit.* Diminution de la rigueur touchant les fiefs.

Cette rigueur diminua insensiblement par la suite des temps, & le Seigneur n'avoit plus droit de reprendre le fief, si le vassal n'en avoit au moins joüy l'an entier, & aprés tant qu'il vivoit : Les mâles seuls en furent en suite capables, & j'estime que c'est le motif de la Loy Salique, dont Monsieur Buignon a si bien écrit.

Fiefs reduits *ad instar patrimoniorum* *e* C. Fab. [illegible] 8 [illegible] [illegible] *Cod. Fab.* [illegible] *Ioan. Fab. & alij.*

Mais aujourdhuy en Savoye, & en Dauphiné les fiefs sont reduits *ad instar patrimoniorum e*, quant aux alienations & successions, parce qu'on ne les acquiert pas d'autre maniere que les autres biens, & presque toûjours à titre onereux, outre qu'ils font l'entier patrimoine de presque tous les Gentils hommes de la haute qualité, qui seroient sans cela pires que les taillables, s'ils ne pouvoient se servir de leurs biens, même pour la defense de leur Prince, & de leur patrie comme ils sont obligez, sans que les Seigneurs s'en puissent plaindre, puis que ce changement leur procure un grand avantage, ayants le laod de la sixiéme par nôtre usage, au lieu qu'il n'étoit que de la cinquantiéme par le Droit écrit, outre qu'ils ont plus souvent des laods par la liberté d'aliener ; laquelle liberté est conforme à la raison naturelle, qui veut que chacun soit maître de son bien, *debet rata haberi voluntas domini rem suam alienare volentis*, d'où l'on voit que l'usage est plus à l'avantage du Seigneur dominant, que du Vassal, & que le premier perdroit si l'on retournoit aux anciennes constitutions feodales, ce qui est impossible moralement, & sans troubler l'ordre, & l'œconomie des familles, & tout l'Etat.

Les fiefs qui étoient autrefois d'honneur & de profit sont devenus de profit & de danger ; c'est la distinction du President de Boissieu dans son traité des droits Seigneuriaux, & de plusieurs autres. Fiefs de nos temps.

Il y a des fiefs d'hommage, & des fiefs de Iurisdiction, des liges, simples, & francs, ainsi appellez *à ligando*, des hommages personnels & reels, les derniers cessans d'être deus quand on cesse d'être possesseur ; ils ne sont pas même honteux, y avant des superieurs en dignité qui les prêtent à ceux qui sont moins qu'eux, étant à remarquer que l'on ne peut être veritablement lié de foy pleine qu'au souverain, comme a remarqué Monsieur de Boissieu *a*, & avant luy Delive, on peut être homme lige de foy simple aux vassaux du Prince, & la superiorite est toûjours censée reservée, comme remarque du Moulin. *b* Especes des fief. de notre temps.

a [illegible]

Quant à la maniere de prester hommage, il faut supposer que la fidelité n'est deuë qu'au Souverain, & que l'hommage le peut être à un inferieur, le Seigneur embrasse ou baise le vassal qui le preste, ce qu'il fait souvent à genoux, particulierement au Souverain. Durand surnommé *Speculator* assure que l'hommage n'étoit pas connu dans les vieux livres des fiefs, oüy bien la fidelité, qui ayant quelque chose de plus doux, & de plus honnête, est même prêtée au Roy par les Evêques en France.

Maniere de prêter hommage.

Les conventions qui offencent l'honnêteté, & les bonnes mœurs sont reprouvées, parmy nous, & rejetées par les Iuges *a*, étant appellées *ineptæ voluntates*, par le Iurisconsulte Papinien.

Adstrictions côtre les bônes mœurs rejetées.

a *Dol. q. not. liv. 2. ch. 1. Baquet de la batardise, Chopin sur la coutume de Anjou, Alciat in parer. C. Theod. lib. 15.*

Les adstrictions des feudataires & vassaux ne sont plus quant à l'honneur que des squelettes dépoüillées de leur ancienne vigueur à l'égard des Seigneurs particuliers, restant seulement la preeminence, & quelques soumissions avec les profits, & avantages domaniaux, comme sont les censes, courvées, hommes, tailles échutes, & autres choses attachées au fief. Il y a un Edit portant commise en ce pays contre le vassal qui ne se fait investir dans six mois *b*, & le Seigneur qui le refuse perd son droit, j'excepte les empêchemens legitimes.

Adstrictions de nos temps

b *Edit du dernier Novembre 1592.*

Les Seigneurs n'exigent pas la taille aujourd'huy comme un impost, mais suivant les conventions des reconnoissances *c*, qui souvent portent les quatre cas ordinaires en France, qui sont lors que le Seigneur marie sa fille aînée, lors qu'il est fait prisonnier par les ennemis de la foy, lors qu'il entreprend le voyage de la terre sainte quant il est fait Chevalier. *d*

De la taille aux 4. cas.

c *Chass. Mas. Boyer Doliv. Bouhieu.*

d *Dol. q. not. 6. liv. 2.*

Les Presidens Guy Pape & Dolive assignent six largesses que les esclaves faisoient au prejudice de leur pecule pour feliciter l'accouchement des femmes de leurs maîtres dont Terence fait mention. *

* Therent. in phormione.

des taillables

Quant aux main-mortes que nous appellons taillables, ils le sont en Savoye, ou à la tête, ou aux biens, ou aux deux ensemble, autre est en France où tous sont libres de corps, comme remarquent Baquet *a* & Depeysse. *b*

a Baquet des droits de franc-fief ch. 1.

b Depey. part. *des success. sect. 1.*

Taillables à la teste.

Erreur de Mr Favre.

Les taillables au corps vivent libres, & meurent esclaves, bien differens de ceux, *quos dedititios vocabant, qui vivebant servi, & moriebantur liberi* : c'est à quoy Monsieur Favre s'est fort mépris en leurs comparant les taillables *c* ; je le dis avec le respect deu à ce grand homme. Cette condition (que l'on nomme vulgairement rigoureuse,) vient de naissance, ou par le fait de celuy qui s'y engage ; l'on y regarde la condition du pere, au lieu que les esclaves suivoient celle de la mere ; & si elle est taillable, & le pere franc, les enfans reconnoissent les biens de la mere sous la condition taillable, & non ceux du pere. *d*

c C. Fab. *de dedit. lib. toll.*

Condition rigoureuse.

Cas notable.

d C. Fab. *def. 9. eod.*

Il faut deux reconnoissances conformes, ou une qui enonce l'autre par jour, & Notaire pour preuver la persõne taillable *e*, & un consort peut reconnoître pour l'autre, aussi bien que le tuteur pour son pupil, pourveu qu'il y ait reconnoissance precedente *f*, & que la negligence ou le dol n'y ayent point de part.

e C. Fab. *def. 19. eod.*

Comme on preuve la taillabilité personnelle.

f *id def. 3. eod.*

Des echutes.

Quant aux échutes, elles sont des successions anomales, où le Seigneur est mis en possession, & acquiert *jure peculij* les biens de son taillable, les enfans mâles condiviseurs *g*, empéchent l'échute en la Province de Savoye *h*, les filles y étans dotées par le Seigneur, & devenans libres aprés, comme assure le President Favre ; autre est en Cha-

g *statut de Savoye, chap. pluribus fratribus.*

h Arr. du 16. Fevr 1642. *inseré au Registre secret.*

blais, Genevois & Faucigny où les filles empechent l'échute : enfin le Seigneur ne peut point s'aider de l'Edit, le mort saisit le vif quand il succede à son taillable *a*, mais doit recourir au Iuge pour avoir ses biens *b*, en payant neanmoins ses dettes, s'il n'y a d'autres biens libres.

a Colombet [illegible] § [illegible].
b Guid.Pap. q. 10[illegible].
Le Seigneur paye les dettes, & ne se [illegible] de l'Edit.
Adstrictions [illegible] aux fiefs particulierement en Savoye.

Il y a plusieurs adstrictions dans les fiefs, sous peine de commise, comme d'en demander l'investiture dans l'an, de n'y imposer nouvelles charges, de s'inscrire quand on les achete. Il y a des Edits en Savoye qui obligent les Seigneurs à se defaire des biens commis & échus dans certain temps, & de demander l'investiture du fief au Seigneur dominant dans six mois, à peine de privation. *c*

c Arr. du 15. Novem 16[illegible]4. [illegible] la souffe[illegible].

Que si l'homme libre & franc possede quelque bien taillable, il en doit payer le laod que l'on nomme souf-ferte à cause de la tolerance du Seigneur, que le fonds qui est adstraint à cette condition, soit possedé par une personne libre. *d*

d C.Fab.def. 3.n.43.

Des affranchissemés des taillables.
Divers mots signifians cōdition rigoureuse.
Faveur de la liberté.
e de com ser. manum. l.1.
On ne retire jamais la liberté dōnée.
f C.F.def.8.de usufruct.
g Lds du [illegible] [illegible] insiré au stil.

Les affranchissemens des personnes, ou biens taillables, (ou je comprens les cenfits & censats, le seul mot de taille signifiant taillabilité :) sont si favorables, que si l'un des Conseigneurs affranchit, l'autre est obligé d'en faire autant, & *pars non manumittentis acrescit manumittenti sub onere solvendi justi pretij e ex justa æstimatione.*

Il faut tenir pour certain que *semel data libertas non retractatur*, & que l'heritier grevé peut affranchir, à la difference de celuy qui n'a que l'usufruit *f*, que l'on peut être homme lige sans perdre le titre de noble *g*, qu'on ne le peut pourtant être de foy pleine qu'en faveur du Souverain, comme j'ay dit cy-devant. Qu'enfin la demeure peut être purgée, pour éviter la commise avant le plaid

conte[illegible]é

contesté par celuy qui n'a contracté sous peine, mais non pas par celuy qui est en mauvaise foy, & lors que *dies & pœna adiecta est* a, *& lis contestata.*

Outre les droits Seigneuriaux dont nous avons parlé, tant feodaux, qu'autres, il y a des puissances de Iustice que nous appellons Iurisdictions, qui ont des prerogatives, & des droits honorifiques, & profitables, comme le pouvoir de juger & connoître des choses publiques, de celles de police, & des differents des particuliers, de chasser, pescher, avoir pigeonniers, moulins, & fours banneaux, & des temps privilegiez pour la debite des danrées, & autres avantages acquis, ou par titre, ou par possession.

a *l. traiectit. ff de obl. & act C fab. def. 13. de pact. conv.*

Des iurisdictions & de leurs droits.

Et quoy qu'anciennement au dire de Loyseau les fiefs fussent separez de la Iustice, ils sont aujourd'huy unis ensemble, sinon que la Iustice ne soit accordée qu'en tître d'office.

Iustice & fiefs unis.

Les fiefs sont quelques fois ornez de tître relevés, comme de celuy de Duc, Prince, Marquis, Comte, Baron, & même de Roy, comme on a veu pendant la splendeur de l'Empire Romain; jusques là que des Consuls ont fait la guerre étans suivis de plusieurs testes couronnées, comme sujettes au Senat, aussi trouvons nous des Princes en vassellage, des autres tributaires, & des autres de protection même en Italie; mais il y en a d'une cathegorie si independante, si relevée, & si excellente qu'ils ne reconnoissent que Dieu, tels sont les Rois de France, & les Ducs de Savoye, car ils sont Empereurs dans leurs Etats, & ne relevent que de Dieu.

Fiefs en tîtres divers.

Quatre genres de Princes.

Les Seigneurs (ainsi nommez du mot *Senior*) sont souverains, ou subalternes & suzerains, & leurs digni-

Princes independants.

tez ou d'ordre, ou d'office, ou de Seigneurie, luy est ou publique, ou privée & domaniale, ainsi qu'a remarqué Loyseau.

Choses necessaires pour les dignitez temporelles.

Les Empereurs devroient avoir plusieurs Roys sous eux, les Rois plusieurs Ducs, les Ducs plusieurs Comtes, les Comtes des Barons, & les Barons plusieurs Bannerets.

Les titres de Marquis, Comte, & Baron sont fort avilis au temps où nous sommes à cause de leur grand nombre. Nous avons déja dit qu'Empereur vient *ab Imperando*, Roy *à Regendo*, Duc *à Ducendo*, & Prince *à primo*,

De la dignité des Comtes, & ses avantages.

a Chassan. catal. glor. mundi.

Quant aux autres dignitez temporelles, celle de Comte est la plus relevée au dire de Chassanée, *a* comme attaché autrefois à la personne du Prince, Statius en parle ainsi,

Cæsareum coluisse latus, sacrisque deorum
Arcanis habere datum; ————

Qu'est ce que Marquis.

Les Comtes avoient serment particulier de le defendre au dire de Tacite: Monsieur de Boissieu dit qu'ils sont plus en France que les Marquis, qui ne sont que des Comtes limitrophes, leur nom naissant du mot barbare, *Marca*: qui signifie limite; mais en Savoye, & Italie les Marquis precedent les Comtes, & les surpassent en dignité.

De la dignité de Baron.

La qualité de Baron vient du mot *Barut*, qui veut dire precedence, ou selon la plus saine explication, *nova creatura*, & ce titre a toûjours passé pour fort honorable, êtant encore attaché à plusieurs Provinces, entre autres à celle du Faucigny, laquelle est une des plus remarquables de celles qui vivent sous la domination heureuse de S. A. R. tant à cause de la genereuse Noblesse dont elle abonde, du peuple doux, & fidelle qui l'habite, que pour son étenduë, & la bonté de son terroir.

Eloge du Faucigny & de ses habitans.

Aprés les Barons on peut compter les Seigneurs Bannerets, & haut Iusticiers, ainsi nommez *à Banno*, à cause de leur droit d'ordonner, ou bien d'avoir des Bannieres sur leurs maisons.

Des Seign. Bannerets leurs droits anciens.

Les Seigneurs anciens faisoient battre monnoye en plusieurs endroits, & la guerre par le moyen de leurs Sujets *a*, mais cét abus qui mettoit tout en desordre a été levé tant en France *b* qu'en Savoye, & ce se seroit un crime d'Etat que de l'entreprendre *c* au temps où nous sommes; il est méme défendu de faire assemblées illicites, à peine de la vie. *d*

a *Mr de Boissieu des droits Seig. Guy Pap.*
b *Du Moulin sur le 1. art. de la Coutu. Gloss. 1.*
c *tot. tit. ut armor. us. inscio. princip. propl.*
d *Arr. gen. du 16. Iuin 1576 inseré au Stil.*

Ils n'avoient anciennement la Iustice qu'en titre d'office, & pendant leur vie, comme remarque Loyseau, & pour lors ils l'exerçoient en personne; mais nul ne le peut aujourd'huy que le Prince, & depuis qu'elle a été annexée au fief l'on a obligé les Seigneurs d'établir un Iuge, & les autres Officiers dans leurs terres pour en faire les fonctions, leur restant le principe de la Iurisdiction, quand méme les offices seroient alienez autrement elle resideroit en ceux qui l'exercent, qui pourtant ne l'ont qu'en depost, tellement qu'on peut être Comtes & Baron sans avoir l'exercice de la Iustice, ny droit d'en établir les offices.

La dignité feodale peut être sans l'exercice de la Iurisdiction.

Le Seigneur haut Iusticier, qui represente le Prince dans sa terre, y doit avoir les premiers honneurs, jusques-là qu'il peut obliger le Curé par devant le lay à luy donner avant les autres l'eau benite, l'encens, & autres choses de cette nature, ainsi qu'a tres-bien observé Dolives *e*, étant bien juste que la Maison de Dieu, qui est la retraite serieuse des fidelles, soit aussi l'assurance des droits de rang, & d'honneur, l'on le nomme méme en quelques

Preeminence des Seigneurs dans leur terre.

e *Dol. q. not. liv. 1. ch. 22.*

endroits dans le Prône pour un objet specifique de la priere du peuple, & son banc est logé au plus eminent endroit de l'Eglise pourveu qu'il n'incommode point les Prêtres dans leur office.

Enfin quoyque nul autre que le Prêtre n'ait aucun droit de toucher au Temple, le Seigneur y peut faire graver ses armes, le particulier ne le pouvant qu'en cas de bienfait, auquel cas on ne le luy peut empêcher. *a*

a *Dol. q. not.*

Droits d'honneur peuvent être prescrits.

Les Seigneurs hauts Iusticiers, & méme les Fondateurs, soit Patrons, peuvent user de *litres*, la prescription peut acquerir ce droit, aussi bien que le titre de Marquis, Comte, & Baron, pourveu qu'elle soit immemoriale *b*, & que cela n'interesse pas le Prince, contre lequel on ne peut prescrire en ce pays de Savoye *c*. La raison de cette prescription est que tels privileges sont glorieux au Souverain, & ne sont pas contre les Loix *d*, ny au prejudice de sa Couronne & de ses ordres.

b *Dol q. not. liv 2. ch. 11. l. fin. Cod. de eman.*

c *Edit de 1609.*

d *Loyseau des Seign. Souverains, ch 4. Dol. au lieu cit.*

Du litre.

Ie remarque en passant que *litre* vient *à littura*, qui signifie ceinture, & selon quelques uns *à littera*, parce que ce grand nombre d'écussons ressouvient les passans du defunt, comme font les Inscriptions des tombaux.

Plurima litterulis signata sepulchra loquuntur.

De la chasse & pesche.

La chasse & la pesche sont le plus souvent des droits Seigneuriaux, ou par titre, ou par possession, comme j'ay expliqué ailleurs *e*; & comme la Noblesse qui est dans la terre d'autruy doit chasser avec reserve, le Seigneur doit user avec elle de son droit avec moderation, & prudence.

e *Voyez .. par. ch. de la chasse*

Du droit de bannalité.

Il y a des droits de bannalité en quelques terres de ce pays qui souvent sont detachez de la Iustice, & qu'on ne peut avoir sans titre ou possession inveterée

Outre les fiefs & jurisdictions limitées, il y en a qui ne sont que sur certains fonds & familles, & des Maisons exemptes de celle du Seigneur territorial, que nous appellons Maisons fortes. Il y a une autre espece de Maisons fortes qui ne portent le nom qu à cause de leur assiete, & de leurs murailles, lesquelles peuvent être bâties par les Gentils-hommes sans permission du Seigneur haut Iusticier, comme a remarqué le President de Boissieu.

Des Maisons fortes.

Espece imparfaite de Maisó forte.

Quant au droit d'avoir des Colombiers, il semble qu'étans necessairement élevez, ils portent des marques de superiorité, qui est l'attribut du Seigneur dans sa terre, ou dans son fief, où il represente le Souverain *a*, eu méme égard qu'il n'y avoit anciennement que les Rois qui nourrissent des pigeons, *ad Reges pertinet columbarum augurium*, dit Servius, *quia sicut Reges, nunquam solæ incedunt*, & l'Histoire assure que ces animaux furent les presages de la grandeur d'Alexandre Severe *b* : L'on peut adjoûter à ces motifs que les Maisons des grands parmy les Hebreux avoient sur leurs toits des aîles de pigeons en signe de leur Noblesse, *Columbarum Nobilitatem origine narrant*, dit Pline. Neanmoins le droit commun permettant à châcun de bâtir sur son fonds, (*cujus est solum ejus est cælum*,) ensemble d'élever des animaux domestiques, il y auroit d'injustice d'en excepter les pigeons qu'Homere feint avoir donné l'ambrosie aux Dieux *c*, & qui étoient sacrez à Athenes;

Des Colombiers, & qui peut nourrir des pigeons.

a D. L. a [illegible] tens part. 1.

b *Lampridius in Alexandro*

Pigeõs nourris autrefois par les Rois seuls, leur noblesse.

c *Hom. odyss.* 12.

Quid referam ut volitet crebras intacta per urbes
Alba Palestino sancta Columba suo.

Aussi ne le sont-ils pas en France au rapport de du Moulin *d*, Chopin, *e* Imbert, de Dolive, & de Boissieu; il est vray qu'en Savoye il y a un Edit qui defend d'avoir des

d *Du Moulin cont. de Paris.*
e *Chop. le doman. lib.* 6.

Especes de colombiers.

Colombiers à ceux qui n'ont 200. journaux de terre, mais s'il étoit observé peu de personnes en auroient : Et comme il y a des Colombiers à pieds, qu'on nomme Fuyes, des autres à piliers, des autres sur solives : je crois que les personnes non nobles ne peuvent aucunement élever des pigeonniers en tour, & qu'il est permis aux nobles de le faire ; il faut pourtant se tenir à l'usage qui est fort suivy en matiere de fiefs, ainsi qu'assurent les Presidens Guy Pape, & de Boissieu.

Des Moulins, & Fours bannaux.

Celuy qui a des Moulins, ou Fours bannaux peut contraindre les habitans d'y moudre, & d'y cuire, & méme empêcher, ou faire démoulir les fours ou moulins bâtis au prejudice de son droit. Le Senat l'ordonna de cette maniere à mon rapport l'an 1671. en faveur du Sr Villy de Montfalcon contre les habitans d'Evian. L'on traite méme quelques fois ces contraventions criminellement, ainsi qu'il fut fait touchant certains de la Bonneville qui avoient vendu du vin pendant le mois reservé au Prince.

Exemple.

Il y a certains droits Seigneuriaux ou de fief, desquels le Souverain ne se depoüille jamais, que nous appellons de haute regale, lesquels il établit dans les terres mémes qu'il a infeodées, comme sont les postes, doüannes, gabelles, peages, & daces.

Des postes, leur inventiō a Xenophon, liv 8. de la Cyropedie.

Les postes, dont l'invention est attribuée à Cyrus quand il fit la guerre aux Scythes *a*, & desquelles l'utilité est si grande, tant pour la guerre, que pour le commerce) étoient divisées par les Romains, *In angarias equestres, tumultuarias, & castrenses.*

Leurs divisions, postes de cheval, de Pedons, d'oyseaux.

Mais nous les divisons en terrestres, comme les postes, messageries, &c. tant de cheval, que d'hommes de pied, & aquatiques, comme sont la diligence à Lion & ailleurs.

Il y a encore des postes en l'air par le moyen des oyseaux, & des boulets de canon, par le moyen desquels on a fait tenir des lettres dans les places assiegées, ainsi qu'on lit de Brutus qui se trouvant assiegé à Modene par Antoine, & ne pouvant faire sortir aucun Messager pour écrire à Rome, il attacha des lettres au pied des colombes qui y furent portées en seureté, malgré la difficulté de la navigation, & des chemins. Noé usa déja du secours des oyseaux pour sçavoir l'état de la terre inondée. Exemples.

Loüis Herning a écrit amplement des postes dans son Traité *de regali postarum jure*, & remarqué les privileges des Courriers, Postillons, & Chevaux de poste, il dit que le Courrier peut porter l'épée, & que le postillon est en droit de le preceder, jusques-là que s'il étoit passé le premier il payeroit le cheval s'il étoit mort à la course, que les chevaux de poste ne peuvent être saisis pour dette, ny traitez à coups de bâton, mais de foüet. Enfin il y a des loix, & des établissemens en Savoye, & par tout concernant les Postes, & Messageries faits par le Prince. *a*

Observation touchant les Courriers, Postillons, & Chevaux de postes.

Loix touchãt les Courriers, Postillons & Chevaux.

Ie remarque icy par occasion que le Seigneur ne doit abuser du fief, ny maltraiter ses sujets, sur peine d'en perdre la superiorité *b*, & qu'il ne peut les emprisonner *c*, ny autrement exercer la Iustice en personne, qu'enfin ils doivent la protection à leurs vassaux, comme les vassaux leurs doivẽt leurs offices, la pleine foy n'étant deuë qu'au Souverain, comme nous avons déja dit cy-devant ; & s'ils cottisent leurs Iurisdictiables, ou autres, ils perdent leur terre selon les Edits de Savoye, avec mille livres d'amande *d*, n'étant pas juste que ceux qui doivent servir de peres à un peuple en soient les petits tirans.

a *Voyez le* [illegible] *des postes.*
b *Angel. in l.* [illegible] *de pan. B* [illegible] *q.* 104 *Bald. in feud. de* [illegible]
c *Alex.* [illegible]
d [illegible]

Des doüanes, & autres imposts.

Les doüanes, daces, peages, & gabelles sont certains droits qu'exigent les Seigneurs des fiefs, particulierement les Souverains, & des Villes, n'étants gueres permis sans leur licence & concession *a*. Il y a des doüanes en France presque sur tout ce qui entre & sort de ce grand Royaume, à la reserve des choses destinées à l'usage quotidien, comme sont les vêtemens *b* : Nos Princes n'en ont point mis en Savoye à cause de la pauvreté de cét Etat qui n'a aucun commerce que celuy que la liberté du passage & facilité des chemins (qui y sont les plus beaux du monde) y attirent par la loüable conduite de nôtre Prince ; & si le dace de Suze est payé icy, l'on gagne de le payer à Suze, & de se detourner pour ce sujet.

a Fab. in l. 1. C. nov. vect. inst. non poss. Papon liv. 5. tit. 11. Loyseau des peag. c. 9.
b l. univers. C. de vecti. & commis. Guid. Pap. q. 3.

Des peages.

Les peages, ainsi appellez du mot *payage* au dire de Loyseau plutôt que de *pedagium*, est nommé par Claudian *patrium vectigal*, est en plusieurs endroits travers, pontenage, branchere, billete, &c. étant un droit que le seul Prince peut imposer *c*, quoyque les particuliers le possedent en plusieurs lieux, il y en a en quelques endroits de Savoye, desquels je crois exempts Messieurs des deux corps.

c Loyseau des peag. 5. ch. 9.

Du droit de regale. Droits de haute regale.

Il y a certains avantages que l'on nomme droits de regale qui appartient au Souverain, comme de faire la paix, & de declarer la guerre, forger monnoyes, faire grace, imposer tailles, faire les loix, & créer les Magistrats en dernier ressort. *d*

d Loys. ch. 3. des Seign.

Leges Magistratusque facit, sanctumque Senatum.

Droit de regale presomptif.

Toutes les choses publiques, comme les mers, les chemins, &c. sont attribuées par droit de regale au Chef de l'Etat, ainsi qu'on lit chez les Feudistes au Traité *quæ sint regalia*, & même la garde des Benefices mitrez en France,

&

& en Savoye *a*, qui est naturel & annexé à la Couronne au dire de Paul Emille *b*, *& est excellentius ius patronatus*, n'étant pas usurpation, comme a dit Mornac ; mais un effet de la dotation, fondation, & conservation Royale. Il est a remarquer que tels Benefices ne sont sujets à reserve, & qu'en France le Roy pourvoit en regale des benefices ayans charge d'ame, *eodem jure*, que le Pape. Il faut voir Monsieur le Maître sur cette matiere y ayant regale temporelle, & spirituelle, dont j'ay parlé, accordée au Chapitre *Sede vacante c*: Ie remarque que la regale a lieu en Benefices contentieux, & non la fiction, & qu'elle ne requiert aucunes solemnitez de droit *d*. Il y a certains droits de reception qu'on nomme improprement regales. Nous parlerons des autres droits du Prince au Traité des biens tributaires, & des tailles, & plus amplement des fiefs au Traité particulier que je destine au public, joint à celuy des Benefices.

a *Papon tit. 3. du droit de regale, liv. 1.*
b *Paul. Emil. liv. 5.*
Garde des Benefices est de regale.
Privilege des Benefices en regale.
c *Chopin 2. de doman.* *Papon liv. 2. tit. 3.*
d *Pap. l. 2. t. 3.*

CHAPITRE XIX.

Des emphiteoses, laods, servis, & autres droits censifs, & reels.

Les emphyteoses ont pris naissance des Barbares lors qu'ils occupoient l'Italie *a*, lesquels ne sçachans que faire des terres qu'ils avoient usurpées, & que la mort, & la fuite des possesseurs avoient renduës incultes, ils les donnerent à meliorer sous quelques censes, en s'en retenans le domaine direct, *emphyteusis enim*

Naissance des emphyteoses
a *Cuiac. de corp. iur.*

serere, & plantare significat) elles furent fort communes sous l'Empereur Leon, mais elles n'eurent un nom particulier qu'au temps de Zenon, & passoient auparavant tantôt pour ascencemens, tantôt pour ventes.

Differente du fief et de l'emphyteose

Nous avons déja refuté l'erreur de Cujas, de Bartole, & l'ignorance des Commissaires renovateurs, qui confondent le fief, l'emphyteose, l'abergement, le precaire & les contracts libellaires, & superficiaires, il les faut distinguer icy en deux paroles; car fief est de sa nature gratuit, & étoit la recompense des soldats, l'emphyteose regarde la culture, & le profit; le contract d'abergement & censif ne reserve aucun domaine direct *a*, & l'abergement porte introge, le precaire suppose la priere du preneur, *b* sans qu'il puisse luy être ôté *ad nutum*, comme au precaire, dont parlent nos loix; le contract libellaire est une emphiteose d'emphyteose, & le superficiaire celle d'un bâtiment; étant à remarquer que le domaine direct n'y est reservé que rarement, ce qui est pourtant toûjours dans les pures emphyteoses en faveur du Seigneur direct, avec quelque servis ou cense.

a Voyez Boissieu.
qu'est ce que abergement.
b c. constitutus de relig. dom.
qu'est ce que precaire en fait de fiefs.

Qu'est ce que contract libellaire.
Essence de l'emphyteose
Divers droits des directes

Les droits des Seigneurs directs sont de plusieurs especes selon les conventions, & la coutume des lieux, comme les censes, laods, plaids, suffertes, muages, courvées, champars, sterrages, agriers, bucherages, faineages, paquerages, herbages, palliages, avoinages, echutes, bannalitez, cots, treizains, & le reste. Les censes sont souvent appellées servis en ce pays de Savoye, & je parleray des laods & servis seulement, pour être les deux especes de devoirs plus communes.

Des servis, soit censes.

Les servis & censes foncieres doivent être de bled recevable, & pris par le Seigneur dans la maison de son favetier, étans deus à la plus haute valeur dés la contestation, ou simples interpellations: que s'ils sont portables? il suffit d'une publication faite au Prône selon quelques-uns, hors dequoy tous servis prescrivent dans cinq ans *a*, Papon dit qu'il faut citer, & que les proclamations ne suffisent pas, ce qui est fonde sur des textes *b*.

Les dommages interests sont deus des servis, outre la plus haute valeur, comme il fut decidé entre Monsieur de Merandes, & Monsieur le Patrimonial Favier par Arrest servant de Reglement. *c*

Quant aux lods appellez quelque fois plaids, sufferte, cots, treizains, leur etymologie vient *à laudando d*, parce qu'ils procurent l'aprobation du Seigneur direct, & sont deus en toutes translation de domaine *e* par les aquereurs, ils étoient de la cinquantiéme du prix *f*, mais l'usage les a augmenté à la sixiéme en recompense de la liberté de tester, & d'aliener touchant les fiefs, & emphyteoses reduits en cela, *ad instar patrimoniorum*, ce qui fait que cet usage est plus avantageux aux Seigneurs, que l'ancienne rigueur des fiefs : Tellement que le droit de prelation (qui a été inventée pour éviter les fraudes touchant le prix, duquel le Seigneur ne se peut pas plaindre) cesse lors qu'il a retiré le laod de la chose venduë; ce droit n'a lieu en permutations *g*, ny méme en simples emphyteoses, & droits censifs selon Papon, *Moder.* & les Canons. *h* Plusieurs l'ont creu esteint, mesme le President Favre *i*; neanmoins il semble être encore en sa vigueur dans la Savoye suivant l'Edit *k*, il n'a pourtant lieu que dans la vente, & je n'ay pas méme veu qu'il ait êté adjugé, y ayant apparence qu'il est aboly *per non usum*.

Les permutations doivent moitié laod, même entre-

Comment sont payez.

a Edit du penult. Iuin 1568. au Stil.

b l. Omnes & ex l ficut C. de prasc. 30 v. 40. an.

c Arr. du 28. Mars 1662. insêré au registre secret.

d Alciat l. 1. l praetermiss. c. 43. Massue en sa prat. c. 41.

e C Fab def. 29. de iure. emphyt.

f Cic pro Sext. plaut. in trin. Du droit de prelation

g Guid. Pap. q. 92.

h Pap. liv. tit. 11. ar. 19 Mod. in l. 2. de iur. emphyt. c. 6 in statut d. relig. dign dom.

i C. Fab. def. 48. de iur. emphyt.

k Edit du 2[illegible] Decem. [illegible] Si le [illegible] deu en [illegible] mutation.

rement de ce qui a été donné pour suppleer l'inegalité *a*: Il est aussi deu de la moitié des choses données à autres qu'aux enfans, ainsi qu'a remarqué Monsieur Favre. *b*

a C. Fab. def. ... de rer. perm.
b C. Fab. def. 19. de iur. emphyt.
c l. ult. C. de iur. emphyt.
d Pap. liv. tit. 13. ar. 22.

Le laod est un droit deu au Seigneur direct en toutes translations de domaine *c*, méme pour les subhastations, quoyque ventes necessaires, qui n'en devroient point, si ou suivoit les principes, & regles feodales. *d*

Des laods d'indemnité. Des mainmortes.

L'on paye certains laods d'indemnité lors que les possesseurs sont des personnes de mainmorte, comme les Convents, Colleges, & Communautez, qui ne peuvent regulierement aliener, ny faire échute, parce qu'ils sont comme les vaisseaux des argonautes qui étoient toûjours rapiecez.

e Voyez Dol. q. ...

Ces personnes ne peuvent posseder des fiefs Nobles en titre, sans obtenir lettres de capacité, étans obligés en France de donner au Seigneur un homme mourant, & confiscant, comme remarquent Dolive *e*, & Baquet, au droit d'amortissement. Le President le Maître, & Papon disent pourtant qu'il suffit qu'ils fassent l'un ou l'autre. Ce laod est deu de vingt en vingt ans selon le commun usage, il peut être reglé à moins ou à plus de temps par les conventions, & par les terriers. Les Comtes de la Chambre l'ont reglé à trente ans dans les anciennes reconnoissances de ma terre d'Aypierre lors qu'ils en étoient les Barons, dont il y a prés de deux cens ans.

Des laods & treizains.
f Voyez Bally des laods & treizains.

Les treizains sont le laod deu au Prince, outre ceux des Seigneurs pour quelques maisons de Chambery, qui est de la treiziéme partie du prix *f*, comme le vingtain est de la vingtiéme, & le trentain, ou quarantain, de la trantiéme, ou quarantiéme. Il y a des Seigneurs particuliers qui ont les treizains, comme on assure être touchant les maisons de saint Pierre d'Albigny, du moins partie.

Les cots sont la treiziéme du prix deuë au Prince, outre le laod ordinaire de ce qui est de son fief, & les torcots le laod à luy deu pour tous affranchissemens des fonds taillables *a*, qui sont commis si on ne paye cette redevance en Chambre, en cas neanmoins que le fief dominant soit de l'arriere fief du Souverain.

Des cots & torcots.

a *Edit du 16. Octob. 1561.*

Quant aux plaids, qui sont assez communs en Maurienne, & en Tarentaise, & méme reglez en quelques endroits, ils ne sont autre que des laods deus à la mort du Seigneur, ou du tenancier, & quelques fois de l'un & de l'autre, à cause de la revestiture, lequel laod doit être payé sans detraire les dotes, sans une estimation exacte pourtant: Ils sont deus à Aypierre dans les deux cas, & reglez dans la reconnoissance generale qu'a fait la Parroisse en ma faveur de tous les fonds qui y sont enclavés.

Des plaids.

Monsieur Bailly a equivoqué sur ce sujet, lors qu'il a assuré que les plaids ne sont point deus en Maurienne à la mort du Seigneur *b*, puisque le Senat jugea le contraire pour Monsieur Devieux Baron de S.Remy au rapport de Monsieur du Noyer, Baron du Chatel, personnage aussi exact dans sa charge, qu'il a l'esprit clair & plein de lumieres: l'on les paya à Vrtieres par le decez du Prince Thomas, & en plusieurs autres endroits.

b *Bally des laods & trezains, ch. 3.*

Eloge de Mr du Noyer.

Quoy que les laods ne soient point deus d'un contract nul de sa nature *c*, neanmoins ils le sont lors qu'il est rescindé aprés avoir esté valide, & je ne suis pas de l'opinion du Sieur Bally, ny d'Aflidus qu'il cite, qu'ils ne soient pas deus d'un fonds donné en payement pour une somme promise, méme necessairement,& j'ay Monsieur Favre pour garend de ce que j'avance *d*, aussi bien que

Laod n'est deu d'un cõtract nul.

c *C Fab. def. 65. de iur. emphyt.*

d *C Fab. de. 55. de iur. emphyt.*

l'usage du Senat dans ses Iugemens.

A quoy est tenu le Seig.

Celuy qui pretend quelque devoir, (à la reserve du Prince pour la Souveraineté, & du Seigneur qui a territoire pour la Iustice) en doit établir les extremes par bons titres & documens *a*, étant le Seigneur direct tenu d'indiquer le fonds qu'il pretend être de son fief, ou emphyteose, sinon que le possesseur ou celuy dont il est heritier eussent reconnu la chose demandée *b* : Il est vray que les egances sont faites aux frais des favetiers, fournissant le Seigneur son Commissaire pour ce sujet. *c*

a Guy Pap. decis. 24 & 582. Ioint la lettre g n. 7. l. 1. & 2. C de iur. emphyt.
b l'. Fab. def. 18 de iur. emphyt.
c Edit du 15. Nov. 1605. C. Fab. def. 19. de iur. emphyt.

Des indications.

Les indications se font comme les autres veuës de lieu l'on fichone les pieces qu'on veut indiquer, & si l'on n'en convient pas, il faut prendre des preud'hommes, & si c'est par suite de fief, ou en choses antiques, des Commissaires, jentends de la judicielle, car on n'entend point de preud'hommes dans la sommaire que le Seigneur fait à ses dépens, & par son Commissaire s'il le desire, ainsi qu'il fut jugé entre le sieur de Peroges, & Maistre Heritier, au rapport de Monsieur Excoffon, homme d'une grande experience, & qui a vieilly au service du Prince avec une assiduité tres-loüable, & pleine de zele pour le bien public.

Eloge de Mr Excoffon.

Ce qui est requis dans les titres & documens.

Les livres, & autres titres concernans les devoirs, tant Seigneuriaux, feudaux, que censifs, doivent être authentiques, étant l'usage en ce pays de deputer des Notaires, & Commissaires pour renouver les livres terriers, & faire reconnoître les personnes redevables de temps en temps, lesquels ont les minutes, & souvent des imbreviatures; les expeditions sont nommées Livres de grosse, autrefois ils n'étoient que paraphez, mais à present ils doivent être munis des signatures suivant l'Edit *d*.

d Edit de 1634.

Que si la mort du Renovateur arrivoit avant le parachevement de sa besogne, & qu'il l'eut signée, l'on peut la faire achever à un autre, & s'il ne reste qu'à la signer pour lors l'on se peut pourvoir au Senat, lequel depute un Senateur pour l'examiner, à l'assistance du Procureur general, à cause de l'arriere-fief du Prince, & de l'interest public ; aprés quoy l'on commet un Notaire pour signer, & grossoyer les reconnoissances. Ie fus deputé en pareil cas pour Monsieur de Larsagne, & j'ay veu juger sur ce pied en Audiance, Chambres assemblées *a*, le tout sans oüir les interessez.

Cas remarquable.

Exemple.

a Arrest du 6. Mars 1674.

Les laods qui sont partie du prix, doivent être rétablis à l'acheteur par le vendeur, encore que la vente soit rescindée, & même nulle, ainsi qu'assure Tiraqueau *b*, & s'ils sont deus pour le reachept, le Seigneur du temps de la vente a droit de les demander, ainsi que remarque Thesaure *c*, & ne portent haine & interests, que dés qu'ils sont demandez.

b Tiraq. du retrait cõ. en. Obiet . on [illegible] laod.

c Thes. dec. 75.

L'estimation des denrées doit être faite à proportion du prix qu'elles ont eu plus souvent dans les marchez *d* chaque année, & la plus haute valeur, selon celuy qu'elles y ont eu le plus haut.

Iuste estimation des denrées.

d C Fab. def. 1. de [illegible]

Ie remarque icy que les laods prescrivent par l'espace de trente ans, les servis qui ne sont portables par celuy de cinq, & que jamais le favetier ne prescrit le domaine direct contre le Seigneur, s'il n'a autre titre que sa possession de ne payer pas (quoyque le tiers puisse prescrire) bien moins le vassal contre son Seigneur, ny le Seigneur contre luy. *e*

Prescription des droits Seigneuriaux

e Carol. d. l. 1. de ses resp. Pap. liv. 11. tit. 3. [illegible]

Outre les laods conventionnels, il y en a certain penal introduit pour eviter les fraudes, lequel est payé par l'hypothequaire aprés dix ans de possession, suivant nos Edits, sans espoir méme de le repeter du proprietaire s'il ne la comminé de retirer son bien, la femme qui tient un fonds pour sa dote est exempte de cette peine statutaire, parce qu'elle n'est pas soupçonnée de fraude, & que son hypotheque est purement necessaire : le President Boyer *a*, & Decius *b* veulent mesme que le lod soit deu, *ex locatione in decennium.*

a Boër. q. 214. b Decius cons. 204. C. Fab. def. 60. de iur. emphyt.

CHAPITRE. XX.

Du domaine des choses, & des moyens de l'acquerir.

LE domaine, ou quasi domaine peut être acquis par des moyens civils, ou du droit des gens, & se divise en plain, nud, bonitaire, quiritaire, direct, & utile, & regulierement *ex possessione præsumitur dominium*, suivant le Brocardic des Praticiens.

Or comme au dire de Ciceron *a*, *privata nulla natura, sed aut veteri occupatione aut victoria*, les principes ont étably quatorze moyens d'acquerir le domaine par le droit des gens, & quatre par le civil; & comme il peut être acquis *per se, aut per alios*, il peut aussi l'être par des voyes universelles ou singulieres, desquels nous traiterons en peu de paroles, sans nous engager à expliquer les principes, aprés que tant d'autres s'en sont mélez, outre que ma pensée n'est que de donner une legere idée du Droit dans la theorie, qui ne fait icy mon but principal.

a Cic. 1. de offic.

Les principaux moyens d'acquerir par le droit des gens, son-

ſont l'occupation qui comprend la chaſſe, la peſche, &c. l'acceſſion, la fabrication, l'écriture, la peinture, la ſculpture, le plantement, reparation, & la tradition tant feinte, que veritable, ſans laquelle nul domaine ne peut étre transferé *a*. Il y a des autres moyens du droit des gens que je tais, renvoyant les curieux aux Iuſtituts de Iuſtinien.

a l. traditionibus, de acquir. rerum dom. [illegible]

Les voyes d'acquerir par le droit civil ſont l'uſucapion, la donation, la ſucceſſion, l'arrogation, l'addiction de biens, & l'adjudication ; il y en a quelques unes qui ſont abrogées.

CHAPITRE XXI.

Des uſucapions, & preſcriptions.

LES uſucapions ſont Seigneur celuy qui a poſſedé trois ans des choſes meubles, & dix des immeubles, il en faut vingt entre perſonnes abſentes, & quoy qu'on les confonde ſouvent dans le diſcours avec les preſcriptions *a*, elles en ſont pourtant bien differentes, les uſucapions étans des voyes d'acquerir, & de parvenir aux preſcriptions, au lieu que les preſcriptions ſont des exceptions à ceux qui poſſedent.

a [illegible] *in quibus* [illegible] *long. temp.*

La poſſeſſion, la bonne foy, le titre, le temps, & la nature preſcriptible de la choſe ſont les circonſtances qu'on y conſidere, juſques-là que la bonne foy que le laps de trente ans fait preſumer eſt requiſe, *in tota parte temporis*, par le droit Canon.

Les actions perſonnelles durent trente ans, les hypothequaires, & quarante contre le detteur ou son heritier *a*, il en faut autant pour prescrire contre l'Eglise *b*, & méme cent touchant la Romaine, aussi bien que pour établir des possessions immemoriales, ou pour gagner par prescription les rentes constituées quant au capital * ? l'action pigneraticie qui appartient à celuy qui a engagé ne prescrit jamais s'il n'y a eu offre & contradiction au dire de Balde, ny les droits de regale, & choses sacrées, saintes, *c* & facultatives selon Bartole, & Lotier.

Il y a diverses especes de prescriptions, & dés une heure jusqu'à cent ans, comme aussi des legales conventionnelles, & statutaires, mais il leur faut toûjours donner un commencement *d*, & prendre garde de les couvrir, ce qui se fait fort facilement, étans des remedes iniques & odieux de droit.

Le pupil, & autres incapables de demander & d'agir en sont à couvert *e*, & les mineurs s'en relevent jusques à trente cinq ans, ayans les dix qui passent la majorité succedé à l'an util, & au *quadriennium* de Iustinien; mais aprés ce temps ils ne peuvent plus s'en servir comme mineurs, ny en demandant, ny en defendant en ce pays de Savoye. *f*

La prescription s'interrompt par la citation, & comme elle est de droit public pour assurer les domaines, il n'est pas loisible d'y renoncer selon Balbe, Bartole, & les autres Docteurs *g* qui en ont parlé, étant à remarquer que la prescription de 30. à 40. ans qui n'étoit connuë dans le Droit des Digestes *h*, *plenam tribuit securitatem possidenti* *i* *nisi in exceptis.*

a l. cum notissimi C. de præscr. 30. vel 40. annor.
b auth. quas actiones C. de sacr. Eccl.
* C. Fab. def. 15. de sacr. eccl.
c l. in usucapione ecclesiæ de usuc. §. res fisci inst. eod.
d Menoch. l. 6. præs. 33. Gloss. in c. cum Ecclesi. de caus. poss.
e Del. q. not. l. 4. ch. 17. l. 1. C. de bon. matern. & l. 1. C. de an. excep.
f Sic id.
g Bart. in l. nemo. ff. de legibus, Balb. de præsc.
h Gloss. in l. qui occidit ff. ad leg. aquil.
i l. omnes in fin. C. de præsc. 30. an. C. Fab. def. 1. eod.

CHAPITRE XXII.

Des donations.

Es donations ſont pures ou conditionnelles, ſimples ou remuneratoires, elles ſont entre vifs, à cauſe de mort, & à cauſe de nopces.

Les donations entre vifs transferent le domaine, ſans que la tradition, & l'écriture ſoit de leur eſſence, comme elle étoit anciennement ſelon le Code Theodoſien *a*, ſuffiſant aujourd'huy qu'elles ſoient acceptées, & faites en preſence de deux témoins, & inſinuées par le Magiſtrat quand elles ne ſont à cauſe de nopces, & couchées dans le contract de mariage ſelon nôtre Stil. *b*

a Theod. l. 4. & 7. de don.

b Stil art. 164

Les donations entre vif (que l'on peut nommer contracts des fols) ne ſont plus revoquées ſans ingratitude, inofficioſité, ou naiſſance d'enfans *c*, quoy qu'en ait dit le Preſident Favre *d*, duquel le ſentiment ne peut ſubſiſter, quelques ſubtiles que ſoient ſes raiſons, parce qu'il eſt contre le texte *e*, & l'uſage meſme.

c Brod. lit. D.

d C Fab. def. 21. de revoc. donat.

Erreur de Mr Favre.

e l. si quis ar. gentum C. de donat Menoc. præſ. 16

L'inſinuation des donations, qui n'eſtoit ordonnée par le Droit civil qu'en choſes valans cinq cens écus *f*, doit être faite devant le Iuges Royaux ou Ducaux, les plus proches du domicile des parties *g*, & ne vaudront faites en pays étrangers, ſi elles ne ſont inſinuées dans le reſſort, ainſi qu'il fut decidé Chambres aſſemblées le 3. Septembre 1666. entre les Sieurs Lomel, & de la Balme,

f l. ſancimus C. de donat.

g Stil art. 164 Statut de Savoye.

moy present, & leur force commence dés l'insinuation seulement en ce pays de Savoye. *a*

Les donations à cause de nopces sont si favorables, comme aydes du mariage, qu'elles valent du pere au fils, & encore lors qu'elles sont accompagnées du serment *b*, étant pourtant leur effet conservé au survivant des deux mariés lors qu'il n'y a pas des enfans *c* : Et Dolive n'excepte ny le Medecin pendant la maladie, ny l'Advocat pendant le procez, ny les tuteurs & curateurs pendant leurs charges en fait de donations à cause de nopces *d*, nous en avons parlé cy-devant *e*, où je renvoye le Lecteur.

La donation à cause de mort desire l'acceptation du donataire, la presence de cinq témoins, & la consideration de la mort exprimée par celuy qui donne, elle est facilement revoquée, & aneantie, car elle retourne au donateur par le predecez du donataire *f*, & par sa guerison s'il l'a faite en veuë de sa maladie; enfin s'il alienne volontairement la chose donnée ; mais si l'on est en doute de la nature d'une donation, elle est toûjours presumée entre vivans *g*, & sous cette condition taisible, *si liberos donator non habeat h* : Enfin aucune donation n'est valable si elle ne laisse rien au donateur pour tester *i*, & si bien la donation reciproque vaut entre mariés, méme mineurs *k*, neanmoins elle est nulle quand il y a de l'inegalité, comme si l'un est jeune, & l'autre caduque, & c'est par là que l'opinion d'Alciat, d'Imbert, & de Decian *l* peut être conciliée avec celle de Balde, & des autres.

a C. Fab. d. f. [illegible]
b C. [illegible]

c l. 1 & 8 ff. de rebus dub. C. [illegible]

d Dol. 3. not. l. [illegible]
e [illegible] du mariage.

f l. [illegible] ff. de mort. cau. [illegible]
g Clar. §. don. q. 4. C. Fab. [illegible]
h l. si unquam C. de revoc. don.
i C. Fab. [illegible] de don. l. [illegible] ff. de verb. obl.
[illegible]
k [illegible] C. si adv. [illegible]
[illegible] C. de inoff.
l Alc. in l. 1. de pact. Dec. cons. 46.

CHAPITRE XXIII.

Des successions testamentaires.

COMME nous avons des Loix publiques données par les Princes, nous en avons des privées dans les familles, sur tout en fait de dernieres volontez faites par les testateurs.

——— *suprema voluntas* ———

Quod mandat fierique Iubet, parere necesse est.

Nibil enim magis hominibus debetur, dit l'Empereur. *a* *a l. 1. C. de sacr. Eccl.*
Quam ut supremæ voluntatis, liber sit stilus, & licitum quod iterum non redit arbitrium.

C'est par les testamens que les Legislateurs domestiques font la loy qui s'observe quand ils ne sont plus.

Ces actes importans sont aujourd'huy solemnels, ou noncupatifs, n'étant plus question de ceux que l'on nommoit *calata procincta*, *& per æs, & libram.*

Les testamens solemnels, inventez *ad devitandas fraudes*, doivent être écrits par les mains des testateurs, ou bien par ceux qu'ils en prient, signez & sellez par les mémes testateurs en presence de sept témoins qui signent aussi, & apposent leur seau : l'acte de declaration est prononcé par le Notaire aprés que le testateur a declaré devant sept témoins que le papier qu'il tient en main contient sa derniere volonté. *b* *b l. hac consultissima C. de testam.*

Les femmes, les esclaves, & les impuberes ne sont capables d'être témoins testamentaires, non plus que les hommes sans avoir été appellez: Le mesme s'observe touchant les testamens noncupatifs qui different des solemnels, en ce que le testateur nomme l'heritier, & que l'écriture, ny tant de solemnitez n'y sont pas necessaires, mais toûjours l'acte doit être continué; on peut disposer de tous ses biens dans un testament, & le revoquer s'il n'est juratif, ou muny de la clause derogatoire, on la revoque pourtant ou expressément, ou jurant qu'on n'en a le souvenir, étant aussi fort facile d'obtenir dispense de son serment, *ultimæ enim voluntates deambulatoriæ sunt usque ad ultimum vitæ spiritum.*

Il faut donc trois choses pour un bon testament, le pouvoir, la volonté, & les solemnitez à l'observation des loix, c'est à quoy je reduits les cinq circonstances dont parle Depeysse. *a*

Quant au pouvoir de tester tous ceux à qui le droit ne la pas refusé *b*, l'ont; parce que l'Edit des testamens, est prohibitoire *c*, ce qui me fait improuver la peine que Depeysse s'est donné d'expliquer tous les cas permis, car j'estime qu'il suffit dans une regle si generale de parler des cas exceptez. *Exceptio enim firmat regulam*, il y en a cinq selon le docte Bartole, *prohibentur enim homines testari, aut propter defectum ætatis, ut impuberes, vel propter defectum animi aut corporis ut furiosi* d, *stulti, prodigi interdicti nisi inter liberos aut ad pias causas muti, & surdi per naturam* e, *vel ratione subjectionis, ut servi, religiosi, professi, vel ratione pœnæ, vel ratione status dubij, ut obsides.* Il y a une infinité d'observations à faire touchant chaque cas, sur quoy il faut voir Paul de Castre, Carondas, Papon, Mantica, Acurse, Benedicti, le President Boyer, Chopin, Clar. Grass. Maynard, Specul. Covarr. Barry, Durant.

a Depeyss. p. 1. tit. 1.

b Voyés Acurs. Specul. Molin.

c [illegible] Depeyss

c [illegible] Dep.

d Novel. 39. Iason. Mayn. l. 7 c. 19. Dep. p. 1. des test.

e l. in adversus ff. qui test. fac. poss.

f Specul. l. 2. de instr. c. dit. § 2. l. 2. à discretis C. qui test. fac. poss.

Ragueau, Boutelier, Tiraq. Automne, Depeyſſe, le Preſident Favre, & les textes, tant du Code des Digeſtes, que des inſtituts touchant ces matieres.

I'obſerve icy que le ſourd & muet par accident peut teſter par écrit *a*, que l'yvrogne ne le peut point pendant qu'il eſt yvre *b*, qu'il faut huit témoins pour le teſtament d'un aveugle, qu'enfin la condamnation à mort annulle le teſtament, comme il fut jugé touchant Arnaud Duthyl au rapport du Conſeiller Coras dans ſon Arreſt de Martin Guerre. *c*

Quant à la volonté, elle manque ſelon Depeyſſe en quatre cas, ſi le teſtateur n'a voulu faire qu'un ſimple projet *d*, ſi le teſtament eſt captatoire *e*, comme s'il diſoit *I'inſtituë Titius en la meſme portion qu'il m'inſtituera*, ou *pourveu qu'il inſtituë Mævius ſon heritier*, autre ſeroit s'il diſoit, *j'inſtituë Titius en la meſme portion en laquelle Mævius m'a inſtitué* f, ou *en laquelle il m'a inſtitué* g, étant permis de renonnoître le bien-fait paſſé, mais non pas de crocheter les heritages par des pactions de cette nature. Le troiſiéme defaut de volonté vient de la contrainte : autre ſeroit ſi on l'avoit gagnée par douces paroles *h*, & le quatriéme ſi la volonté n'eſt qu'à moitié executé, comme ſi le teſtament n'eſt pas achevé, étant une verité canoniſée en Droit que le teſtament eſt nul *defectu voluntatis*, méme entre enfans *i*, & en faveur de la cauſe pie, ſuivant Vaſquez, Chopin, Barry, & le Preſident Boyer.

Reſte à parler des ſolemnitez requiſes pour la validité des teſtamens, *nemo enim poteſt in ſuo teſtamento cavere ne leges in eo locum habeant idemque eſt non fieri & non rite fieri* k, tellement que s'il ne contient un heritier qui ſurvive, ou ſon ſubſtitué vulgairement *l*, ſi l'enfant n'eſt ex-

a l. à diſcretis C. qui teſtam. fac. poſſ.
b Simon de prat. lib. 2. tit. 4. n. 21. Depe. Graſſ. in § teſtam. q. 21.
c Specul. lib. 2. de teſt. [illegible] Depeyſſ. [illegible] de pra[illegible] ſer[illegible] in conſiue. Bardis Graſſ. Greg. [illegible] Maya. l. 9 [illegible] 41 Durant q. 27. Barry.
d Covarr. ad cap. Relatum de teſt. Clar. in § teſt. q. [illegible]
e l. captatorias ff. de [illegible] inſti. l. 64. ff. de leg. 1. l. captatorias C. de teſt. mil. ubi Cuia.
f l. Clemens, ff. de her. inſt.
g Cuiac. in 6. reſp. Papin. ad l. captatorias.
h l. [illegible] ff. & Cod. ſi quis al. teſta. prohib.
i Guid. Pap. conſ. [illegible] 234. Boyer. q. 240 Vaſq. de ſucceſ. progreſ. Maſc. concl. 1351. Ranch. Faclbia Debe.
k l. nemo ff. de leg. 1
l Graſſ. § teſt. q. 31. Depeyſſ. p. 1. inſt. quib. mod. teſt. infir. § poſteriore.

pressément institué, ou exheredé avec cause *a*, le testament est nul aussi bien que si l'heritier n'est capable de prendre l'heredité, comme s'il étoit condamné à mort, ou si le testateur avoit erré au corps, & en la personne de l'heritier *b*, ou enfin s'il étoit *persona incerta de incertis*, étant à remarquer que la clause generale que l'on est en coutume de mettre que l'on institué tous les pretendans en l'hoirie en la somme de cinq sols valide le testament qui est nul par preterition. *c*

Que s'il y a lieu à exhereder les enfans il le faut faire nommément *d*, purement, dans le testament de tout l'heritage, & avec cause *e*. Il y en a quatorze principales dans la Novelle 115. de Iustinien contenuës dans ces vers.

Bis septem ex causis filius exhæres esto,
Si Patrem feriat si maledicat ei
Carcere detrusum si negligat vel furiosum,
Criminis accuset, vel paret incidias,
Si damnum dederit gravè nec ab hoste redemit,
Si testari vetet se societque malis,
Si mimos sequitur vitietque cubile paternum,
Non orthodoxus filia si meretrix.

Et je ne suis pas de l'opinion de Iulius Clarus *f*, qui veut que la peine de l'exheredation cesse pour avoir fait penitence de sa faute, il est vray qu'il faut preuver la cause être veritable, *quisque enim præsumitur innocens*. g

Les enfans sont obligez d'instituer leurs ascendans *h*, & les freres leurs freres, *si sit instituta turpis persona*, & non autrement, *hæreditas enim filiorum non minus parentibus quam liberis piè relinqui debet*. i

——— *solatia luctus*
Exigua ingentis, misero sed debita patri. k

a [illegible] §. [illegible] inst. de [illegible] liber.
b l. 9. ff. de hered. [illegible]
c [illegible] de fid. [illegible] art. 36. [illegible] l. 1. [illegible] 11. Defer. par. 1. des succ. [illegible] Ferrer. in quæst. 455. [illegible]
d §. Sed hæc inst. de exhær. liber.
e l. 27. ff. de condit. [illegible]
f Clar. §. test. q. 41. vid. Covar. & Fach.
g Molin. ad [illegible] de lib. grat.
h Bened. ad c. Raynut. Boër. decis. 51. Bering. Fernan. & Clar.
i l. nam et si ff. de inoff. test.
k Virgil. Æneid. lib. 11.

Il faut pourtant distinguer la maniere de laisser la legitime, car elle doit l'être *jure institutionis* aux ascendans, & descendans, au lieu qu'il est loisible de laisser la legitime aux freres *quocumque titulo.*

Les parens peuvent être exheredez pour les huit causes contenuës au chapitre 4. de la Novelle 115. qui sont s'ils ont intenté une accusation capitale contre leurs enfans, attenté sur leur vie, si le pere a debauché sa belle fille, s'il a empéché ses enfans de tester, si les parens ont attenté l'un contre la vie de l'autre, & s'ils n'ont assisté leurs enfans furieux, ou captifs, & s'ils sont heretiques, sur quoy l'on peut lire Barry *a*, & Depeysse: l'Heresie n'est pas cause d'exheredation dans les lieux, où la liberté de conscience est laissée, comme elle est en France.

a Barry l. 10. tit. 5. n. 7. Depeysse p. 1. sect. 4. tit. 1.

De l'exheredation des freres.

Le frere peut être des-herité quand on institué des personnes honnêtes, & non pas *instituta turpi persona*, s'il n'y a une des causes qui sont contenuës dans la Novelle cent & quinziéme.

Outre les solemnitez requises dans les testamens, il faut le nombre de sept témoins *b*, quand méme ils seroient faits en faveur du Prince *c*, & ce nombre est accrû d'un huitiéme témoin ou d'un Notaire au testament de l'aveugle, comme il est dit en plusieurs textes *d*; Les testamens f[illegible]its devant un Prêtre, & deux témoins sont valables dans les terres de l'Eglise, selon le Droit Canon, *e* Ceux des Soldats faits *in procinctu, aut in expeditione*, peuvent valoir avec le nombre des deux témoins, & méme sans témoins, pourveu qu'il apparoisse de leur volonté, ainsi que Iustinien le declare dans l'Institut au titre *de testam. militum*: Que si celuy qui n'a testé dans les formes devient Soldat, son testament vaudra par droit militaire,

b Iul. Clar. §. fin. testam. q. 55. Crass. in § fin. testamentum, q. 54. §. 3. & § o. ult. inst. testam. l. 2. de bon. poss. Barry Depey. l. 12. C. de testam.

c § [illegible] l. [illegible] instit. quibus n. [illegible] test. [illegible]

d §. [illegible] in-[illegible] est permiss[illegible] [illegible] con-[illegible] C. [illegible] [illegible]

e [illegible] de test[illegible].

pourveu qu'il y ait ajoûté ou diminué dés qu'il a esté fait soldat *a*; je ne veux pas icy étaler les privileges des testamens militaires, & passeray à ceux que nous appellons privilegiez, comme est celuy qui est fait entre enfans, lequel vaut, quoy qu'il n'y aye aucun témoin, pourveu qu'il soit écrit ou soucrit par le testateur, Monsieur Favre veut le nombre de deux témoins, & l'Authentique *quod sine* au Code des testamens dit qu'il faut la date dans le testament fait en faveur des enfans lors qu'il n'est pas signé par le testateur; cependant Irnerius n'a pas été fidele en démembrant cette Authentique de la Novelle 107. car elle ne parle pas tout à fait comme il l'a couchée dans le Code.

Que si l'on trouvoit un testament sans être écrit ny signé par le testateur, il ne seroit aucunement soutenable, encore qu'il auroit esté trouvé dans un coffre, dont il porteroit la clef, ainsi qu'assûrent Maynard *b*, Automne *c*, & Depeysse; & quand même le testament entre enfans seroit soutenu sans solemnitez comme holographe, c'est à dire écrit par le testateur, il ne l'est point pour les étrangers, comme remarquent Boyer *d*, Tiraqueau *e*, & le même Depeysse.

Les testamens faits devant le Prince, ou devant le Iuge sont exemps de la necessité des témoins, & le nombre de cinq suffit pour ceux qui sont faits aux champs *f*, en prison, si le testateur n'en a pû avoir plus *g* grand nombre, & en temps de peste *h*, *etsi enim nihil facile mutandum ex solemnibus ? tamen ubi æquitas evidens ex poscit subveniendum est*, il en faut pourtant sept selon le texte, quoy qu'il ne soit pas necessaire de les assembler *i*.

Ceux qui peuvent tester peuvent être témoins dans un

a l. 15. ff. de testam. milit. l. 10. ff. de mil. test. § item ejus inst. de milit. testam.

Du testament entre enfans. Et holographe.

Supposition d'Irnerius.

b Maynard. liv. 9. ch 5.

c Autom. in Auth. quod sine C. de test.

d Boër. decis. 240.

e Tiraq. de privil. piæ caus. privil. 80. Clar. § test. & l. hac consultissima § ex imperfecto C. de testam.

f Azo tit. C. de test. Bart. ad l. 8 col. Guid. Pap. q. 543. Masu. Bened. Clar. Papon. Grass. Chop. ... Barry

g Grass. in §. testam. q. 54. Depeysse.

h Depeyss. p. 1. tit. 1. sect. 4. Dolive en ses Arr. l. 5 ch. 1.

i l. casus majoris C. de test.

teſtament, mais il faut être mâle, pubere, de bon ſens, & libre, le Religieux profés peut pourtant être témoin teſtamentaire *a*; & quoyque les témoins doivent avoir été priés *b*, s'il ne s'agit d'un teſtament fait entre enfans *c*, ou pour cauſe pie, comme remarquent Tiraqueau, Covarruvias, & Maſcardus. Il ſuffit pourtant qu'un autre que le teſtateur prie les témoins dans les cas où il les faut prier au dire de Clarus, Graſſus, Mantica, & Barry *d*, & parce que les témoins doivent voir le teſtateur, l'on doit uſer de chandeles ſi le teſtament eſt fait de nuit, afin qu'ils ne ſoient abuſez par une voix contrefaite *e*. Mais pour mieux éclaircir la maniere de teſter ſelon le droit, il faut ſçavoir qu'il y avoit anciennement des teſtamens nommez *calata, procincta, & per æs, & libram*, & qu'il y en a deux genres par le droit nouveau, le ſolemnel & par écrit, & le noncupatif, où l'écriture n'eſt eſſentielle, comme nous dirons dans la ſuite.

Le ſolemnel (ainſi nommé à cauſe de ſes ſolemnitez) doit être ſigné par ſept témoins, & par le teſtateur s'il n'eſt écrit de ſa propre main *f*, les témoins doivent tous mettre leur ſeel, & leur ſignature en preſence du teſtateur, & des autres témoins, étant méme valable ſans date *g*; le nom de l'heritier doit être ſecret, & le teſtateur ne dit autre ſinon que le papier qu'il a en main, & qu'il remet au Notaire pour dreſſer ſa declaration, contient ſa derniere volonté, dequoy le Notaire dreſſe acte en forme, & le prononce devant deux témoins, qui peuvent être des teſtamentaires. L'ancienne neceſſité d'écrire le nom de l'heritier n'eſt plus impoſée au teſtateur par l'indulgence d'une des nouvelles de Iuſtinien. *h*

a *Acurſ. in auth ſi teſtis C. de teſtibus Math. in q. 517. Guid. Pa. Exgny au 4. l. des loix abrogées ch. 20.*

b *Bart. ad leg. heredes palã ff. qui teſt fac. poſſ. Fernand. Vaſq. tom. 2. de ſucceſ. prog. lib. 3. Mantic. de conict. ult.*

c *Maſcard. concl. 1355. Barry lib. 2. Graſſ.*

d *Clar. § teſtamentum q. 58. Mantic de conicct. lib. 2. Graſſ. §. teſt. q. 54. Barry lib. 1. Dep. p. 1.*

e *l. ad teſtium §. qui teſt. facere poſſ. lib. 1. ff. cria lumina de ventr. inſpic. Iaſ. conſ. 50. Dec. conſ. 354. Decian. conſ. 61.*

f *l. hac conſultiſſima C. de teſtam.*

g *Cuiac. ad leg. ff. qui teſt. fac. teſt. Char. en ſes reſp. l. 6.*

h *Auth. & nõ obſervato C. de teſtam.*

Ouverture du teſtament ſolemnel.

Aprés le decez du teſtateur le teſtament eſt ouvert

devant le Iuge *a*, lequel fait auparavant reconnoître les seings des témoins, & si tous ne s'y peuvent rencontrer on l'ouvre devant la plus grande partie *b*, ce qui est fait à la requeste des interessez *c*, particulierement de celuy qui espere la succession.

a l. 4. ff. quemadmod. test. aper.
b l. sed maior ff. quemadm. test. aper.
c l. tabularum ff. eod.

Quant au testament noncupatif, il faut que le testateur declare le nom de son heritier, & le reste de sa volonté devant sept témoins assemblez *d*, ou qu'il avoüe la declaration qu'en fait un autre en sa presence, comme remarquent Clarus, Menoche, Maynard & Barry : enfin quoy que le testament noncupatif puisse être écrit *ad futuram rei memoriam*, l'écriture n'est pas pourtant de son essence, que si le testateur a voulu faire un testament par écrit, & qu'il ait observé les formalitez du noncupatif, son testament est nul, & insoutenable *e*, mais s'il n'apparoit pas de quelle maniere il a voulu tester, son testament sera du genre dont il aura observées les solemnitez *f*, & s'il est écrit par chyfres & abreviations, il ne vaut pas même entre enfans au dire de Cujas, & de Depeysse : autre est du Soldat, & de la cause pie, comme remarque Tiraqueau, & encore Depeysse.

d l. heredes palam ff. qui test. fac. poss.
On peut écrire le testa[ment] noncupatif pour plus d'assurance pour l'avenir.
Cas où le testament est nul.
e Iul. Clar. §. testam. Mant. Grass.
f Iul. Clar. Depeyss. Mantic. Grass.

Il y a certaines dispositions qui sont nommées correspectives, comme sont les testamens que les mariez, ou autres associez font ensemblement, dont la revocation dépend du survivant, sinon qu'ils eussent esté executez suivant le sentiment du President Favre *g*, & de Benedicti, parce qu'il est juste les dernieres volontez ne soient geennées *h*, c'est pourquoy la division que le pere fait entre ses enfans peut être revoquée jusqu'au dernier soupir *i*, *voluntates enim ultimæ sunt deambulatoriæ usque ad ultimum vitæ spiritum*, *vulgatis juribus*.

Des testamens correspectifs
Ils sont revocables.
g C. Fab. lib. 6. tit. 1. de codicill. Benedict. in c. Raynutius. Oldrand cons. 174. Brodeau litt. 4. n. 10.
h l. 4. ff. de adim. & transfer. leg.
i Oldrad cons. 231. Hotom. cons. 117.

Quant aux teſtamens contractuels, quoy qu'ils ſoient contraires au Droit *a* commun, toutesfois l'uſage les a introduits en Savoye, & en France pour l'intereſt des Familles juſques-là qu'ils ſont irrevocables en contracts de mariage, comme aſſure le Preſident Favre en pluſieurs definitions : Il fut ainſi jugé le 21. Iuin 1674. Chambres aſſemblées au rapport de Monſieur Carron. On peut auſſi faire des ſubſtitutions dans les contracts par les loix mémes *b.*

La preuve du teſtament noncupatif peut être faite par témoins, leſquels doivent declarer avoir été priez, & avoir oüy nommer l'heritier *c* par le teſtateur : je fis pareille procedure pour un nommé Wlliermoz lors que j'étois Iuge de Villeneufve.

a *l. ſi quis ff. de legat. 3.*

b *l. quoties C. de donat. quæ ſub mod.* Raſ. *conſ. 249.* Bened. *in c. Raynutius.* ... *q. 14.*

On peut prouver le teſtament noncupatif par témoins

c *C. Fab. def. 2. de inſtit.*

CHAPITRE XXIV.

Des Codicilles, & clauſes codicillaire, derogatoire, juratoire, par tous meilleurs moyens, & autres.

CELUY qui veut ajoûter ou diminuër à ſon teſtament, ou diſpoſer moins ſolemnellement, peut le faire dans des actes que nous appellons codicilles (*quaſi parui codices,*) leſquels precedent, accompagnent, ou ſuivent les teſtamens, & quelques fois ſont faits par ceux qui meurent *ab inteſtat* a, on y peut faire des fideicommis, des legs, & y établir des tuteurs, ainſi qu'il eſt porté par les textes *b.*

Divers genres de codiciles.

a *l. ab inteſtato ff. de iur. codic. l. 8. 12 & penult cod.*

b *tot. tit. inſt. de codicil.*

Il eſt permis d'en faire pluſieurs qui tous ſubſiſtent s'ils ne ſont contraires, car pour lors le dernier prevaudroit,

On peut faire pluſieurs codicilles tous valables, & non pluſieurs teſtamens.

que s'il y a incertitude du temps ny l'un ny l'autre n'est valable, il faut remarquer que l'écriture n'est pas de l'essence d'un codicille *a*.

Les femmes sont receuës a étre témoins dans les codicilles *b*, en quoy Cujas, & Charondas se sont trompez lors qu'ils assurent le contraire *c*, & les témoins y font foy sans avoir été priez, comme remarquent Godefroy, Acurse, & Fernand Vasquez.

Quant à la clause qui opere codicille, que nous appellons codicillaire, elle fait valoir les testamens defectueux en solemnitez, & non en volonté, & s'induit d'une vehemente affection du testateur *d*, est sous entenduë aux testamens faits entre enfans *e*, induit un fideicommis, par lequel les heritiers *ab intestat* sont censez priez de rendre l'heredité à l'heritier nommé dans le testament imparfait, en détraisant pourtant une quarte *f*, & conserve les legs, & fideicommis comme l'Authentique *ex causa*, ainsi que remarque Monsieur Favre g contre l'opinion de *Fachineus* h, de *Paulus*, & de *Scævela*, qui disent que tels testamens sont presumez faits par des personnes privées du bon sens. Ie me tiendrois pourtant à l'usage, & à Monsieur Favre.

Le serment rend le testament irrevocable, si le testateur ne revoque son serment *i*, & opere la clause *omni meliori modo*, laquelle induit la clause codicillaire, ainsi qu'ont remarqué *Menochius*, & *Mantica*, ils disent la mesme chose de la force du serment.

Celuy qui a apposé la clause derogatoire ne peut tester une seconde fois s'il ne redit les paroles qu'elle contient, ou s'il ne jure n'en être ressouvenant, encore faut-il qu'il y ait apparence d'oubly, comme est un rustique, selon

a l. ult. C. de codic.
b Accur. in l. 20. ff. qui test. fac. poss. in l. ult. C. de codic. Fern. Vasq. l. 2. Gr. ff. Barry Dep. ... ult. inst. de codic.
c Cuiac. ad l. qui testamento ff. qui test. fac. poss. Char. en ses observ.
d Boer. q. 14. Accurs. in c. 41 ff. d. vulg. Boer. dec. 240. Clar. & Menoch.
e Guil. Pap. q. 51. Cravet. cons. 195. Affrer. ad capell. Tholos. dec. 455 C. Fab. def 7 de codic. Fusar. Peregr. Mantic.
f C. Fab. def. 9. de codic.
g Fach. 4. controv. c. 11. Paulus ex l. ... ff. de testa.
h Fern. Vasq. Clar. Fab. def. 11. C. de test. C. Fab. def. 15.
i Menoch. l. 4. pr. 51. Mantic. lib. 2. tit. de codicill.
De la clause derogatoire.

Papon, & Alexandre ; & quoy que le second testament casse le premier, (sinon que le dernier fut imparfait, & l'autre parfait *a*, ou qu'il ne fut qu'accessoire du premier,) neanmoins le testament anterieur prevaut lors que les plus proches y sont instituez, & des étrangers dans le posterieur *b*, ou que le testateur l'a depuis revoqué, car l'heritier institué au premier, succede au defunct *c*.

a l. unic ante ff. de iniust. rupt. l. hac consultissima C. de test. l. si quis ff. de leg. 3.

Cas où le premier prevaut.

b d. l. hac consultissima.

c l. qui ex liberis ff. de bon. poss. secun. l. Fab. Chopin liv. 3. de utili Andeg. revdom. c. 1. Antonne, Depey. Observations notables.

Il faut observer que le codicille fait avant le testament n'a plus besoin d'y être confirmé *d*, comme autrefois, ainsi qu'assure le Cardinal *Mantica*, au contraire les codicilles sont soutenus par droit de fideicommis lors que le testament est aneanty *e*, & qu'on ne peut instituer, ny substituer directement dans un codicille, en quoy je ne serois pas du sentiment de Bertachin *f*, qui excepte les enfans, les soldats, & la cause pie, en faveur desquels il veut que l'on puisse instituer, & substituer directement dans un codicille pour toute une hoirie, parce qu'il est opposé aux textes : Il n'est non plus licite d'y exhereder, quoyqu'on y puisse nommer les tuteurs, faire des fideicommis, & legs, revoquer le serment, & la clause derogatoire.

d ex l. antepenult. ff. de iur. cod.

e ex l. ult C. fam. herc. & l. ult C. de codicil.

f Bertach. l. 6. tit. 4 rep.

Erreur de Bertachin.

CHAPITRE XXV.

Des substitutions directes.

COMME la substitution est une seconde institution, les fideicommis, dont je parleray ailleurs, en prennent improprement le nom, n'étant deu

Division des substitutions directes.

qu'à la vulgaire, pupillaire, exemplaire, breviloque, & compendieuse, qui sont les cinq especes des directes.

De la vulgaire. Comment on la peut faire.

La vulgaire, (c'est à dire commune, parce que tous testateurs la peuvent faire) se fait purement ou sous condition, (& par elle le substitué succede au defunt en cas que l'heritier ne puisse, ou ne veüille accepter l'heritage) elle contient la pupillarité tacite si l'institué meurt impubere *a*, sinon que la mere fut en vie, qui est preferée au substitué *b*, elle comprend aussi l'exemplaire comme remarquent Bartole *c*, & Grassus *d*, & si le testateur a institué divers heritiers, & substitué le second au premier, & le troisiéme au second, si les deux premiers meurent sans accepter l'heredité, le dernier aura les portions, & de celuy auquel il est expressément substitué, & du premier institué par la regle *substitutus, substituto censetur substitutus instituto* e, autre est dans la pupillaire, car cette maxime n'y a pas lieu.

Cas notables.
a *l. 4 ff de vulgar. Menoch. l. 4 praes. 44.*
b *l. 2 l. C. de inst. & substi. l. 2. C. de imp.*
c *Bart in l 43 ff de vulgar.*
d *Graff. in §. substitutio q. 49.*
Le substitué au substitué est censé substitué à l'institué dans la vulgaire.
e *l. 27. ff. de vulg.*

Les prelegats ne viennent pas regulierement dans la vulgaire, laquelle est nulle si le testament n'est valable, ne pouvant être faite dans un codicille *f*; elle est aussi nulle lors que l'institué a ady, & en France seulement s'il a survécu au testateur à cause de l'Edit *le mort saisit le vif*, qui a lieu pour les substitutions en ce Royaume, comme remarque Depeysse. Le predecez du substitué rend encore la vulgaire sans effet, suivant les principes, parce que c'est une regle generale pour toutes substitutions que l'esperance n'en peut être transmise *g*, & que le substitué est, *ipso jure*, fait possesseur quand il vient par substitution directe, à la difference du fideicommissaire, qui prend des mains de l'heritier, que la substitution directe n'est point renduë oblique, *nisi appareat testatorem codicillos facere*

Cas ausquels la vulgaire n'a lieu.
f *l. 6. C de iur. codic. & l. 76. ff. ad. S. C. treb.*

Observations importantes.
g *l. si quis ex pluribus ff. de suis & legit. hered. Guid. Pap. cons. 13.*

facere voluisse a, qu'enfin une des substitutions fait discerner l'autre, lors qu'elles sont ambiguës, ainsi qu'assurent Peregrin, & Fusarius.

La substitution pupillaire est *celle qui est faite par l'ascendant au descendant qui est sous sa puissance, & qui ne doit tomber sous celle d'un autre, dans laquelle mention est faite de la mort, intra pupillares annos* b: Par cette substitution on peut appeller chacun purement, ou sous condition ; mais il faut que le pere ou ayeul ayent institué, ou desherité l'impubere auquel ils substituent c, & qu'elle soit dans un testament suivant le le cinquiéme §. de l'Institut au titre de la substitution pupillaire.

Celuy qui est substitué au pupil succede en tous ses biens *d*, & si le substitué ne prend l'heritage, il succede au testateur par la vulgaire, que la pupillaire expresse comprend *e*, laquelle exclut la mere de la legitime en ce cas, si nous croyons à Bartole, Depeysse, Gomez, Grassus, & au subtil Cujas. Il est vray que si la mere du testateur est en vie, la tacite vulgaire n'est pas contenuë dans la pupillaire, car elle est preferée au substitué qui n'a pas recueilly l'heredité *f*, & quoyque le testament du pere soit écrit, cette substitution peut ne l'être pas *g*, mais elle suit sa fortune, & tombe avec luy, si la suite ne l'en empêche pas.

Celuy qui a des enfans à sa mort n'est plus sujet à la substitution pupillaire *h*, laquelle s'éteint par la puberté, & le predecez du substitué *i*; étant à remarquer que la pupillaire expresse contient la vulgaire tacite *k*, & que la tacite pupillaire n'exclut [illegible] la mere de sa legitime, [illegible] *edictum divi Marci* [illegible] cas observez par Monsieur Favre dans son Code [illegible]

a Bart. in l. 1. ff. de iur. codic. l. merebatur. ff. de mil. test. Fusar. q. 78.

De la substitution pupillaire. Sa definitiõ.

b Grass. § subst. q. 20.

c l. 26. C. de inof. testam. d Fern. Vasq. tom. 2. de succ. progr. lib. 2. Cujac. ad leg. 1. ff. de vulg. e Instit. de pupil subst. Bart. ad l. moribus ff. de vulgar.

Vulgaire tacite comprise dans la pupillaire.

f Covar. & Benen. au rap. Rayant Mant. [illegible] g [illegible] h [illegible]

Cas où elle est [illegible] [illegible]

mesme chose est touchant l'ayeule.

La substitution exemplaire, (ainsi nommée, parce qu'elle est à l'exemple de la pupillaire *a*) peut être faite à tous ceux qui sont empeschez de tester par maladie de corps ou d'esprit, comme sont les furieux, les prodigues, interdits, sours & muets de nature ; & parce que Iustinien l'a introduite *b* ; elle est aussi nommée Iustinienne, & ne vaut dans les codicilles, elle est éteinte par la guerison *c*, mais s'il retombe, la substitution reprend sa force, comme remarquent Bartole, & Grassus, & si elle n'est que tacite, elle n'exclut point la mere de sa legitime, au dire du Cardinal Mantica *d*.

La mere qui ne peut substituer pupillairement peut faire la substitution exemplaire, le mesme est de l'ayeule, mais si le pere la aussi faite, celle de la mere est de nul effet, ainsi qu'assure Pacius *e* contre l'avis de Gomez, Bartole, & Grassus qui veulent que les substituez ayent les biens de ceux qui ont faite la substitution à leur avantage, étant à remarquer que l'on y doit preferer les enfans du malade, & aprés eux ses freres *f*, ce qui n'est pas aux deux especes precedentes. Ie remarque icy que le convolat à de secondes nopces prive la mere de pouvoir substituer exemplairement, & non le pere.

La substitution reciproque n'est pas une espece differente des trois autres, car elle les comprend en termes generaux, comme *j'institue Sempronius*, & *Titius*, & *les substitue l'un à l'autre*, elle en est plûtôt un assemblage, aussi bien que la compendieuse : il est vray que la reciproque ne comprend jamais des substitutions qui ne conviennent pas à tous les substituez, *quia est unica oratio quæ utrumque substitutum pariter determinare debet* g.

a § *Inst. de pupill.*
De la substitution exemplaire.
Sa definition.
b *l. humanitatis C. de impub.*
Son extinct[ion].
c *Grass. q. 51. l. 41. ff. de vulg.*
d *Mantic. l. 5. conject. tit. 16.*
Qui peut substituer exemplairement, & qu'elle prevaut en concours ?
e *Pacius in analysi C. de impub. & al.*
Opinions differentes des Docteurs.
Enfans & freres sont preferez.
f *l. 9. C de impub. Bart. in 19. ff de vulg.*
Cas ou la mere ne peut faire cette substitution.
De la substitution reciproque.
g *l. in testamento [illegible] de milit. test. l. 2. C. de impub.*

Reste à parler de la substitution compendieuse, ainsi nommée, parce qu'elle est un assemblage des autres substitutions,) elle peut comprendre les autres, si les cas se rencontrent justes, sur quoy il faut voir Menoche dans sa Presomption cinquiéme, & les suivantes au livre quatriéme de ses Presomptions, & sçavoir que les substitutions qu'elle contient sont toutes expresses, ainsi qu'assure Bartole *a*, on en veut dire autant de la reciproque.

De la substitution compendieuse.

a Bart. in l. centurio ff. de vulg. Gom. Res. tom. 1. Ran hin dre. part. 2 Grass. Dep. 7ffe.

CHAPITRE XXVI.

Des substitutions indirectes, & fideicommissaires.

VOYQUE les fideicommis ne soient pas proprement des substitutions, neanmoins ils en aprochent la nature; ils sont ainsi nommez, parce que la restitution dependoit entierement de la foy de l'heritier grevé, elle a du depuis esté renduë indispensable par l'Empereur Auguste, qui crea un Preteur fideicommissaire pour ce sujet.

Pourquoy la substitution oblique est nommée fideicommis.

Les fideicommis sont odieux de leur nature, parce qu'ils gehennent les dernieres volontez *a*, toutesfois les Docteurs ont crû que ceux qui tendent à la conservation des biens dans les familles doivent passer pour favorables, *b* parce qu'ils en conservent l'éclat, & la durée, étendans les pensées du testateur à l'advenir.

Les fideicōmis sont odieux.

a l. 22. §. 1. ff. de adopt.

Cas des fideicommis favorables.

b C. Fab. def. 17. de condit. in fin. Mant. l. [illegible] de conject. ult. vol.

——————— *inque futuri*

Temporis ætatem, venturorumque nepotum.

L'on divise les fideicommis en universels lors qu'ils

Divisions des fideicommis.

sont de tout l'heritage, ou particuliers quand ils sont d'une cottité, ou singuliers lors qu'ils ne contiennent que quelque espece, en purs, & sans condition, soit conditionnels, en reels, graduels, & reciproques, & en exprés & tacites, il y en a de conjecturels, dont a écrit Mantica dans son livre des conjectures: Cette derniere espece est fort dangereuse, parce qu'elle fait parler les hommes quand ils ne sont plus.

Ces substitutions peuvent toutes être comprises dans la compendieuse, & par consequent le fideicommis, ainsi qu'assure Depeysse, qui cite un fort grand nombre d'autoritez pour son dire: Ce Docteur donne presque tous les cas du fideicommis, & dit que les enfans en disposition sont presumez appellez, mais non pas simplement en condition *a*, *quia conditio nihil disponit*, autre seroit s'ils étoient en double condition, par exemple, *Si mon heritier meurt sans enfans, & ses enfans sans enfans, en ce cas je substitue Sempronius.*

Les conjectures qui font presumer le fideicommis sont tirées de l'affection du testateur, & de ses paroles, & sa qualité illustre fait croire qu'il a voulu faire un fideicommis perpetuel en faveur des mâles de sa famille, lors qu'il en a diverses fois fait mention, ou qu'il a preferé les aînez, à plus forte raison lors qu'il a defendu à son heritier d'alienner ses biens, parce qu'il veut qu'ils soient conservez dans sa famille *b*, qu'il a prohibé la detraction de la Trebellianique, qu'il est passé à des étrangers, *ne testator alienam sobolem propriæ antepofuisse credatur* c, que si l'institution est en faveur des mâles, la substitution est presumée l'être *d*, étant une regle & maxime dans l'école que *quantum dilexit testator in instituendo, tantum dilexit in substituendo.*

a *Bart. ad l. 22. ff. solut. matr. Guid. Pap. consf. 25. Boer. dec. 155. pereg. art. 28. de fideic. consil. 35. Cuia. L. in: lett. C. ch. 25. Barry. liv. 8. Peregrinus all. q. 53. 1595. M. Favre en sa definition 1. & 47. de fideic.* Conjectures qui font induire un fideicommis.
b *Decius consf. 421. Depeyss. des subst. l. 214 ff. de leg. 1. vid. C. Fab. def. 4. de fidei.*
c *L. cum acutissimi C. de fideic.*
d [illegible] *Pap. 465.*

Quant aux personnes appellées au fideicommis, le mot de descendans, ou enfans, comprend les deux sexes *a* par l'ordre de succession ab intestat, & non par droit de representation *b*, sans que les enfans qui ne sont en nature au temps de l'evenement du cas, le puissent pretendre, *c* Duranti, & Depeysse exceptent les descendans quand un étranger est appellé, & Guy Pape *d* le cas auquel le testateur a substitué en termes exprés les enfans qui naitront, jusques-là que s'il avoit fait le fideicommis en faveur des posthumes, ceux qui étoient en nature n'y auroient rien, parce que le fils comprend bien le posthume, mais le posthume ne comprend pas l'enfant déja né. *e*

Le testateur peut laisser le droit d'élire pour la substitution, & méme pour l'institution à qui il luy plaira *f*, & si celuy qui avoit droit d'élire meurt sans l'avoir fait, tous ceux du degré plus proche succederont *g*, qui méme sont preferables à ceux des degrez plus éloignez *h*: Enfin celuy qui a droit d'élire jusqu'à sa mort, peut varier au dire du Docte Cujas *i*; mais non pas s'il n'est dit en quel temps; ou si l'élection a été faite dans un contract de mariage: que si l'heritier qui est chargé d'élire ne le fait au temps qu'il doit, on luy assigne un temps pour le faire, aprés lequel le fideicommis ou l'heritage sont divisez *k*, étant à remarquer que le droit d'élire ne passe pas aux successeurs. *l*

Lors que le testateur substitue *Titius* & les siens, les descendans y sont compris, encore qu'ils ne soient sous la puissance de l'heritier *m*, mais non pas les heritiers étrangers à la difference des contracts où ils sont compris sous le mot *de siens* m.

Que si le fideicommis est fait en faveur des freres ? les

Des fideicommissaires.

a Mantic. de conject. liv. 8. ult. volunt. tit. 11. Gras. D. g. l. 101. ff. de verb. signif.

b C. Fab. l. f. 10 de Sf. [illegible]

c Arg. l. 32. ff. de legat. 2. Peregr. de fid. art. 22. M. 10. pras. 93 Mich. en fit. art. 6. 84.

d Guy Pap. q. 511 & 612.

e l. 161. ff. de verb. signif. Depeyss.

f C. Fab. def. 3. de lib. prat. Maynard l. 5. ch. 11.

g Ferrand. c. 9 l. 32. ff. de leg. 2.

h l. unm ex familia ff. de leg. 2. in Far. q. 320.

i Cujac. ad dict. l. unum ex familia.

k Cujac. in lib. [illegible] Fab. ad l. unum ex familia ff. de leg. 2. [illegible]

l [illegible] in tract. de fid. [illegible]

m Ranch. in q. 1 38 [illegible] Pap.

[illegible]

sœurs y auront part avec eux *a*, & s'il est fait en faveur des habitans d'une ville ? il n'y a d'appellez que ceux qui sont dans l'enclos, les faux-bourgs mémes n'étans pas de la ville *b* ; autre seroit au dire de Depeysse si on avoit simplement nommé les habitans d'un tel lieu, comme seroit de *Paris*, *Chambery*, sans y adjoûter le mot de *ville*.*c*

Temps de la restitution des fideicommis purs.

La restitution du fideicommis pur ne souffre point de dilation *d*, si ce n'est que ce fut le pere qui la deut faire à ses enfans, auquel cas il faut attendre la dissolution de sa puissance, ou la mere, de laquelle il faut attendre la mort *e*, mais si le fideicommis est conditionnel, ou à jour certain ? il faut attendre l'advenement de la condition, ou du jour, & les actions ne sont transmises au fideicommissaire qu'aprés la restitution par la mort du fideicommis *f*, ce qui n'est pas en France, où l'Edit le mort saisit le vif a lieu concernant le fideicommissaire, ainsi que remarque Depeysse. Que si l'heritier grevé a alienné les biens du fideicommis, le fideicommissaire les peut reavoir *g* sans qu'il soit obligé de se contenter du prix.

Temps de la restitution des fideicommis conditionnels.

Il est vray qu'il y a des cas ausquels l'heritier grevé peut hypothequer, & méme alienner les biens du testateur comme aux creanciers qui ont prété pour payer ses dettes *h*, ou pour payer les dettes du defunt s'il n'y avoit autre chose dans l'heredité *i*, & s'il n'y a des biens libres ceux du fideicommis sont sujets à la restitution de la dote que l'heritier a receuë *k*, aussi bien que pour sa constitution *l*, pouvant le mesme heritier doter ses filles des biens qu'il est chargé de rendre, ainsi qu'asseurent Bartole, Boyer, Menoche, & presque tous les Docteurs sur cette matiere, notamment sur l'Authentique *res quæ com.*

a Simon de præf. lib. 2 in- [illegible] præf. l. Lucius [illegible] de leg. [illegible]

b l. [illegible] l. Alfenus ff. de verb. signif. Depeys.

c d. l. 87.

d l. 41 ff. de [illegible]

e §. [illegible] [illegible] S C. [illegible] Depeys. part. 1. art. [illegible] Delv. [illegible] art. l. c. 12.

f l. [illegible] ff. ad S C. Trebell.

g ult. C. commun. de legat. Nov. l. 39. auth. res quæ C. commun. de legat.

h l. [illegible] 18. ff. de legat. [illegible]

i l. [illegible] ff. de legat. 2.

k Pet. [illegible] Neger [illegible] trac. de dot. c. 8. Menoch. præs. [illegible] Boy. Depey. [illegible]

l Auth. res quæ comm. de legat.

de legat. ce qui se doit regler à la qualité de la fille, *a* le méme est pour l'augment, & autres avantages nuptiaux *b* mesme pour la donation à cause de nopces, ainsi qu'assure Chenu en ses questions dans la premiere Centurie quest. 98. Charondas, & Baquet disent la mesme chose, ce qui seroit quand mesme le testateur auroit prohibé l'alienation de ses biens *c*, parce que cette defense ne se rapporte pas aux causes legitimes, ou necessaires, comme dit Loüet.

L'heritier grevé est responsable de ce qui se ruine par sa faute des biens fideicommissez *d*, & doit faire inventaire, & donner caution de les rendre au temps qu'il faudra *e*, s'il n'en est exempté par le testateur *f*, à la reserve du pere qui est chargé en faveur de son fils *g*, de la mere, & du frere chargé de rendre à son frere par ses ascendants *h*, parce que leur foy ne doit pas être suspecte. Il y a quelques limitations qu'on peut lire chez Depeysses, & quoy que le substitué puisse contraindre l'heritier à faire inventaire de ce dont il est chargé, est aux dépens pourtant du fideicommissaire, *i* comme remarquent Guy Pape *q.* 351. & le President Favre; il est vray que l'heritier doit avancer les frais, sauf à les imputer en restituant au dire de Depeysse; il n'y a que le pere qui soit excepté à cause du respect que l'enfant luy doit. *k*

Celuy qui est chargé de rendre dans un temps prefix peut anticiper la restitution *l* si ce n'est que cela se fit pour frauder les creanciers *m*: Cela fut jugé au Senat de Savoye entre N. Alexandre Berguere, & la veuve Clopet au rapport de Monsieur Caron *n* sur tout *in acquisitis*, autre seroit *in acquirendis*, cette liberté luy est donnée à cause que le temps ou condition sont presumez être en sa faveur,

a Nov. 39. c. 1. & auth. res quae com. de legat. b Peregr. de fideic. art. 42. Barry lib. 8. tit. 3. num. 19 c. 1. & auth. c Louet lett. I c. 21. Depeyss. d l. si heres 70. ff. ad S C Treb. l. Gomez. Barry. e Guid. Pap. q. 511. [illegible] in poss. leg. [illegible] ad Treb. ll. h [illegible] in favorabilis C. ed. i Fabell [illegible] l. [illegible] 4. Rebuffi [illegible] in [illegible] C. fab. def. 21. ad S. C. Treb. k M. Fager. cent. 2. observ. 91. Depeyss. Si l'on peut anticiper la restitution. l l. [illegible] ff. de [illegible] [illegible] l. [illegible] ff. [illegible] m [illegible] n [illegible] Sept. 1630.

ainsi que remarque le Cardinal Mantica au septiéme livre de ses Conjectures.

Si le droit d'accroistre à lieu dans les fideicommis.

Le Droit d'accroissement n'a lieu entre fideicommissaires, s'ils ne sont conjoins, & n'empêche pas la restitution ordonnée par le testateur.

Comment le fideicommis est diminué.

Le fideicommis est diminué par la trebellianique, & même par la legitime si on est au cas: L'on y détrait aussi les charges hereditaires, comme les frais funeraux, les dettes du defunt, les legs & les reparations; étant à remarquer que le pere en détrait ce qu'il a fourny pour achepter un office à son fils *a*, & même ce qu'il a frayé pour plaider lors qu'il est son debiteur necessaire.

Comment un fideicommis est nul.

Le captatoire est nul.

Le fideicommis, (qui peut être fait dans un codicille, & même sans écrit ny témoins *b*) est nul s'il est captatoire, s'il est revoqué *c*, si le testament est nul autrement que par exheredation, & preterition, si le substitué predecede au testateur *d*, ou s'il est mort avant levenement de la condition, si on a substitué *in fraudem legis*, si la condition est deshonête, impossible ou injuste *e*, ou si elle defaut. La condition ne rend pas nul le fideicommis, lors qu'elle en est rejettée *f*, non plus que la caducité du degré, s'il y en a d'autres. Le fideicommissaire ne transmet point le fideicommis conditionnel non accepté, qu'il passe même à ses enfans, sauf en certains cas *g*, & les survivans entre plusieurs prennent le fideicommis à l'exclusion des enfans de ceux qui sont predecedez, ainsi qu'ont remarqué Loüet, Charondas, le Prêtre, Vernoy, & Automne citez par Depeysse *h*; autre est du fideicommis pur selon Depeysse, Benedicti & Grassus, *ex l. ult. C. quando dies legat.* & *l. 21. C. de fideicom.*

Si le fideicommis se transmet.

L'entrée en Religion donne lieu à la restitution du fideicommis

a *l. ult. ff de pet. hered.*
b *§ ult. inst. de fideicom.*
c *l. 27. C. de fideicom.*
d Bouv. to. 2. q. 10.
e *§ ult. instit. de legat.*
f *vid. § impossibilis inst. de hered. inst. l. 9. & 14. ff. de cond. instit. & Depey. sibi contrarium.*
g *Delin. q. not. liv. 3. c. 23.* Ranchin. *dec. part. 5. concl.* 178 *Pap. en ses arr. liv. 20. ar.* 13. *Maynard liv. 4. liv 6. c.* 30 *Bart. in l. un. Cod. de his qui ante ap. tab.* Cuid. Pa. [illegible] Benedic. [illegible]
h [illegible]

deicommis, comme il fut jugé au Senat de Savoye entre les freres Meynet, au rapport de Monsieur Craſſus; Cujas dit le meſme de la mort civile *b*, & des condamnez à mort, que Depeyſſe aſſure être ſerfs de peine, nonobſtant l'Authentique *ſed hodie C. de donat inter virum, & ux.* laquelle à ſon dire n'a eu intention que de corriger le Droit ancien, touchant la diſſolution du mariage, que ſi le fideicommis a été fait ſous la condition de la mort naturelle, il la faut attendre, nonobſtant la profeſſion du Religieux *c*.

Quoyque les ſubſtitutions puiſſent être faites à l'infiny par le Droit ancien *d*, elles ne peuvent paſſer quatre degrez utiles; l'Inſtitution compriſe, par nos Edits *e* quaſi conformes à la Novelle 159. Autre étoit en France par les Ordonnances Royaux *f*, où les ſubſtitutions étoient nulles aprés deux degrez, elles ont eſté du depuis permiſes juſqu'au quatriéme *g*, il eſt vray qu'Expilly dit qu'on y compte les degrez caducs, ce que nous ne faiſons pas en Savoye, ainſi qu'il fut jugé entre le Comte de Valpergue, & le Baron de Villete; & quand il y auroit dix enfans du meſme degré, ils n'en font qu'un ſeul, ſi les degrez n'ont été interrompus *h*.

La demande du fideicommis preſcrit par l'eſpace de trente ans, & toutes autres ſucceſſions *i* la Novelle excepte la cauſe pie, laquelle ne preſcrit que par quarante *k*, & la preſcription qui a commencé contre l'heritier court contre le ſubſtitué, bien que le fideicommis ne ſoit pas ouvert *l*.

Que ſi l'heritier refuſe l'hoirie ſon ſubſtitué le contraint à la prendre *m*, & quoy qu'il confronte pendant qu'il garde le fideicommis, la confuſion ceſſe dés qu'il eſt reſti-

a *Arr. de l'an 1672. Edit de Eman. Philib. C. Fab. de ep. & cler. Deliv. q. not. li. 1. c. 8.*

b *Cuiac. li. 3. obſer. c. 10 ex l. 59. ff. de con. dit. & demõſt.*

c *Fuſar. q. 440 & 430.*

d *Inſt. de vul. & l. Lucius ff. de leg. 2. Molin. Cuiac.*

e *Edit de Savoye de 1598. Del. q. not. l. 5. ch. 10.*

f *Ordon. de Charles IX. de 1560. art. 59.*

g *Ordonn. de de 1566. du meſme Roy. Cinp. in mor. Pariſ. pelcaſ. q. illuſtres q. 56 Automn.*

h *Depeyſſe part. 1. ſect. 6. d. 1 ſucceſſit.*

i *ex l. ſicut C. de praeſc. 30. v. 40. an.*

k *Novel. 131. c. 6. Depeyſ.*

l *l. ſi hæres ff. ad trebel. l. Da. q. not l. 4. c. 17*

m *M. [illegible] de [illegible] l. [illegible] tit. 1. Graſſ. D. b. [illegible] quis omiſſ. cau.*

a l. in componenda ff. ad leg. falcid. Mantic. coniect. lib. 7. t. 8. l. debitor ff. ad Trebell.

b l. si nemo ff. de reg. iur.

tué *a* étant l'adition necessaire pour établir ce genre de substitution *b*, c'est à dire que l'institué prenne l'heridité des mains du testateur.

La restitution du fideicommis se fait *aut verbis, aut facto, aut alienatione totius hæreditatis.*

QVELS TERMES SONT PROPRES A CHAQUE ESPECE DE SUBSTITUTION, ET PAR LESQUELS ON EN DICERNE LE GENRE.

Diverses especes, & cas touchant toute sorte de substitutions. Cas de la vulgaire.

Le testateur faisant la loy touchant ses biens, ses paroles en sont les textes, pourveu qu'elles ne soient point contraires au Droit.

———*suprema voluntas.*

Quod mandat fierique jubet, parere necesse est.

Ie marque aux novices les termes les plus convenables aux substitutions expresses ou coniecturelles, afin d'en faciliter le discernement. Celuy qui dit, *l'institué Sempronius, & luy substitué, s'il n'est heritier Mevius*, c'est la vulgaire dans le genre, *si Sempronius ne veut, ou ne peut être heritier*, elle est dans l'espece, s'il *institué Sempronius impubere, & luy substitué s'il meurt avant la puberté Mevius*, c'est une pupillaire si l'heritier est sous la puissance du testateur, & ne doit retourner sous aucune autre aprés sa mort.

Cas de la pupillaire.

la vulgaire, & pupillaire sont renfermées, sçavoir la tacite pupillaire dans la vulgaire expresse, & la tacite vulgaire dans la pupillaire expresse.

Cas de l'exemplaire.

Etant à remarquer que les expresses sont contenuës dans les tacites respectivement, si le pere ou la mere disent *j'institue Sempronius furieux, prodigue* (ou autrement intestable par maladie) *& luy substitué Mevius*, c'est une substitution exemplaire si Sempronius meurt en cet état; que si le testateur *institué Sempronius, & luy substitué en quel temps qu'il meure Mevius*, ce sera la substitution compendieuse, & lors que le testateur dit, *je substituë mes heritiers l'un à l'autre*, on est au cas de la reciproque.

Cas de la compendieuse. Cas de la reciproque.

Que s'il desire inserer des conditions dans quelque institution ? il luy est permis de le faire, & pourveu qu'elles ne soient rejettables, il les faut indispensablement accomplir, ou abandonner l'émolument de la substitution.

Des substitutions conditionnelles ou à certains jours.

Quant aux substitutions indirectes que nous appellons *fideicommis*, il y en a de plusieurs especes, car si le testateur dit *j'institüe mon heritier Titius, & aprés sa mort*, (il peut mettre le terme, & condition qu'il voudra, pourveu qu'elle ne soit rejetable,) *je luy substituë Seïus*, ou bien *je le prie de rendre à Seïus*, c'est un fideicommis conditionnel, & s'il dit, *j'institüe Titius, & luy substituë Seïus*, ou *le prie de rendre à Seïus*, il sera pur, s'il dit, *je luy substituë ses enfans jusques à l'infini*, il ira au quatriéme degré, s'il ajoûte *de degré en degré*, il sera graduel, & s'il y a *l'un à l'autre, & au dernier survivant*, il sera reel, graduel & reciproque, & lors qu'il dit *au premier né*, on observe le droit d'ainesse, & s'il passe à plusieurs degrez de substitutions, comme *j'institüe Titius, & aprés luy ses enfans*, aprés quoy il passe à des étrangers, tous les descendans sont appellez comme mieux aimez, & preferables à eux par la presomption que la nature inspire en faveur des proches, étant à remarquer que le fideicommis qui a trait de temps est conditionnel, & que la condition *si sine liberis*, est sous entenduë, si le pere substituë à son fils, ou l'ayeul à son petit fils *a*, que dans les fideicommis qui sont simplement graduels les substituez sont appellez *in portiones parentum non collateralium* : Enfin il il faut rester convenant que *in fideicommissis major habetur ratio voluntatis quam verborum* b, & que *ubi nullum est commodum nullum*

Diverses especes de fideicommis.

Observations importantes.

a l. cum acutissimi l. ex fideicom. C. de [illegible] *& demon. l.*

b *l. 6. C. de fideic.*

debet esse onus iuxta illud quem honoro recte onero.

CHAPITRE XXVII.

Des legs.

Suite de la matiere.

Choses à cōsiderer en cette matiere

APRE'S les dispositions universelles, suivent les particulieres qui sont les legs, étant necessaire d'examiner qu'est-ce que leg, ses especes, sa ressemblance au fideicommis, à qui on le peut faire, quelles choses peuvent être leguées, & de quelle maniere.

a Inst. de lega

anciennes especes de legs.

Conformité entre le legs & le fideicommis, leur difference.

Quant au premier, second & troisiéme points, l'institut nous apprend que le legat est *une donation faite par le testateur, & payable par son heritier* a, & quoy qu'il y eut autrefois quatre genres de legs, il n'en reste plus que deux en usage, qui sont le legat, & le prelegat, & il y a beaucoup de la ressemblance entre les legs, & les fideicommis singuliers, desquels on détrait également la falcidie, ils different en ce que l'heritage n'est pas nommé legataire, comme on l'appelle fideicommissaire, que le legataire ne contraint pas à adir, ou repudier, si fait bien le fideicommissaire, étant à remarquer que le prelegat suppose que celuy qui s'en prevaut soit heritier, & qu'il est ainsi nommé *quia ante hæreditatem præcipitur.*

Qu'est ce que prelegat.

à qui on peut leguer, & qui est compris dans le legat.

b Depeyr. [illegible] legat. [illegible] 1. [illegible] 412. part. 3.

Tous ceux qui peuvent être instituez heritiers sont capables d'être legataires, & les legs faits en faveur de la famille appartiendront aux plus proches du testateur du temps de leur évenement *b*, la regle Catonienne n'ayant lieu que lors qu'il s'agit de la validité des legs, & non lors qu'on demande à qui ils sont deûs, ils regardent aussi les filles quand ils sont faits aux enfans enfin les descendans jusques à l'infiny, peuvent venir *nomine liberorum.* a

Que si le leg est fait aux pauvres, il peut être distribué aux prisonniers, ou aux pauvres parens du defunct *b*, sans qu'il puisse en ce cas être delivré à un seul pauvre *c*. Le legataire doit avoir son leg franc des charges passées, *d* sinon que le testateur l'eut engagé pour autant qu'il vaut, ou qu'il eut ordonné autrement; & si deux choses ont été leguées alternativement? le choix en appartient au legataire *e*, le mesme n'est pas dans les contracts *f*. Quant au legataire du genre? il doit se contenter d'une des espece mediocre *g*, sinon que l'élection luy soit leguée, comme il se peut faire *h*, laquelle étant une fois faite, il n'y a plus lieu de varier *i*, & si bien le legataire ne peut prendre la chose leguée autrement que des mains de l'heritier, ce dernier l'en doit rendre joüissant, conformément à la volonté du defunt *k*: que si le méme corps a été legué deux fois au méme legataire? il n'est deu qu'une seule fois *l*, sinon qu'il ait été legué par divers testateurs; il y a difference lors que la méme quantité l'a été plusieurs fois, quand il conste *de enixa voluntate multiplicandi legati*, enfin il est loisible de leguer dans des codicilles *m*.

Le leg ne peut être demandé qu'à l'heritier, & jamais avant l'acceptation de l'heredité *n*, ny avant l'inventaire, la condition, ou le temps, lors qu'ils y sont aposez, quoyque l'heritier le puisse valablement payer quand il le desire *o*, il est vray que si bien les fruits ne sont deus avant contestation, il faut excepter la cause pie, la legitime, & la dote.

Le legataire a l'action personnelle, l'hypothecaire, & la

a l. liberorum 220. ff. de verb. signif.
b Ranchin 9. 5 [illegible] 417. Tiraq. de priv. pia caus. Papon. Depeyss.
c Ranch. conc. 226 Depeyss.
d ex l. 39 ff. de leg. 1.
e Graff q. 61. ex l. plane. ff. de legat. 1. & l. 21 ff. de leg. 2 § si quis 31. instit. de actio. Depeyss
g l. 37. ff. de leg. 1. [illegible] com. de legat.
h Cujac. ad l. 2. de prim. legat.
i l. 84 ff. de leg. 1. & l. 11. ff de leg. 2. Depeyss des legs.
k Mantic. de coniect. ult. vol. l. 9 tit. 4.
l Gemay. [illegible] tom. 1. cap. 2. Graff. in § legatum. q. 60.
n § [illegible] instit. de [illegible] hered.
o l. [illegible]

reivindication pour son legat par le droit des Instituts, & du Code, mais il ne peut pas intenter ces trois actions dans le méme temps *a*, & doit premierement s'addresset à l'heritier, puis au tiers *b*, quoy qu'en dise la loy 1. *C. com. de legat.* que Bugny dit être abrogée : Que s'il y a plusieurs heritiers ? le leg est payé par communion à proportion des parts hereditaires, sinon qu'un d'eux en fut chargé, comme remarquent Grassus & Depeysse *c*, étant méme l'hypotheque *ex legato* diminuée *d* par la Constitution de Iustinien, Papon reserve le leg pieux, & charitable, ce qui est conforme au texte du Droit *e* : Monsieur Favre excepte aussi l'hypotheque expresse, auquel cas on peut demander le leg sur le fonds sans discutir l'heritier *f*.

Quant aux personnes conjointes dans le leg, si l'une delaisse sa portion, ou si elle est autrement vacante & caduque, elle reste, ou accroit à celle qui ne vaque pas *g*, selon la nature de la conjonction, étant un principe étably dans l'école, & tiré des textes, que les collegataires peuvét être conjoints, *verbis, lors que la méme chose leur est laissée par portions distinctes en mesme enonciation* h : *re, lors qu'une seule chose indivise a été laissée par diverses enonciations*, & par les deux ensemble, *lors que la mesme chose est laissée solidairement à plusieurs*, ce qu'on nomme conjonction mixte *i*. Les biens de l'heritier peuvent être leguez sans distinction, & ceux de tous, pourveu que ce soit sciemment, auquel cas l'heritier les doit acheter, s'ils sont vendables, & s'ils ne le sont en payer l'estimation, que si le leg est de tous, meubles, & immeubles, les obligations ny viendront pas *k*, ainsi qu'il fut jugé, moy present entre Monsieur le Senateur Doncieu, & Dame Catherine de Baumont, au rapport de Monsieur du Clos : Les

a l. 76. ff. de leg. 2.
b Papon l. 20. tit. 7. ar. 8. Depeyss. des legs sect. 2. Baqu. 1 des droits de iust. ch. 2. n. 21. Bugey en ses loix abrogées liu. 6.
c Depeyss. des legs sect. 2. l. 2. l. 77. ff. de leg. 1 l. 1. in fin. C. com. de legat.
d Bacquet au traité des droits de iust. ch. 8. Depeyss. & passim omnes l. 35. ff. fam. hercisc.
e dict. l. 1 C. com. de leg.
f C. Fab. def. 1 com. de leg.
g Simon de Prat. lib. 3. interpret. 1. dub. 5. solu. 3. n. 19. l. 3. ff. de ali. & cibar. leg. § 8. inst. de leg.
h Cuiac. ad tit. C. de Cad. Tollet.
i Grass. § ius accresc. q. 6.
Du leg du bié d'autruy.
Qu'est ce qui est compris aux legs de meubles & immeubles, & aliments.
k Capp. Thol. q. 110. Au[illegible] Ranc[illegible] Antoine Depeysse.

vêtemens medicamens, & habitation ſont compris au leg des alimens *a*; autre eſt de la viande leguée pour chaque jour *b*: Enfin le leg ſans profit eſt de nul effet *c*, ſinon qu'il fut ſous condition qu'il devint profitable *d*, ſuivant la regle Catonienne, qui dit que *legatum quod ab initio non valuit tractu temporis non convaleſcit.*

Il y a pluſieurs cas auſquels le leg n'eſt pas deub *e*, comme ſi l'heritier laiſſe l'heritage ſans fraude, ſi l'eſpece leguée perit ſans la faute de l'heritier, ſi la condition n'eſt pas arrivée avant le decez du legataire, ſi la choſe leguée ne ſe trouve pas, & ainſi des autres cas, étant à remarquer que la fauſſe demonſtration ne détruit pas le legat *f*, ny l'erreur dans le nom propre du legataire *g*: l'excepte le nom appellatif, & la fauſſe demonſtration, *quæ eſt adjecta quantitati legatæ, & non perſonæ legantis.*

La cauſe impulſive, quoyque fauſſe ne nuit pas au leg, oüy bien la finale, ou celle qui porte condition. *g*

On ne peut pas leguer ſous une condition infame, ou impoſſible, ny les choſes qui ne ſont au moins dans le commerce du legataire.

Enfin le leg peut être aneanty ou expreſſement, ou tacitement par une alienation volontaire, ou ſi la choſe leguée en eſpece vient à perir par à bout.

a Simon de Prat. dubit. 11. Graſſ. q 22. Meſing. Char. Dezeyſſe.

b l. avaritis ff. de alim legat.

c Gomez reſol. tom. 1 Graſ §. legatum q. 16. l. 11. ff de lib. leg.

d l 41. ff. de l. 1. ff. de reg. Cato. Bouteiller en ſa ſomme rurale l. 159 ff de reg.

e l. 17. & 33. ff de condit. & demon.

f l. 4. C. de teſtam. § 29. inſtit. de leg.

Si la fauſſe cauſe vicie le leg.

g l 72. ff. de cond. & demonſtrat.

Cas auſquels le leg n'eſt deu.

CHAPITRE XXVIII.

Des quatre quartes, sçavoir de la quarte falcidie, trebellianique, subinienne, & legitime.

LA falcidie est ainsi appellée à cause de *Falcidius* Tribun du peuple qui l'introduisit afin que cette quatriéme d'hoirie restant à l'heritier il n'abandonnât pas celle qui luy seroit deferée sous pretexte des legs immenses, elle est detraite aprés les frais funeraires, les dettes du defunct, & les legitimes, étant necessaire d'avoir fait inventaire pour s'en prevaloir *a*, & d'avoir accepté l'heritage *b*, & quoy qu'elle puisse concourir avec la legitime, elle ne le peut pas avec la trebellianique *c*, autrement on détrairoit deux quartes du méme leg, ou de la mesme heredité, sans que le legataire chargé d'un fideicommis la puisse detraire, *d* ny l'heritier, si le testateur l'a défenduë *e*, nonobstant les loix 15. & 27. *ff. ad leg. falcidiam*, abrogées par la Novelle *f*. L'on ne peut pas aussi detraire la falcidie des legs pieux *g*, non plus que dans un testament militaire *h*.

La falcidie est prise sur les biens que le defunt a eu au temps de son decez *i*, elle est quart de tout l'heritage, & se détrait des legs qui passent les neuf onces *k*, *deducto tamen ære alieno, & funerariis impensis.*

Quant à la trebellianique, elle a precedé le S. C. Pegasien qui avoit quatre chefs, & les ayant renfermés en elle, ce qui étoit dit Pegasien, est appellé à present Trebellien,

a Bart. ad leg. 11 ff. ad leg. falcid. auth. sed cum testator C. eod. Cujac. ad novel. 1. Mascard. volum. 2. consil. 651.
b inst. de leg. falcid. §. sed quia inst. de fideic. hered.
c Graff. in §. falcidia q. 1 ex l. 47. ff. ad l. falcid.
d Bart ad leg. 41. ff de vulg. Graff Depers.
e Bart. ad auth. sed cum testator 1. ad l. falcid.
f Novel 1 c. 2.
g Speculat. lib. 2. inst. de edit. §. 2. Tiraq Bart. Cujac. C. sub. def. 37. de sacr. Eccles nov. 131.
h l. 17. ff de testam milit. & l. si rost ff. ad leg. falcid.
i l. 77. ff ad leg. falcid. §. 4. inst de leg. falcid.
k Graff. §. falcid. n. 1. Depers. & §. 1. inst. de leg. falcid.

bellien, parce qu'on ne parle plus que de ce dernier Senatusconsulte; il a tiré son nom de *Trebellius*, comme l'autre la pris de *Pegasius*.

Cette detraction peut être faite par tous heritiers chargez de rendre *a*, quand même ils y seroiẽt tenu, purement par la clause Codicillaire *b*; & s'ils sont plusieurs heritiers grevez châcun la détrait à proportion de ce en quoy il est institué, comme remarquent Depeysse & Ranchin, & si bien par la loy *Iubemus C. ad treb.* l'enfant chargé d'un fideicommis ne pouvoit detraire qu'une quarte, aujourd'huy il en detrait deux, comme remarquent le President Boyer, *decis.* 155. & Philippi Response 36. *n.* 1. 2. & 3. Robert, Maynard, Charondas, & Montholon, en quoy Hotoman s'est trompé, lors qu'il assure le contraire, parce que la legitime étant deuë par droit de nature, & la trebellianique par droit hereditaire, l'une ne peut faire prejudice à l'autre, ce qui est aussi observé touchant les ascendans *c*, autre est de celuy qui rend l'heredité par la nullité du testament en vertu de la clause codicillaire, car il ne détraira qu'une quarte *d*, à son choix pourtant selon Maynard, & Depeysse, s'il n'est ascendant ou descendant; car les freres, les collateraux, & autres n'ont qu'une quarte, c'est à dire la trebellianique, qui se consume par les fruits de cinq ans à la difference des enfans du premier degré *e*, étant à remarquer que la trebellianique n'est pas moins deuë à celuy qui n'a fait inventaire *f*, encor qu'il soit heritier étranger, nonobstant la distinction du President Favre *def.* 5. *C. ad S.C. Trebell.* C'est ce qu'assurent Bartole en son deuxiéme conseil, Martin Niger au §. final, question 24, Brodeau, Fachin, & Maynard. Fusarius assure que la trebellianique n'est jamais détraite d'un

a *Graff. §. Trebellianica q. 1. l. filius familias ff. ad leg. falcid. l. 1. ff. ad S.C treb.*
b *Graff. eod. Guid. Pap. Ranchin.*

La legitime n'empêche pas la trebellianique.

Erreur d'Hotoman.

c *Nov 13. & Novel 115.*

Exception.

d *Bart. lib. 1. cons. 44. Petr. de Ferr. Ranc. C Fab. def. 7. de codic. Baron q. 513. Mayn liv. 5. Dol. l. 1. ch. 8. Pap liv. 20. en ses arr.*

Comment la trebellianique est consumée.

e *Guid. Pap. q. 51.*
f *Ranchin q. 33. Guid Pap. C. Fab def. 5. ad S.C. trebel. Bod sur Louët lett. H. c. 24.*

fideicommis contractuel, ny du fideicommis pur & reel, ny enfin du fideicommis singulier s'il y a un heritier universel, *quia est loco legatarij*, cela fut jugé par le Senat entre Messieurs d'Aix, & de la Serras.

Que si le premier heritier n'a détrait la trebellianique, son heritier le peut faire *a*, & ainsi secutivement, mais on ne la detrait qu'une seule fois *b*, & jamais si on a été contraint d'accepter le fideicommis *c*, ou si le testateur la prohibée *d*: Ce qui se peut à l'égard méme des enfans, car si bien cela ne se pouvoit selon le Droit civil, parce qu'ils ne prenoient qu'une quarte par la loy 11. *Cod. ad leg. falcid.* le contraire est aujourd'huy à cause que par le Droit Canon les enfans detraisent deux quartes, & que la trebellianique ne leur tient plus lieu de legitime *e*.

Enfin la trebellianique n'est point détraisable d'un fideicommis fait en faveur de la cause pieuse, *f* ny en testament militaire, comme remarquent Accurse & Godefroy contre l'advis de Grassus, pas même d'aucun fideicommis par celuy qui ne vangeant la mort du defunt tombe au cas du Silanien *g*.

La trebellianique est la quatriéme de tout l'heritage, y compris les legs, & fideicommis *h*, n'étant détraite des institutions particulieres, ny des legs, mais la falcidie, ainsi qu'a remarqué le President Expilly en ses Arrests, aprés plusieurs autres, comme aussi Bouguier en ses Arrests letre S, *ch*. 8. étant à noter que la trebellianique soufre diminution, suivant le grand nombre des legitimaires, & s'il n'y en a point elle est de la quatriéme franche de l'heredité; elle est aussi amoindrie par les charges hereditaires, & par la perte des biens de l'hoirie.

Au regard de la legitime, nous l'avons appellé quarte,

a l. 10. C. ad leg. falcid. [illegible] Rivet. [illegible] [illegible] Papon [illegible] tit. [illegible] b D. pey. de la trebel. sect. 1 part. 1 Fachin. li. [illegible] c. 7. c Menoc. de conject. lib. [illegible] tit. [illegible] l. legi & l. qui ita ff. ad S. C. Treb. l. [illegible] sed quia inst. de fideicom. d Nov. 1. c. 2. Guid. Pap. q. 545 Depeyss. Barry. Ranch. e voyés Bertr. Ferdin. in l. in quartam ff. ad leg. falc. Philips resp. [illegible] Cujac. consil. 35. Fachin. contr. liv. 12 Char. en ses respons. Chop. & Dep. qui les cite, & plusieurs autres. f Bart. ad l. 3. ff. ad S. C. treb. M[illegible] tit. de succ. [illegible] Pap. q. 183. Gom. Tiraq. Cenar. Bagny, Papon, Crass. Barry, & alij. g l. 1 ff. ad S. C. trebellian. h l. 3. ff. ad S. C. treb. Mant. lib. [illegible] conject. Grass. § f. [illegible] q. 1. Pereg. de fi. [illegible] art. 35 Ranchin. Depeyss.

parce qu'elle étoit anciennement toûjours une quatriéme *a*; mais elle est aujourd'huy fort differente selon les cas, car elle est du tiers de la portion ab intestat de celuy qui la demande s'il n'y a pas plus haut de quatre enfans, & de la moitié depuis cinq en haut.

De la legitime.

a l. Papinianus ff. de inof. testam. l. 10. C. de coll. Masuer.

Ses cotitez anciennes, & d'apresent. A qui elle est deuë, & à quel titre.

Cette portion est deuë aux ascendans, s'il n'y a des descendans du defunct, & doit être laissée aux uns & aux autres en titre d'institution, ce qui n'étoit pas anciennement à l'égard des ascendans *b*; elle est aussi deuë aux freres *Instituta turpi persona, nec interest quo titulo eis relinquatur* c, la legitime des ascendans est du tiers de tout l'heritage, si les freres ne sont instituez; que s'ils le sont, elle est du tiers de leur portion ab intestat *d*, & celle du frere n'est jamais que du quart, & n'est deuë qu'aux freres germains. Nous avons parlé ailleurs des causes qui en peuvent priver les uns, & les autres, ce qu'il est superflus de repeter icy.

b l. si quando C. de inof. test.

c Nov. 115 & Nov. 18. C. Fab. def. 10 de inof. testam.

d D. l. q. aut. ch. 9. liv. 3.

Il faut pourtant sçavoir que la legitime étant inalterable, ceux qui en sont privez sans raison, ou qui n'en ont qu'une partie, ont la liberté d'en demander le suplement *e* en Iustice, de la même maniere qu'elle a été payée en partie, comme ceux qui sont des-herités sans cause, peuvent dire le testament nul, & en requerir la declaratoire pendant l'espace de trente ans *f*, n'étant plus la querelle d'inofficieux introduit par la loy *elicia* en usage, parce que *notat judicium defuncti, & in eius locum succesſ...re ius dicendi nullum de iure civili, & bonorum possessio contra tabulas de jure Prætorio.*

Du suplement de legitime.

e l. omnimodo 10 C. de inof. testam.

Du droit d'attaquer les testamens.

f C. r. b. def. 7 eod.

Celuy à qui la legitime est adjugée la doit obtenir avec fruits dés le temps du decez de celuy qui la devoit, sans dommages interests pourtant d'iceux, lesquels sont deus

Comment la legitime est adjugée.

en petition d'hoirie *a*, ainsi qu'assure le Docte Faber contre l'opinion de Guy Pape; il fut ainsi decidé à mon rapport par le Senat de Savoye entre les freres Turrel *b*.

a C.Fab.def. 11. de inof. test. & l ult. C. de usur.
b Arr. du 12. Aoust 1672.

De la quarte Sabinienne,

Resteroit maintenant à parler des quartes deuës aux enfans adoptifs, que nous appellons Sabinienne, & quarte de l'Empereur Pius, dont la premiere regarde les adoptions specifiques, & l'autre les arrogations : Mais comme il ne se voit plus gueres de ses paternitez, & filiations, aussi me dispenseray-je d'occuper ma plume sur ce sujet, dans la brieveté que je me suis prescripte, la necessité de laquelle m'oblige à supprimer les raisons des choses que j'avance en cét ouvrage, me contentant d'indiquer les sieges des matieres, où les Docteurs se sont mieux expliquez, sans quoy il me faudroit autant de volumes qu'il y a de chapitres.

CHAPITRE XXIV.

Des successions legitimes, & ab intestat.

LEs successions qui ne sont deferées par testament, le sont par la providence des loix, n'étant presumé aucun testament s'il n'en apparoit *a*, & on se tient à defaut d'iceluy à la proximite du parentage.

a Bened. in c. Raynut. in verbo & uxorem n 3.

Ordre des successions ab intestat, premier des descendans.

Le premier ordre des successions ab intestat est des descendans appellez *communi naturæ, & parentum voto, servata prerogativa gradus, nisi sit locus juri repræsentationis quod extenditur in infinitum quoad descendentes* b, *& tantum ad filios fratrum quoad collaterales, nullumque tale jus*

b l. 3. C. de suis & legit liber § 6 inst. de hæred. quæ ab intest.

est in ascendentibus, quia indignum esset nos eos repræsentare quos genuimus.

Etant à remarquer que ceux qui succedent par souches n'ont pas plus qu'auroit eu celuy qu'ils representent, & que l'on a égard à la generation, ou degré, & non au nombre des personnes ; au lieu qu'en ceux qui viennent par testes, on observe le contraire *a* : Qu'enfin le pere exclut son fils dans la succession de son ayeul, encore qu'il soit emancipé, ce qui n'étoit pas selon l'ancienne Iurisprudence *b* : Que si le pere meurt avant l'ayeul, l'ayeul exclut ses petits fils de l'usufruit des biens castrenses qu'il n'avoit pas auparavant *c*, à cause qu'ils ont changé de nature en changeant de main.

Le second ordre des successions est celuy des ascendans & aujourd'huy des freres germains, qui concourent, & succedent avec eux également *d*, ce qui n'étoit pas selon l'ancien Droit. Les François ont l'Edit de Charles IX. qu'ils nomment *l'Edit des Meres*, lequel les exclut, sauf des meubles, cét Edit n'est pas receu dans tout le Royaume, comme ont remarqué Depeyssè & Chopin.

Quant aux freres consanguins, ou uterins seulement, ils sont exclus par les ascendans *e*, & c'est une maxime infaillible parmy les Iurisconsultes que les plus proches suivent ceux qui ont rejetté la succession par l'Edit successorial *f*, il est vray que les freres germains excluent les consanguins, & uterins *g*, sans pourtant que cette distinction passe les enfans des freres.

Que s'il n'y a que des consanguins ou uterins ? ils sont appellez indifferemment *h* ; je remarque avec Theophile sur le paragraphe 4. des Instituts *de leg. agn. success.* que les petits fils des freres du defunct succedent par testes,

a §. *cum filius inst. cod. Nov.* 118 *c.* 1. *Gom. resp. tom.* 1.

b tot. tit. C. *de emancip. lib. eius l.* 1. *ff. si tab. testam. null. ex tab. l.* 1 *ff de suis & leg. hæred.*

c Fernand. in Novel. 118. Depeyss. des success. ab intestat.

d Petr. de Fer. in form. lib. ll. pro hæred. ab intest. Guid. Pap. cons. 15. n. 2. Benedict. a d c. Raynut. in verbo & uxorem decis. 5. Boër. dec. 135. Covar. Grass. Ranchin.

e Novel. 118. *e* 2. Boër decis. 185.

f tot. tit. de success. edicto Azo Guid. P. 1. Covarr. Azo in summa C. de legit. hæred. Covarr. Grass. Barry ex Novel. 84 & 118

g Bened. Grass. & Ranch. ex dict. Nov. 118.

h ex Novel. 1. 7. c. 1 auth. post fratres C. de leg. hæred. voyez Dep. [illegible] ce qui n'est pas aux neveux *ex filiis*, & quoyque par le Droit Romain les collateraux fussent exclus aprés dix degrez, & aprés sept touchant les biens maternels *a*, neanmoins il n'y a aucun temps prefix par la Novelle 118. que Iustinien veut servir de loy aux successions ab intestat, ainsi que remarquent plusieurs Docteurs *b*, contre les maximes de l'école, qui excluent les collateraux aprés dix degrez.

Les degrez des successions n'étoient pas si nombreux dans la loy des douze tables qu'ils sont aujourd'huy, y ayant à present les descendans, les ascendans, & collateraux, le mary & la femme, & enfin le fisc.

Les alliez, fiancez, & separez de lit ne succedent point, oüy bien le Seigneur haut Iusticier en France par droit d'abandonnement, vacance ou deference, comme assurent Chopin *c*, Baquet *d*, le Bret *e*, & Loyseau; j'estime quant à moy qu'étant un droit de regale le Prince seul s'en peut prevaloir *f*.

Il y a des descendans qui ne succedent que pour quelques portions, comme les bâtards en deux onces à leurs peres s'il n'y a des enfans legitimes *g*, & à la mere egalement, sinon qu'elle soit noble, ils n'heritent point en France *h* selon ce qu'assurent Rebuffe, Imbert, Duranti, Bugny, Baquet, Maynard, & Automne, contre l'advis de Papon, n'ayans en ce Royaume que leurs alimens, à l'exemple des incestueux *i* & adulterins; je remarque que la declaration qu'aura faite la mere, son enfant être bâtard, ne luy pourra nuire, quand elle seroit mesme faite à l'article de la mort *k*.

Il y a des nations qui ont pourveu contre les étrangers pour les exclurre des successions de leurs parens, comme

a §. hoc loco in [illegible] succ. cognat.

b Guill. Ranchin trac. succ. ab intest. Louet lett. F. Bary liv. 18. Le Bret, Loys. Despeiss.

c Chopin de dom. lib. 1.

d Baquet des droits de Iust. ch. 21.

e le Bret l. 3. de la Souv.

f de feud. quae sint regali.

De la succession des bâtards.

g Novel. 89. c. 12. auth. licet C. de natur. lib.

h l. [illegible] illustris C. ad S.C. orphit.

i [illegible] l. q 7. c. [illegible]

k l. 29. ff. de prob.

Du droit d'aubaine.

il est observé en France par le droit d'Aubaine, qui ne leur permet pas d'heriter à leurs proches pour les biens qui sont dans le Royaume, non plus qu'à ceux du Royaume de succeder à un étranger pour ce qu'il a laissé dans iceluy *a*, contre l'Authentique *omnes peregrini C. com. de success.* que Bugay dit y être abrogée, étant la succession au Roy, comme remarque le Bret au livre 2. de la Souveraineté, & Chopin *de domanio*; je remarque que le mot *aubain* veut dire *alibi natus* suivant Depeysse, & les Savoysiens font Aubaine en France, ainsi qu'a remarqué Baquet *b*, où la reciprocité n'est pas établie comme elle a toûjours esté entre eux, & les Dauphinois, ce qui fit rendre par le Roy tres-Chrêtien ce celebre Arrest entre les Sieurs de Baumont, & de Rivoire touchant la succession du Sieur des Abrez : Et afin qu'il n'y eut plus de doute touchant cette belle, & loüable correspondance, Sa Majesté tres-Chrêtienne, & S. A. R. l'ont declaré par des Edits, & Loix solemnelles, enregistrés dans les deux Parlemens de Chambery, & de Grenoble *c*.

Ceux qui sont incapables par leur qualité d'étrangers, ou par les taches de leur naissance, recourent souvent au Prince pour obtenir lettres de legitimation quant aux bâtards, & de naturalité ou capacité quant aux étrangers.

Les successions ont leurs degrés aussi bien que le parentage, & alliance, tant du droit Civil, que du Canon, étant à remarquer qu'une seule personne suffit pour un degré civil, & qu'il en faut deux pour le canonique, que l'arbre civil est introduit pour les tutelles, les successions, & les témoignages, où le plus proche exclut les plus éloignés, au lieu que le canonique regarde les mariages, où le plus éloigné attire à soy le plus proche, *favore matrimonij*,

a [illegible] Baquet par. 4. [illegible] sont aubains en France.

b *Baquet p. 1. du droit d'aubaine c. [illegible] n. 4.*

Arrêt celebre

Il n'y a nulle aubaine entre la Savoye & le Dauphiné.

c *Arr. du mois de [illegible] 16[illegible]4.*

Des lettres de naturalité & de capacité.

Des lettres de legitimation.

Des degrés de succession.

[illegible]

Ie renvoye pour le surplus le Lecteur aux Instituts.

CHAPITRE XXX.

Des acceptations, ou repudiations d'heritages, & autres bien-faits offerts par l'homme, ou par la loy.

Du droit de deliberer.

PVISQUE les anciennes necessitez d'étre heritier, qui étoient imposées aux enfans & aux serfs, n'ont plus d'étre par l'extinction de l'exclavage, & le benefice d'abstension introduit par le préteur, nous parlerons succintement des acceptations, & abstensions ou repudiations d'heritages.

Nous avons parlé des trois ordres de successions, de leur preference, & de leur nature, il faut sçavoir les choses qui regardent ceux ausquels elles sont offertes, ensemble les legs, & autres liberalitez des mourans.

Celuy à qui l'heredité est deferée peut d'abord l'accepter, ou la rejetter, mais s'il n'est pas encore determiné? il peut demander l'an de deliberer, aprés l'expiration duquel il est presumé heritier pur & simple s'il n'a declaré son intention, ce temps qui fut different anciennement *a*, est à present d'une année, & peut être transmis s'il a été demandé *b*, il a succedé à certains jours impairs qui étoient assignez par le testateur à son heritier appellez *cretionum dies*, mot qui vient *à cernendo*.

a l. ult. C. de iur. delib.
b l. cum in antiquioribus C. de iur. delib.

De l'inventaire solénel.

Les loix qui favorisent en tout les dernieres volontez, ont inventé encore un moyen d'inviter les personnes à l'acceptation des heritages qui est le benefice d'inventaire, &

& de la loy. L'inventaire se doit faire de la maniere suivante : Il faut citer les pretendans en l'hoirie, ou à cry public, ou specifiquement s'ils sont connus, il faut employer un Notaire, ou l'Officier local, ce qui est au choix de l'heritier, saisir le Curateur qu'on doit avoir fait établir, puis faire d'écrire fidellement tous les effets du defunct devant deux témoins par le Commissaire, l'on est en coutume d'en appeller trois pour les absens, & de commencer par le signe de la Croix : L'inventaire doit être commencé dans trente jours, & achevé dans soixante aprés *a*, étant loisible en suite à l'heritier de reprendre les biens de l'hoirie ; mais s'il ne fait vuider l'instance de discussion dans l'an, il est heritier pur & simple suivant nos Edits *b* : j'excepte pour tout ce que dessus, les cas d'empêchemens legitimes, on peut même obtenir *ex causa*, prorogation du temps, comme il fut jugé par le Senat à mon rapport en faveur de Monsieur le Baron de Vars, & aprés en faveur de Monsieur de Villars Rosset.

Maniere de faire l'inventaire solénel. Du curateur en l'hoirie.

temps de l'inventaire solemnel.

a *l. scimus de iur. delib.*

De l'instance de discussion & temps de la vuider.

b *Edit du 4. Octobre 1596. au Stil.*

Exemple.

Lors que la formalité est achevée le Iuge declare les degrez d'allocation des creanciers, & ordonne la vente & étrousse des biens du defunct, & que les deniers en seront rapportez au Greffe, pour être distribuez à chacun selon son ordre.

Des degrez d'allocation.

Or comme l'heritier beneficiaire n'est pas obligé outre les forces de l'hoirie : aussi l'heritier pur & simple doit payer tout ce à quoy le defunt étoit obligé, *quia quasi contraxit adeundo* c ; il est vray que ses biens ne sont tenus pour la dette du defunct avant qu'il y ait eu condamnation.

A quoy est tenu l'heritier beneficiaire.

c *Inst. de obligat. quae quasi ex contractu.*

A quoy est obligé l'heritier pur & simple.

CHAPITRE XXXI.

Des Contracts, & autres Actes entre vifs.

APRE'S avoir traité des moyens d'acquerir par les dernieres volontez expresses ou tacites, il est à propos de parler de ceux que le commerce, & la societé civile ont introduits entre les vivans pour favoriser le commerce entre les hommes par les obligations & engagemens qu'ils contractent reciproquement.

Qu'èt ce que obligation. a *Instit quib. mod.contr.obligat.* D'où naissent les obligatiõs Des contrats reels. Des stipulations, des écritures privées. Des contrats parfaits par le seul consentement. Des quasi contrats. leurs especes.

L'obligation *qui est un lien qui engage à quelque chose* a n'aît des contracts, quasi contracts, delits, & quasi delits; les contracts tirent leur force de la tradition, des parolles, de l'écriture, & du consentement.

Il y a cinq contracts reels, sçavoir le prest mutuel, & le payement de la chose induë, le prest commodat, le depost & le gage; les stipulations, & les écritures privées composent les deux especes suivantes, & la vente, le bail, la societé, & le mandat la derniere.

Quant aux quasi contracts qui obligent par force, & à l'insceu, l'on en compte six especes dans l'école, la communion des choses universelles, celle des choses singulieres, le payement de la chose induë, l'administration tutelaire, & le maniement des affaires d'autruy fait d'office. Nous avons traité des delits, & quasi delits dans la premiere partie de cet Ouvrage.

Du prest mutuel.

Le prest suppose que la chose prêtée consiste en quantité, ou en autre chose, qui puisse être suplée *per aequi-*

pollens, n'étant pas necessaire de rendre la méme espece, ny permis de rien exiger au delà du sort, sinon que ce fut aux cas dont nous avons parlé au crime d'usure.

Le payement de la chose non deuë est une espece de prest, parce que la volonté n'étant pas formelle, mais étant fondée sur l'erreur, celuy qui reçoit injustement le bien d'autruy contracte tacitement une obligation de le rendre, & si biens nous logeons icy cette espece d'obligation à cause de la realité: Elle n'aît assurément d'un quasi contract, produisant une condiction, soit action personnelle. De la chose indeuë. Sa repetition.

Le depost est un contract de bonne foy comme les deux precedens sont de droit étroit, il requiert la tradition de la chose, & veut sa restitution dans la mesme espece. Les Docteurs en ont remarqué trois especes, sçavoir le simple depost, le Sequestre, & la consignation judicielle *a*, laquelle ne peut être refusée par les Greffiers, comme il fut jugé Chambres assemblées au rapport de Monsieur Excoffon contre les Greffiers du Senat en faveur de Monsieur de Faverges, personne de haute qualité, & qui a le don de se faire aimer de toutes les honnêtes gens, ce qui est naturel dans l'illustre famille des Milliets. Du depost. Ses especes. a *ex L. acceptā C. de usur. l. obligationem C. de sol.* b *Arr. du 24 Nov. 1671.* Eloge de Mr le Marquis de Faverges.

Le depost est une chose sacrée sur tout aux quatre cas qui le rendent necessaire, & rien ne faisoit tant loüer les anciens Chrêtiens, ainsi qu'assure Pline comme leur fidelité touchant le depost, aussi lisons-nous qu'il se faisoit dans les Eglises *c*, que les violateurs devenoient infames *d*, & qu'on ne peut user du depost sans être larron. Nature privilegiée du depost. c *l. 1 ff. de tab. exhib.* d *Alex. ab Alex. gen. dier.*

Le prest commodat est un effet d'amitié, ne peut assez être recommandé, puis qu'il n'a d'autre principe qu'elle, & celuy qui garde la chose prêtée outre le temps conve- Du prest cōmodat

Sa difference d'avec le precaire.

nu commet larcin : Ce contract est different du precaire en ce que l'usage y est determiné, & non au precaire. Il n'est pas permis de retenir la chose prêtée, non plus que celle qui a été remise en depost *a*, pas même sous pretexte de proprieté, ou de compensation, sauf d'agir par action separée.

a *l. ult. C. compens.*

De l'hypoteque sa definition, difference entre gage & hypoteque.

Quant à l'hypotheque, *elle est la chose obligée, & souvent remise au creancier, pour mieux assurer ce qui luy est deu jusques à ce que le payement suive* : il y a difference entre l'hypotheque, & le gage, en ce que le gage est des choses meubles, & reste au creancier pour son assurance, au lieu que l'hypotheque est des immeubles, étant pour l'ordinaire hors des mains du detteur, sinon en cas d'antichrese, qui est *lors qu'on retire les fruits en place des interests, antichresis tanquam contraria fruitio.*

De l'antichrese.

C'est une regle infaillible que l'on ne peut pas engager le bien d'autruy à son insceu *b*, & que si bien *pignus pignori dari potest*, cela n'est que pour le droit *c* que le creancier y a, & non pour la chose, & qu'on ne peut engager à personne son propre bien *d*; qu'enfin le payement entier fait cesser le gage & l'hypotheque; aprés quoy l'action pigneraticie peut être intentée par celuy qui a engagé, pour reavoir le gage, ou l'hypotheque.

b *C. Fab. def. 6. de pignor.*

Remarques importantes.

c *l. 1. de pign.*

d *C. Fab. def. 5 si vend. pig. agatur & d. f. 8. de remiss. pign.*

De l'action pigneraticie.

De l'hypotecaire.

L'action hypothecaire (que l'institut nomme *quasi servienne*) appartient au creancier, pour sur la chose hypothequée à defaut de son payement, au lieu que la pigneraticie compete au detteur qui a payé pour retirer son bien engagé de son creancier, elle est imprescriptible de sa nature, sinon en certain cas.

Il y a plusieurs genres d'hypotheques, comme les judicielles, pretoires, legales, & conventionnelles, & di-

Divisions des hypoteques.

vers moyens de les établir *a*, & de les perdre *b*, car outre les conventions contraires on se rend posterieur, en souscrivant à celle d'un autre, sinon que ce fut *necessitate officij*.

Que si plusieurs creanciers sont en concours, ceux qui sont posterieurs ont le droit d'offrir, & celuy qui paye une dette entre au lieu & place du creancier sans cession, pourveu qu'il soit possesseur legitime, ou creancier *c* : que s'il a été convenu avec le detteur lors de l'emprunt, que celuy qui prête *a* pour payer ses dettes succedera au creancier, il n'a besoin d'autre cession *d*, laquelle pourtant ne luy peut être refusée s'il est possesseur, mais si elle est faite aprés un entier payement dans un intervalle elle sera sans effet *e*, *quia semel extinctum non reviviscit*, il faut donc que celuy qui veut succeder à l'hypothequaire creancier qu'il paye luy soit subrogé, ou par luy, ou par le Iuge, ou par la convention precedente du detteur, comme remarque Dolive au quatriéme livre de ses questions chapitre 14. qui dit que l'équité prevaut en ce dernier cas à la subtilité du droit pour favoriser le commerce.

a *vid. tit. quibus mod. pign. vel hypot. solv.* [illegible]

b *vid. rubr. quibus mod. pign. vel hyp. solvit.*

Ou concourent entre creanciers, & du droit d'offrir.

c *l. 1. & 4. C. de his qui in prior. cred. loc. succed. C. l. ab. def. si antiq. cred.*

d *l. Aristo qui pot. in pig. Loys. des offic. ch. 8 l. 3. l. ult. C. de his qui in prior. cred. D'Ol. 4. de ses quest. not. ch. 14.*

Comment on succede au lieu & place.

e *l. mod. stipulat. de solut.*

Il faut observer qu'en concours de creances l'on doit offrir les dépens à prendre sur les biens du detteur commun *f*, lesquels ont l'anteriorité du principal s'ils sont stipulez *g*, & le creancier peut demander de faire subhaster, ce qu'il ne veut plus tenir en engagement.

Il faut offrir les depens sur les biens.

f *C. Fab. def.* [illegible]

g *l. ex* [illegible] *lusoria.*

Que si l'on est en conteste à qui le droit d'offrir appartient, il n'y a nul doute que ce sera à celuy qui est en peine de son hypotheque, *ut jus suum conservet*, dit la loy *h* sans qu'il ait lieu entre les creanciers chirographaires *i*.

h [illegible]

i [illegible]

Ie passe aux obligations qui n'ont besoin que du consentement des parties, ou la vente, & achept ont le premier rang, qui ont succedé aux permutations, il y faut trois circonstances essentiellement, la marchandise, le consentement, & le prix. Ie ne parle pas des accidens qui s'y peuvent rencontrer, comme du pact commissoire, & de la grace de reachapt; je diray seulement que le bien d'autruy peut être vendu *a*, à la charge qu'on sera tenu à l'éviction (naturelle aux ventes,) en cas qu'on ne pût avoir la chose: on peut aussi vendre des heritages, & autres droits, auquel cas il suffit, *præstare nomen verum non bonum* c; on peut aussi renoncer à l'eviction, pourveu qu'elle ne vint du fait du vendeur *d*.

Il y a des cas ausquels la vente & cession de droit est vicieuse *e*, comme s'il y a litige, s'il n'y a cause, si elle est au plus puissant (ou je ne comprend point le Conseiller & Magistrat,) & enfin si cela a été pour changer le jugement *f*, étant à noter la contestation touchant l'hypoteque ne rend pas la chose litigieuse *g*, & que celuy qui cede n'est jamais presumé ceder contre luy-méme *h*: qu'enfin les actions directes demeurent au cedant (*cui inhærent sicut ossa medullis*,) ce qui fait qu'on luy peut payer jusqu'à l'intimation du transport *i*; étant à remarquer qu'on peut être relevé d'une vente d'hoirie, *deducto omni dubio litis aventu*. Il fut jugé ainsi à mon rapport, entre M. honorable Grosset, & un Noble de Dingy, suivant l'opinion de Monsieur Favre.

Que si la cession n'est *pro munimine rerum*, le cessionnaire n'aura que ce qu'il a delivré *k*; mais si elle a été necessaire elle est bonne sans excepter aucun cas *l*: il est vray qu'il en faut avoir payé le prix, & qu'il en conste, du moins par le serment selon Monsieur Favre.

De la vente & achapt, leurs circonstances.

a *l. rem alienam C. de contrah. emp.*

De l'evictiõ.

b *l. exempto ff. de act. empt. & vend.*

De la vente de droits & heritages.

c *l 4. & 5. ff. de har. & act. vend.*

d *l. 1. ff. de act. empt.*

Vices de cession.

e *vid. leges ab Athanasio, & per diversas C. mandat. & l. ult. C. de litig.*

f *Menoc. præs. lib. 3. tit. 9.*

g *Auth. litigiosa C. de litig. Fab. def. 8. eod. Guid Pa. q. 432.*

h *Bald. in Alex. cons. 293.*

i *C. Fab. def. 11. C. de rescin. vend.*

k *Bart. in l. 1. de oper. nov. nunciat.*

l *dict. leg. ab Anasth. & l. per divers.*

m *C. Fab. def. 2. mandat.*

n *C. Fab. def. 10. mandat.*

Les ventes sont quelques fois cassées par la lesion ou de la moitié, ou des deux tiers, ou par des autres motifs, mais comme je dois traiter des restitutions en entier, je renvoye le lecteur à ce chapitre sur cette matiere.

Des rentes constituées, & à prix d'argent.

Nous avons certaines rentes introduites pour eviter les usures, qu'on nomme rentes constituées, qui sont souvent un remede pire que le mal, le Canon *Regimini* permet de vendre une cense annuelle sous un capital, mais nous étendons quelques fois un peu trop cette liberté par des conditions qui font clairement l'usure mentale, & rendons par des conditions iniques le remede pire que le mal: le capital n'en prescrit que par cent ans selon Monsieur Favre *a*, & les censes par l'espace de trente *b*. Il y a des Sommistes de la Theologie qui ont creu que la rente constituée doit être sur certains fonds, fondez sur la Constitution de Pie V. mais Medina, Molin, & Loyseau ne sont de ce sentiment, fondés sur la raison, & le droit Romain.

a *C Fab. def 19. de sacr. eccles.*
b *l. item quaeritur ff locat. C. Fab def 4?. de locat. l. legatum C. de locat.*

Du bail & location.

Le bail qui est un contract, où la bonne foy a beaucoup de part, n'est autre qu'une chose remise à tenir, ou à faire sous quelque recompense, il est exprés, ou tacite, pour un temps ou pour toûjours, connu en cas d'emphiteose perpetuelle, étant celuy qui donne en ascensement nommé locateur, & celuy qui prend conducteur, ou ascensataire, & s'il s'agit d'habitation inquilin ou locataire.

De l'action servienne. Obligation sinallagmatique entre le locateur & le conducteur.

Le Maître du fonds, ou maison ascensez, a l'hypotheque legale, que l'on nomme *Servienne*, tant pour sa cense que pour les deteriorations, & comme il est tenu de faire joüir l'ascensataire, ce dernier doit aussi payer les loyers, & n'est receu à les retenir sous pretexte de nonjoüissance s'il ne s'est plaint pendant son Bail, non plus que a l. si quis C. de locat. C. Fab. d. f. [illegible] b l. 1. § [illegible] ff. [illegible]

contester le domaine auec celuy duquel il a ascensé *a, non enim tibi prodest possessio quam à me habuisti.* b

Du contract de societé. Sa definition.

La societé (*sine qua*, dit Seneque, *nullius boni jucunda possessio est*) *est une convention expresse, ou tacite, entre deux ou plusieurs; par laquelle ils establissent une communication de choses honnestes pour en partager le profit.*

Divisions de la societe.

Nous auons des societez universelles de tous biens presens & advenir, des generales qui regardent un negoce entier, & des particulieres qui concernent quelque espece, ou corps.

Societez illicites. A quoy s'étend la societe. c Gomez pag. 248. d Papon l. 15. tit. 2. art. 7. e Bart. in l. 4. ff de adm. tut.

La societé peut estre expresse ou tacite; mais elle ne peut pas être perpetuelle, leonine, ou infame; la societé leonine, *est celle où le profit est tout d'un costé & la perte toute de l'autre.* La societe de tous biens s'étend aux biens futurs, & la posterieure ne dissout point celle qui l'avoit precedée, auant sa division, c Bartole assure que la tacite peut être presumée par la cõmunion entre freres, lors qu'ils ne sont pas de qualité noble, & qu'il n'y a pas inventaire, ny requisition d'aucun compte. La communion produit deux sortes d'actions, sçavoir la directe & l'utile, *tam in judicio familiæ herciscondæ quam actione communi diuidundo.* L'action *pro socio* est pour les prestations personnelles aprés la division, & l'action *communi diuidundo* pour diviser la societé.

Actions de la societé.

Comment la societé finit.

Elle se dissout si les interessez y renoncent à propos, si la chose negotiable perit, si l'un des deux associez meurt, & par la fin du negoce enfin si l'associé fait ouvertement ses affaires à part. Les Grecs rompoient du pain en marque de dissolution de la societé, & nommoient cét acte *diffarreation.*

Du mandat & procuration

Quant au mandat? on le faisoit autrefois en se touchant

chant la main au dire d'Isidore, & comme il est public ou privé, *ad negotia*, *&* *ad lites*, general ou particulier, tantôt il conserve son nom, tantôt il est appellé commission, & procure.

Son ancienne forme.
Ses divisions.

Le mandat, *qui n'est autre que l'administration gratuite des affaires de l'amy par ses ordres ou de son sceu*, produit l'action directe en faveur du mandant, & la contraire en faveur du mandataire.

Definition du mandat.
Ses actions.

Celuy qui excede, *fines mandati*, est responsable de l'évenement, *a* le mandataire doit justifier de son pouvoir lors qu'on le met en doute, *b* & toûjours en jugement quand il agit en vertu de procure speciale, n'étant obligé à produire la generale si sa partie adverse ne le requiert pas. Il est à remarquer qu'un fils de famille majeur de 14. ans peut estre procureur *ad negotia*, si nous croyons à Masuere & à Fontanon son commentateur.

a *l.* 5. *C. de procur. & l.* 4.
b *Masuer. t.* 1. *pref.* 31. *tit.* 10. *& pref.* 34.

Il y a des personnes incapables d'étre procureur *ad lites*, tels sont les mineurs, *c* les femmes, les infames, & les taillables qui ont encore l'image des anciennes servitudes la méme chose n'est pas des procureurs *ad negotia*, car les femmes les taillables, & les mineurs le peuvent étre.

Qui ne peut étre procureur *ad lites*.
c *C. Fab. def.* 30. *de procur.*

Le procureur *ad lites* est maître du procez & non de la cause, en sorte qu'il ne peut rien seul, *ad decisionem*; mais seulement *ad instructionem*, *d* & on le peut desavoüer avec lettres de Chancellerie, en refondant les dépens frustrez, & de desaveu, *e* sinon qu'il eut agi par procure speciale.

Procurator est Dominus litis non causæ.
d *l. ad exsecutionem ff. de proc.* *C. Fab. def.* 1. [illegible]
e [illegible] 22. [illegible]

La stipulation, (ainsi appellée *à stipulo quod firmum significat*, & selon des autres *à stipula* qui veut dire de la paille) *est une conformité d'interrogat*, *&* *de responce entre le promettant*, *&* *l'acceptant* elle est exempte à la verité des exactitudes anciennes suffisant aujourd'huy d'expliquer sa vo-

De la stipulation.
Son etymologie.
Sa definition.

lonté sans qu'il faille les mêmes parolles. *a*

a l. omnes C. de contrah. vel commi. stipulat. Division des stipulations.

Les stipulations sont pures, ou conditionnelles, certaines, ou incertaines, de donner, ou de faire, conjonctives, ou disjonctives, utiles, ou inutiles, judicielles, pretoires, conventionnes, ou communes, étant à remarquer que l'on ne peut promettre le fait d'autruy si on ny adjoute le sien propre, ou le serment, qu'enfin *Turpis & impossibilis stipulatio nullius est momenti.*

Des stipulatiõs pour autruy.

L'On peut stipuler pour ceux qu'on a sous sa puissance comme le pere pour son fils, & le maître pour son esclave, *& vice versa*, le Religieux le peut pour son Convent, le fils pour son pere, l'esclave pour son Seigneur, & le Notaire pour châcun comme personne publique.

Des stipulations nulles.

Remarques importantes.

b l. 8. ff. de procur. C. fab. def. 5. de cont. com. stipul. i. l. def. 7 de pact. l. 1. & 2. d. l. C. de don. quæ sub mod.

c l. ff. de inut. stipul.

d l. ceteribus Cod. de pact. & l. labeo, ff. de contrah. empt.

Plusieurs circonstances rendent nulle la stipulation, & obligation verbale, comme le défaut de la matiere, de la forme, de la personne du promettant, ou de l'acceptant, soit stipulant, & celuy de la condition étant à remarquer que *in lucrosis absens habetur pro acceptante*, que *acceptatio ex intervallo fieri potest*, b que *in pari turpitudinis causa potior est conditio possidentis*, c qu'enfin *in ambiguis interpretatio fieri debet ut actus valeat, & contra eum qui potuit apertius legem dicere.* d

Des cautionemens.

Des mandateurs.

Fidejusseurs.

Expromissions.

Cautionemens. [illegible]

Collaudateurs.

Les cautionements suivent volontiers les stipulations, & en sont des especes bien souvent, les fidejusseurs precedent, accompagnent, ou suivent infailliblement l'acte principal lors qu'ils y ont part, les premiers sont nommez *mandatores*, les seconds *constitutores*, & les derniers *ratificateurs*, que si le principal n'êt pas efficacement obligé, sa caution sera appellée *expromisseur*, & ceux qui répondent pour le fidejusseur sont nommez *collaudateurs.*

Ce qui est re-

Lors que l'on doit donner bonne caution elle doit être

riche à proportion de ce dont il s'agit, & exploitable, & obliger, en faveur de ceux à qui on la donne, sa personne, & ses biens, *a* ce qui fait qu'on y reçoit rarement les femmes, les nobles, & les étrangers. Il y a même vn Senatus-consulte que nous appellons Velleien, du nom de *Velleius* son autheur, pour empécher les cautionemens des femmes, non seulement pour leurs maris : mais encore pour tous autres, *b* l'on excepte à la verité celles qui ont recherché le creancier, qui ont cautionné pour éviter l'effet de quelque execution, *c* qui ont trompé le creancier, *d* & qui ont fait leur affaire propre, *e* en cautionant.

Il y a de la prudence de faire renoncer, à la femme qui cautionne au Senatus-consulte Velleien, & à l'authentique *si qua mulier* que le Notaire, ou autres luy doivent expliquer pour rendre sa renonciation valable.

Ceux qui se sont rendus pleges, & cautions ont trois remedes, qui sont *beneficium divisionis, discussionis & cedendarum actionum*, s'ils ny ont renoncé comme ils font presque toûjours, il n'ét pourtant pas loisible aux colaudateurs de renoncer à la discussion suivant Monsieur Favre, *f* & le plus seur est de faire obliger le principal, & caution chacun pour le tout, avec les renonciations en forme auquel cas tous deux sont principaux detteurs.

Celuy qui a répondu pour un autre le peut convenir pour étre liberé, premierement s'il y a long-temps qu'il s'ét engagé, secondement si le detteur dissipe ses biens, troisiémement si la caution a été condamnée ou a payé la chose deüe avec justice. *g*

Les écritures privées sont ou pour obliger (& c'ét ce qu'on nomme *Cedules*) ou pour aquiter, (on les appelle quitances de main privée) & étants faites sous esperan-

quis à une suffisante caution.
a C. fab. def. 4. de fid. iust. & def. 11.
Du S. C. Velleien.
b auth. si qua mulier C. ad S. C. Vell.
Exceptions du Velleien.
c C. Fab. def. 17 eod.
d l. 13 C. eod.
e l. anti. C. eod. l. 2 fab. def. 7. eod.
Des benefices des fidejusseurs.
De leur renonciation.
f C. fab. def. 10 & 46. de fid. i. precaution à prendre.
En quel cas la caution [illegible].
g [illegible] *Pap.* [illegible]
Des écritures [illegible] & dependances.

De l'exceptiō d'argent non nombre.

ce de numeration de prix, celuy qu'elles engagent peut opposer de l'argent non compté, pendant deux ans quant aux cedules, & autres contracts ou la realité n'êt intervenuë, *a* & pendant trente jours seulement au regard des acquitemens, *b* cette exception étoit de cinq ans par l'ancienne jurisprudence, & rejecte pendant le susdit temps la preuve sur le convenu autrement que par le titre.

a l. in contract. & tot. tit. de non num. pec.
b C. fab. def. 1. de non num. pecun.

De la reconnoissance d'écriture.

Celuy qui desire d'employer en jugement une écriture privée la doit faire reconnoitre, pour à quoy parvenir, un seul défaut suffit selon les Reglements de ce païs de Savoye ; *c* car elle ne fait aucune foy sans cela, ce qui fut déja declaré par la loy *gabinia*, étant à remarquer qu'entrer en payement d'une cedule c'êt la recōnoitre, *d* qu'elle porte hypotheque dés sa date, si ell'est signée par trois témoins, *e* aprés les signatures reconnuës, & que les cedules portent interêts, & hypotheques dés qu'elles ont été reconnuës, *f* qu'enfin tous Iuges lays sont competens pour l'action personnelle, & reconnoissance des écritures privées, même contre le clerc, j'ay dit lays parce que le Iuge d'Eglise ne peut citer les personnes laïques en matieres prophanes suivant le cinquiéme article du Reglement de Savoye.

c Stil art. 140.
Remarques importantes.
d l. 5. ff de re iudic.
e l scripturas C qui pot. in pig.
f Stil art. 140. Papon l. tit.

Celuy qui a reconnu une écriture privée, pour en être entré en payement, n'en doit pas les interêts, *g* pas même s'il y sont promis, *h* sans les specifier, *i* autre est si la cedule est pour le prix d'une vente d'un fonds, *k* pour quelque mandat, *l* ou si ell'est passée en faveur d'un pupil, ou d'un mineur. *m*

g C fab. def. 17. de usur.
h C. fab. def. 7. de contr. vel comit. stipul.
i def. 8. eod.
k idem eod. &
l 5. C. de act. empt.
l C. fab. def. 2 de obl. & act.
m l 37 ff. de ie. eat. & l 18. ff. de usur.

Il y a des écritures de main privée, qui sont plus autentiques qu'une cedule, quoyqu'elles le soient moins qu'un contract garantigié, qui sont les livres des Mar-

Livres des marchands.

chands; car si bien ils prennent contre ceux qui y ont écrit, ils ne le font à l'égard du tiers que pendant six mois selon nos Edits. *a*

a Edit du 1. Mars 1604. inseré au stil.

CHAPITRE XXXII.

Des payements, & moyens d'étaindre l'obligation.

Observations du payement.

LE payement, est *une satisfaction faite à propos de la chose deüe*, a & le plus infaillible moyen d'étaindre l'obligation, il ne peut étre fait de chose pour autre, *b* ny en partie contre la volonté du creancier. *c*

L'On peut payer la dette d'un autre à son insceu, *d* & si c'ét contre son gré on ne le peut pas repeter de luy, *e* ny du creancier qui a reçu le sien de celuy, qui ne luy devoit rien. *f*

Celuy qui paye à la personne qui le peut contraindre est bien liberé, comme si la dote est payée au mary qui est insoluable. *g*

Or comme le payement est de fait, il le faut preuver, *h* l'on presume seulement un pact *de non petendo* pour celuy qui a l'instrument riere luy sans soupçon, *i* étant à remarquer que l'imputation du payement dépend du detteur, s'il y a plusieurs dettes, & s'il n'a été declaré *inquam causam*, & on impute *in causam debitori duriorem*, *nisi sint usuræ quæ facilè liquidari queant*, & qu'enfin *solutio fieri debet ubi contractum est nisi aliud dictum fuerit*, il y a plusieurs autres moyens d'étaindre l'obligation, comme sont la novation, la delegation, l'acceptilation, la confusion, la com-

Autres moyens d'étaindre l'obligation.

a Inst. quib. mod. toll. oblig.
b l. 2. ff. de rebus cred.
c l. 9. ff. si quis cautien & l. 3 ff. fam. hercisc.
d l. solutionem ff. de solut.
e l. ult. C. de neg. gest.
f l. 44. ff. de cond. ind. C. Fab. def. 12 C. si mus se ab hered. ab. 7. 1.
g l. 22. ff. de rei vindic. C. Fab. def. 4 de iur. dot.
h [illegible]
i [illegible]
k [illegible]
l [illegible] *solut.*

pensation, (qui n'êt que *de liquido ad liquidum,*) l'imputation, l'aneantissement de l'espece deuë, & le département respectif des parties, sur quoy il faut voir Mesinger, & les autres principiaires. *a*

a Inst. quibus mod. tol. oblig.

CHAPITRE XXXIII.

Des actions, interdits, & exceptions.

Connexité de matiere. Troisiéme objet du droit

LEs actions étans la troisiéme, & derniere veuë de nos Loix, & du Droit, il est temps d'en toucher les choses plus necessaires au Practicien, renvoyant les Doctes aux Textes, & a tant de Sçavantes plumes, qui m'ont precedé.

Qu'êt ce qu'action. a Vid. inst. de act. Divisions des actions.

Les actions, *sont des moyens de poursuivre en jugement ce qui nous est deu,* a & sont principalement personnelles, réelles, & mixtes, toutes les autres especes étans comprises sous quelqu'un de ses trois genres, comme les civiles, & pretoires, les actions de bonne foy, & de droit rigoureux, les penales, & persecutoires de la chose, les solidaires, & limitées, les actions du simple, du double, du triple, & quadruple.

Ces actions sont ou directes ou utiles, directes ou contraires, & quelquefois revocatoires, transmissibles, ou infamantes.

Importance des actions & leurs anciennes formules.

Les actions sont les regles des jugemens, & furent si importantes dans l'ancienne Rome, qu'elles avoient des formes, desquelles on ne pouvoit se dispenser, pas même d'une syllabe sans perdre sa cause, *b* & ce fut par cette voye

b Voy Loyseau

que les Iurisconsultes (bien moins estimez pour lors que les Orateurs,) s'acrediterent parmy les Romains, se servans de certains characteres hieroglyphiques, pour signifier les formules, qu'ils prescrivoient ; mais Cneius Flavius les ayant expliqué au peuple, elles eurent moins de mystere, & de debite, jusques-là qu'elles furent entierement abolies comme injustes, & captieuses, *a* on n'ēt pas même obligé de communiquer au deffendeur le nom de l'action, comme on l'étoit par le droit Romain. *b*

a tot. tit. de formul. & impet. act. sublat.
b l. 1. ff. de edendo.

Ie crois superflus de repeter icy les causes des actions, puisqu'elles ne sont autres que celles des obligations, & comme nous acquerons par nous mêmes, ou par nos enfans, & esclaves, nous avons aussi des actions qu'il nous procurent peu differentes quant a l'effet de celles qui viennent de nous.

Des actions qui naissent contre nous du fait des autres.

Enfin comme il est juste que ceux qui nous acquierent nous puissent aussi engager en certains cas, par la regle des contraires, cela arrive dans les actions *quod jussu*, *de peculio*, dans l'exercitoire, l'institutoire, la tributoire, dans l'action *de in rem verso*, la noxale, l'action de la loy *aquilia*, & *de pauperie.* Me dispensant d'en expliquer le détail étant châque espece expliqué en plusieurs endroits des Textes, & par les Docteurs scholastiques.

Les exceptions ne sont pas moins nombreuses que les actions, & sont de fait ou de droit, étant loisible au deffendeur de qui elles sont le bouclier, & les deffences, d'en proposer plusieurs à même temps, quand même elles seroient contraires, autre est pour les contradictoires. *c*

c [illegible]

L'On divise principalement les exceptions judiciaires en declinatoires, dilatoires, & peremptoires, odieuses, & favorables, réelles & personnelles, les declinatoires doi-

[illegible] & divis[illegible]

V. y M. Favre en son recueil de pratique c. a l. exceptionē C. de prob. l. 2. C de proc.

vent étre opposées *in limine litis* les dilatoires *saltem in actu contestationis*, & les peremptoires *in quacumque parte litis*, étant pour ce sujet nommées perpetuelles, comme les autres sont temporelles. Les declinatoires, & dilatoires se peuvent couvrir, & sont nommées fins de non proceder, & les peremptoires fins de non recevoir, qui sont rarement couvertes, & éteignent entierement l'action, *a* au lieu que les dilatoires la diférent. *b*

a l. exceptione & 6. ff. de except. §. 9. inst. de act. d

b dicta l. exceptione.

Des interdits leur definitiō leurs divisiōs.

Les interdits *sont des decisions qui ne touchent qu'au possessoire*, *salvo jure partium*, ils sont ainsi nommez *quasi interim dicta*, parce qu'il ne sont pas decisifs de la proprieté, & qu'ils ne sont que pour un temps, ils tendent, ou *à étre mis en possession*, ou *à y étre maintenu & gardé*, ou bien *à y étre rétably & reintegré*, quelquesfois ils vont *à l'exhibition de la chose meuble*, ou *à sa restitution*, ou *à des inhibitions de troubler celuy qui supplie, & ses gens.* La fin des interdits, & de ceux qui les ont inventez à été d'éviter les desordres, & de conserver la paix publique, *pax servetur.*

De la mise en possession.

De la maintenuë.

c C. l'ub in [illegible] c. 2.

De la reintegrande.

Il faut remarquer que la mise approche fort le petitoire, *c* & qu'ell'est subsidiaire aux autres interdits, ce qui n'ét pas de la maintenuë ; car elle ne peut pas être demandée subsidiairement à la reintegrande ny à la mise en possession, il est pourtant permis d'intenter la reintegrande *en tant qu'on sera décheu*, avec la maintenuë, la reintegrande est une action fort delicate, & facilement couverte, comme si l'on entre au petitoire, il est vray que celuy qui a intenté le petitoire la peut mouvoir *cui enim datur plus datur & minus.*

Du remede de la loy derniere imploré dans la maintenuë.

Il est necessaire d'implorer la loy derniere *C. de aquir. possess.* dans l'interdit de maintenuë en possession, & la clause de constitut, & parce que le constitut n'ét que de dix

Du constitut.

dix ans, la même loy le proroge jusques à trente, & fait que nôtre possession nous est conservée par nos censiers, & metayers.

Pourquoy le Canon *redintegranda* est imploré.

Il est aussi necessaire d'implorer le remede du Canon, *redintegranda* 1.q.3. pour pouvoir intenter l'interdit *unde vi*, lors qu'il ny a eu nulle violence, ny voye de fait dans la spoliation, ce qui seroit necessaire par la disposition du preteur, tellement qu'on ne pourroit jamais convenir le tiers sans le secours du Canon, ny intenter la reintegrande lors qu'on est décheu de sa possession sans son fait, comme il est loisible de faire, quelques-uns adjoutent que le remede du Canon perpetuë l'interdit; mais l'ayant été par l'Edit que l'on nomme *edictum perpetuum*, je croy ce motif peu considerable.

Ce qu'il faut aujourd'huy pour obtenir reintegrande.

Ce qui vient dans la reintegrande.

Il n'y a pourtant aucuns dommages interêts des fruits dans le jugement s'il n'y a eu violence, ainsi qu'il fut jugé par le Senat Chambres assemblées, entre la Véuve du Freney, & les Sieurs des Riddes, par Arrêt rendu en Robbes Rouges, il est vray que le tiers rend les fruits quoyqu'il n'ait été appellé lors qu'il a droit du spoliateur, ainsi qu'il fut jugé en 1674. *a* moy present, à quoy Monsieur Favre semble être opposé dans son Code; mais je me tiendrois à l'usage du Senat.

Exemples.
a Arr. du 1[illegible] *avril* 1674.

Des interdits de maintenuë Des exhibitoires.

Quant a l'interdit prohibitoire, il est accordé avec connoissance de cause par des inhibitions speciales conceuës pour l'ordinaire sous les mots *interim nihil novi*, il y a moins de circonspection pour obtenir les inhibitions generales au regard de la simple maintenuë, qui est l'interdit *uti possidetis*, & c'ét pour des choses immeubles, & l'interdit *utrubi* pour les meubles, l'exhibitoire n'ét aussi que pour les choses meubles, étant l'action *ad exhibendum*, un

S

preparatoire de la reivindication.

De la denonciation de nouvel œuvre Ses formes & especes.

a l. de pupillo, ff. de oper nov. nunciat.

Cas auquel les inhibitiōs sont levées.

b tot. tit. de remiss.

c C. Fab def. 2. de oper. nov. nunc. l. 1 ff. eo.

Distance necessaire entre les edifices.

d l. maxiacusla C. de edif. privat.

e l. 9 C. eod.

Autres especes d'interdits.

Ceux qui veulent obtenir les inhibitions de bâtir, doivent denoncer nouvel œuvre, ce qui se fait ou de la part du Iuge, ou par Notaire, ou par simple declaration, *a* aprés quoy il n'êt plus loisible de passer outre, sinon que voulant bâtir sur son bien propre ? on en obtienne licence du Iuge sous caution *b* autrement on est condamné à demolir *c* & à reparer l'attentat.

Ie remarque icy qu'il falloit autresfois douze pieds de distance entre les edifices, & qu'il n'en faut à present que dix, *d* j'excepte les choses publiques, & sacrées avec le texte, qui doivent être éloignées de quinze pied. *e* Il y a plusieurs especes d'interdits, comme le *salvien, l'interdit quorum bonorum, quod legatorum, de arboribus cædendis, de glande legenda, de superficiebus, de aqua quotidiana, & de fonte, de cloacis, &c.* Et les interdits pouvans étre reparez en definitif, il n'étoit pas même permis anciennement d'en appeller, *ne quod beneficio celeritatis inventum est*, dit l'Empereur, *subdatur injuriis tarditatis*, je finis la theorie du droit civil avec regret de n'avoir pû m'expliquer à fonds sur châque matiere dans la necessité, que je me suis prescripte d'étre brief, & dans la veuë que j'ay seulement débaucher les matieres, & d'éviter des redites superfluës, aprés que tant de grands Hommes ont tout dit, lesquels me surpassent infiniment, & sans contredit.

LIVRE SECOND.

DE LA SECONDE PARTIE DE L'ETAT, *DE LA* IUSTICE,

CONTENANT L'ORDRE IUDICIAIRE, OBSERVÉ ES CAUSES CIVILES, DE LA MANIERE D'en faire les formalitez, & la procedure avec les principaux formulaires des actes.

CHAPITRE PREMIER.

Des Requestes, Decrets, & Letres.

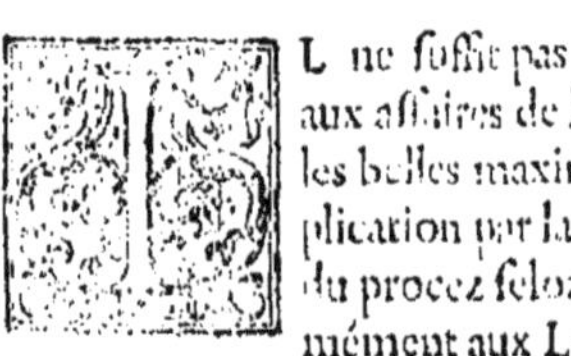

IL ne suffit pas aux personnes employées aux affaires de la justice, d'en connoistre les belles maximes, il en faut avoir l'application par la conduite, & la decision du procez selon l'usage du Palais conformément aux Loix, à l'Equité, & aux Reglements.

Comment le procez commence.

a *Voy Mr Favre dans son abregé ar pratique ch.* 1.

Du demandeur. Du deffendeur. De l'intervenant. Du garend. De l'assompteur de cause.

L'Intervenant est receu *in statu quo.*

b *C Fab.def* 7. & 17. *de iudi.*

Tout procez commence, ou par simple demande, ou par execution, *a* il contient regulierement un demandeur, & un deffendeur, & si bien il y peut avoir des garanties, riere garenties,& interventions tous pourtant sont ou demandeurs, ou deffendeurs, que si le garend prend le fait en main il est nommé assompteur de cause, il est vray que l'intervenant ne change point l'état de la formalité; mais il est receu en celuy auquel elle se trouve, de sorte que si le procez est appointé en droit il ne peut pas en arrêter le jugement, *b* ou l'on est en coûtume de reserver son droit, ou d'acheminer la procedure à son egard selon les derniers errements.

Comment il faut intervenir en un procez.

Celuy qui veut étre receu intervenant met un acte au Greffe avec sa presentation sans autre devant les subalternes; mais si c'êt au Senat, il faut presenter Requête sur laquelle on est renvoyé au parquet pour y faire la formalité, aprés quoy il met un acte, & se presente contre ceux qui sont au procez.

Sentence renduë contre la garend est executoire contre le garenty.

Quant à l'assompteur de cause il peut deffendre pour son garenty; mais la sentence qui sera donnée contre le premier sera executoire contre l'autre, suivant le stil de ce pays.

Maniere de faire cister à un procez.

L'On fait quelquesfois cister aux procez celuy que l'on croit y devoir étre interessé afin qu'il souffre même jugement, & d'éviter des nouvelles contestes, & toutes les demandes, & requisitions judicielles sont faites par des requêtes avant que les parties soient presentées; car aprés le jugement fondé on parle par actes mis au Greffe, & le plus souvent accompagnez de plaidez signez par Graduez.

De la requête & libel.

La requête, soit libelle doit contenir la narrative, les

extremes, & la conclusion, qui est, ou personnelle, ou réelle, ou mixte, & tend à fins possessoriales, ou petitoriales, à jugement universel, ou singulier, je proposeray quelques formulaires pour en former une idée au nouveau Praticien. Ce que la requête doit contenir.

FORMVLAIRE DE REQVESTES, ET LIBELS CIVILS.

A Monsieur le juge de &c. que si c'êt au Senat on dit, *A nos Seigneurs*, si c'êt en Chambre, *A nos Seigneurs des Comptes.*

Supplie humblement N. il faut metre le nom du suppliant, & le titre sous lequel il agit, même ses qualitez si l'on le veut, *disant que, &c.* (il faut exposer le fait sans superfluité n'y emportement) *ce qui oblige le suppliant à recourir à vôtre justice.* Narrative.

Aux fins qu'il vous plaise mander appeller N. à dire cause pourquoy il ne sera condamné puis contraint au payement de la somme de, &c. (il faut conclurre selon le cas exposé, que s'il s'agit d'action réelle il faut parler ainsi) *qu'il vous plaise ordonner que le suppliant sera mis puis maintenu en la possession saisine, & jouyssance de la piece cy aprés confinée pour la tenir, & posseder par forme de gage, & hypotheque jusques a plain payement de la somme de, &c. portée par obligation de, &c. passée par N.* (que s'il s'agit de maintenuë on parle en ces termes) *pour être maintenu, retenu, & au besoin mis en possession, &c.* (quelquesfois on dit) *& quatenus ceciderit reintegré,* il faut narrer la possession, & l'identité, & les soutenir aprés par un acte, ou playdoirie les parties étants deuëment presentées, ou dans le comparant du deffaut, Forme de cõclusions personnelles. Forme de cõclusions réelles par mise en possession. Forme de cõclusions réelles par maintenuë en possession. Soutenemens des extremes de l'action.

Conclusions à la reivindication, ou relâchement.

que s'il s'agit de reivindication, ou relâchement de la proprieté, l'on y conclut aprés qu'on a narré son droit de proprieté, & la possession du convenu, en ces termes, *qu'il soit condamné au relâchement, &c.* on peut cumuler la réelle

On peut cumuler la réelle avec la personnelle.

à la personnelle si le cas le requiert en disant *qu'il sera condamné, &c. Et ce faisant le suppliant mis en possession, &c.*

Extremes de la reintegrande.

Quant a la reintegrande, ou il suffit d'étre décheu de possession, ou son autheur sans son fait, ces extremes essentiels sont la possession precedente, & la spoliation de cette maniere, n'étant plus necessaire qu'il y ait eu violence selon le Canon, comme le desiroit le préteur dans l'interdit *unde vi.*

Conclusions de reintegrande.

Les conclusions tendent, *à étre rétably, & reintegré en la possession de la piece en question, avec restitution de fruits tels que de raison* (& s'il y a eu violence) *& dommages interêts d'iceux*, le prudent Praticien adjoûte toûjours, *& en tant que de besoin mis*, afin que manquant à la preuve des extremes de sa reintegrande, il puisse obtenir la mise *quæ sapit petitorium*, étant un adresse du Palais d'intenter la reintegrande pour obliger le possesseur à montrer son titre, aprés quoy l'on se tient aux conclusions subsidiaires de la mise sans changement de libel.

La mise est subsidiaire à la reintegrande.

De [illegible]

Il ne faut pas oublier d'implorer en fait de maintenuë le constitut, & la loy derniere *C. de aq. poss.* ny le Canon *redintegranda 3. quæst.* en cas de reintegrande, attendu leur utilité dont nous avons parlé cy-devant.

Ie me dispenseray d'inserer icy tous les formulaires des Requêtes dont les nombre seroit infiny laissant à la prudence du Lecteur d'en inferer la maniere, par ce que nous avons dit.

FORMVLAIRE DE DECRETS.

Les ſubalternes decretent en miſes, ou maintenuës, par *fiat niſi*, en cas de ſubhaſtations par *fiat niſi quis tertius*, en fait de requêtes à fin de contrainte, par *cogatis niſi*, on dit quelquesfois, *ſont accordées les lettres requiſes*. Des decrets.

Etant à remarquer, qu'il n'y a que les ſubalternes qui commencent par execution, & parce que cette maniere d'agir trouble l'ordre judiciaire, les oppoſitions les reduiſent en ſimples citations, & comme les lettres de Chancellerie donnent le plus ſouvent pouvoir de commencer, par des executions auſſi bien que celles des inferieurs, elles ſont de même reduites en ſimples citations par les oppoſitions à la reſerve de celles que l'on nomme *de debitis*, ou il faut garnir la main de juſtice, ne ſervans que contre les detteurs.

Il y a des cas, qui exigeans connoiſſance de cauſe, font que les Iuges montrent à partie, & même ordonnent qu'elle ſera appellée, & c'êt la maniere dont le Senat uſe preſque toûjours, & prepare les formalitez ſelon que la matiere le requiert ſans commencer par l'execution ; mais donnant moyens aux parties de dire leurs raiſons, par des citations legitimes, & cela à cauſe de l'importance des decrets des Cours ſouveraines, ou il n'y a aucun appel : les requêtes même ne ſont appointées par le Senat ſi elles ne ſont ſignées par les parties, ou par leurs procureurs, ou ſubſtituts d'iceux, a ce qui n'ét pas neceſſaire touchant les ſubalternes. Maniere de decreter dont le Senat uſe. Il faut ſigner les requêtes au Senat. a *Stil art.* 317.

CHAPITRE II.

Des lettres, & citations civiles.

Des letres sur decrets.

LA Requête étant decretée, on leve lettres en certains cas conformes au decret, hors de quoy on appelleroit de leur conception; comme on feroit du decret, & de leur concession s'ils étoient iniques au regard des subalternes.

De l'intimation

Comment il faut executer civilement.

L'Intimation en choses civiles doit être faite, ou à la personne, ou ne la trouvant pas au domicile lequel devroit être nommé & exprimé, comme veut Masuere, & cela parlant aux domestiques, ou aux voisins, *a* en presence de recors soit témoins, *b* étant l'executeur obligé de laisser copie de son execution aux voisins, ou de l'attacher à la porte du domicile faute de la pouvoir remetre.

Devoir de l'executeur.

Il doit donner copie de la requête, lettres, & exploit, que s'il signifie un deffaut, il donnera copie d'iceluy, de la demande soit comparant, des letres, & de son exploit, qu'il doit signer ou noter, *c* étant à remarquer que tous Huissiers, & Sergents Ducaux, peuvent executer, donner des assignations, & même y être contraints par le Iuge, ou Magistrat s'ils n'ont excuse raisonnable, *d* les familiers, & metraux executent dans la terre du Seigneur, qui les a établis, les decrets des Iuges non Ducaux: l'executeur ne doit assigner le Magistrat dans sa fonction, *e* ny sans mandat de justice, *f* qui doit être écrits, *g* és Cours Souveraines, ou Ducales, & non és petites jurisdictions suivant Imbert, Masuerus,

a *Stil art. 1. & 2. des adjournemens voy Masuer. des adjourn. art. 9 l. 13 ff de execut. tutor.*

b *Stil. od. art. 1. Rebuf. in tract. lit. oblig. Depeyss. stil art. 179.*

c *Imbert inst. for. l. 1. c. 5.*

d *Depeyss. des assignations.*

e *Automn in l. 2. ff de in ius voc. Depey. des assignations.*

f *Masuer des adjourn. tit. 1.*

g *Masuer. eod. Bouvot tom. 1. part. 7 Imber. inst. for. lib. 1. chap. 2.*

Masuerus, & Depeyssés, & s'il n'a chargé, son exploit de ce qu'il a deu faire il n'êt plus recevable à le preuver par témoins, ainsi qu'assurent Neron, Guen. & Depeyssé, particulierement en France tous Sergens doivent étre lais, en ce pays pour pouvoir executer suivant nôtre stil. *a*

Quoyque les simples significations puissent étre faites un jour ferié *in honorem Dei*, les citations ne le peuvent point étre, non plus que les commandements en matieres civiles, *b* & jamais les adjournements ne sont valables du jour au lendemain s'ils ne sont fait en ville, dans ce païs de Savoye. *c*

Que si la partie qu'on veut exploiter est domicilié hors du ressort du Senat on la fait adjourner *in palis*, c'êt à dire en lieu limistrophe, qui est reglé par l'usage, *d* étant à noter que l'on doit citer le convenu au lieu de son domicile, c'êt à dire ou il a constitué sa principale residence, & non de l'origine, *e* étant a remarquer que les Officiers Souverains sont censez domiciliez au lieu ou ils exercent leurs charges, Depeyssés veut qu'ils puissent étre citez au lieu de leur naissance suivant le sentiment de Boyer, de Papon, & d'Automne, *f* contre l'opinion de Mornac, *g* & je me rangerois avec le dernier, que si la personne qu'on veut assigner n'a point de domicile certain, aprés sommaire perquisition on obtient permission du Iuge de le citer, ou à cry public, ou d'afficher la copie au banc du droit, ou à la porte de l'Eglise.

Le pupil ne doit point étre citez; mais son tuteur, autre chose est du mineur, quoy qu'il ne puisse ester en jugement sans son curateur, *h* mais aprés contestation, toutes nullitez d'adjournements sont levées puisqu'ils ne tendent qu'à faire comparoître les adjournez, *i* c'êt ce que j'ay vû

a Stil art 177. Si on peut executer à jours feriez. *b l. dies festos C. de feriis l. 1. ff. de nov op. nunc.* Adjournemẽt precipité. *c c. fi. s. g 2. stil art. 12.* Des executiõs in palis. *d Depeyss. des assignations au tit. de l'ordre jud. es causes civiles.* Ou l'on doit citer. *e Masuer. tit. 1. des adjournements en sa pratique, R... bas. in ... tit. reg tract. ...* *f* [illegible] *g* [illegible] Des citations faites aux pupils, & mineurs, & leur maniere. *h* [illegible] *i Masuer. en sa pratique* ch. des adjour.

juger diverses fois au Senat, même en 1674. en Audiance publique entre deux particuliers de la Rochete.

Comment on assigne les cōmunautez, Monasteres, & Colleges. a *l. 15. C. de Epis. & Cler. Mas. des adj. Chenu sur Papon l. 7 tit. 4. Depeysse. Mas. tit. 1. des adjou. Ranch. q. 121. Guid. Pap. q. 371.* b *l. aliud est. ff de reg. iur.*

L'On assigne les Convents, & Monasteres, dans iceux parlant au Prieur, où au Procureur, selon Guy Pape *q.* 371. & même à un des Religieux, *a* & les Habitans d'un lieu en la personne de leurs Consuls, sinon qu'il fut ordonné de les assigner deuëment assemblez auquel cas il faut qu'ils excedent les deux tiers, *b* desquels il faut inserer le nom dans l'exploit, comme assurent Masuere, & Depeysse, nous parlerons plus au long des executions, au Chapitre qui les regarde specifiquement.

CHAPITRE III.

Des reprises de procés, & peremptions d'instance.

La reprise est personnelle.

L'Action de reprise étant personnelle elle ne peut être intentée contre le tiers : mais seulement contre celuy avec qui l'instance interrompuë avoit été noüée, ou son heritier ; il est vray pourtant que si on avoit repris mal le procés, le droit d'en exciper se peut couvrir *per progressum ad ulteriora*, comme les autres exceptions dilatoires.

La reprise mal intentée peut être faite legitime par un consentement tacite.

Forme de reprise de procés.

L'On fait appeller la partie pour reprendre les derniers errements, c'ēt à dire l'instance en l'état qu'on l'avoit laissée, & si celuy qui est interpellé pour cela se laisse contumacer, l'on declare le procés être tenu pour repris, & qu'à ces fins les parties procederont jouxte les derniers errements.

Que s'il y avoit trois ans d'écoulez, *a* dés l'instance commencée, pour lors l'on peut opposer de peremption d'instance laquelle est nommée fataux *quasi fatales dies*, dont le stil n'a jamais lieu devant le Senat, *b* n'y aprés l'apointement en droit, *c* ny contre le Prince.

Cette exception se couvre aussi *per progressum*, & l'on peut remedier à la peremption d'instance par le moyen des letres de Chancellerie, lesquelles ne sont admises en France au dire de Papon; mais il faut en intenter une autre. *d*

Cette mort de l'instance vient de la necessité de vuider les procés, *e* & Chenu assure que l'instance des actions annales est perimée dans l'année ce que j'ay peine d'avouër avec Brodeau. *f*

Il faut remarquer, que si bien l'instance est perimée les actes probatifs demeurent, *g* & que la peremption cesse lors qu'il y a eu empéchement legitime. *h*

De la peremption d'instance.

a *l. properandum C. de iur.*

b *Stil art. 59. Papõ l. 12. art. 18 Grimaud des retraicts liu.* [illegible]

c *Les mémes aux mémes* [illegible] *Carlin* [illegible] *Chenu cent. 1. Louet let. p Brod. ibi. Despeysse.*

Cette exception peut étre couverte.

d *Pap l. 12. art. 19. voy les ord. de Franç. I. de 1539 art. 120. Char. Antoin. Bouv. & Desp.*

e *l. properandum de iud.*

f *Brod. sur Louët let. I. c. 2. & ledit Louët.*

g *Guid. Pap.* [illegible] *ibid.*

h *Chenu cent. 1. q. 92. Bouv. tom. 2. Desp.*

CHAPITRE IV.

Des deffauts, & contumace en procez civil.

LA prévoyance des Loix, & Reglements voulant empécher le mépris de la Iustice, & la malice des fuyards à introduit fort à propos les contestations feintes, que l'on nomme deffauts, & contumaces; car si l'adjourné ne comparoit ou jour de l'assignation, n'y trois aprés on cotte deffaut, & trois autres jours étants expirez on l'expedie, *a* à jour pourtant non ferié, pourveu tou-

De la contestation feinte.

Forme de contumaces.

a *Stil art.* [illegible] *adiournem.*

tesfois que le demandeur se soit presenté trois jours aprés l'assignation, *a* le dernier deffaut ne se signifie point.

a [illegible] *de regl. [illegible] Ianv. 1573. au stil.*

Art. [illegible] par Mr. Corpene qui deroge à la rigueur de l'art. 7. du stil.

Du deffaut, & congé.

b *ex l. properandum C. de iudic.*

c *l. [illegible] inst. [illegible] c. 11. Depeyß.*

Des dépends [illegible].

De la condemnation du deffendeur contumax.

Mais si le demandeur n'êt presenté dans la huitaine, l'adjourné obtient deffaut, & congé pour le profit *duquel en premiere instance* il est *renvoyé quitte ab observatione judicij*, *b* & on ne peut plus revenir par nouvelle action, *c* sans refonder les depends, appellez pour cela *præjudiciaux*, & quoyque le demandeur qui ne s'êt presenté dans les 3. jours aprés l'assignation ne puisse plus obtenir deffaut neanmoins le deffendeur ne le peut obtenir contre luy s'il s'êt presenté avant qu'il l'aye pris, & fait lever.

Revenant au deffendeur il est condamné sur le profit & utilité du troisiéme deffaut selon les requisitions de sa partie, il faut pourtant sçavoir que l'on ne juge jamais sur les deffauts obtenus pardevant un Commissaire du Senat quoyqu'il puisse sur iceux passer outre à ses formalitez, ce qui est aussi observé en France au dire de Depeysse, ou le defaillant n'êt point condamné sur des contumaces, & forclusions, suivant l'Ordonnance de François I. & d'Henry III. sinon que ce fut pour dépens, ou execution de jugement sur salaire, medicamens, alimens, dote, extraction de titres, inquants, inventaires, évocations, ou retentions de cause; il y a plusieurs choses changées par le Code Louïs en France, auquel l'on se tient à present.

Voyez le Code Louis

Des faits de concomitance.

d *Sal. art. 8.*

L'On juge en Savoye pour le profit d'un second deffaut quand il y a titres, sans necessité defaits qu'on nomme de *concomitance*, *d* parce qu'ils accompagnent, & font valoir les productions. Le defaillant n'êt oüy en France sans refonder les dépends, suivant Masuere.

Maniere de contumacer le mineur, qui

Que si celuy qui est mineur, & qui a été adjourné ne se veut presenter, ny nommer curateur, on le contumace ſur trois deffauts, pour le profit deſquels on luy fait établir curateur d'office pour continuer avec luy la formalité. *a* il fut ainſi obſervé à mon rapport entre Favre fermier de Chyſery, & les heritiers du feu Sieur Abbé Scot, *b* comm'auſſi dans diverſes hypotheſes du depuis.

ne veut nommer curateur.

a *Fab. d. f. 33. C. de inaic.*

Exemple.

b *Arr. du 15. May 1671.*

Quant aux Prêtres qui ne comparoiſſent pas, ils ſont condamnez aux dépens pour la déſobeïſſance, & mépris au Iuge devant lequel ils ont deu alleguer l'incompetence ſur tout quand ils cachent doleuſement leur privilege, & qu'on la peu ignorer, *c* étant du devoir de chacun au dire de Depeyſſe, & de Philipi de comparoitre, quand même l'on ſeroit ſans interêt.

Maniere de contumacer les Clercs.

Ils ſont punis des dépends s'ils taiſent par dol leur privilege.

c *c. 2 & c. ſi diligenti de foro comp.* [illegible] *Charſ*[illegible]

CHAPITRE V.

Des preſentations, communications, & conteſtations en jugement.

LORSQUE les parties comparoiſſent reſpectivement, (ce qu'elle doivent faire par Procureur deuëment conſtitué avec acceptation de luy, ou de ſon Subſtitut nommé au Greffe ſerment, & election de domicile, *a*) c'êt au demandeur d'établir ſon intention autrement *reus vinceret per non jus actoris*, b & non ſeulement les parties ſont ouyes en jugement quand elles ſont aſſiſtées de leurs procureurs; mais encore le procureur ſans elle, lors qu'il eſt muny de procure luy ſuffiſant de l'énoncer par an jour, & Notaire ſi ell'eſt generale, *c* ſauf que la partie en demandât communication; mais ſi ell'eſt

Maniere de ſe preſenter.

a *l. 1. & 2. de procur.*

b *l.* [illegible]

Comment on eſt ouy en jugement.

Des procures.

Les procuration *ad negotia*, & speciales doivent être produites.

ſpeciale, ou *ad negotia*? il la faut toûjours produire, & même communiquer ſi c'êt au Senat?

Que ſi le procureur ſoûtenoit des faits, ou faiſoit des declarations ſans procure ſpeciale tout cela ſeroit rejeté, *a eſt enim dominus litis non cauſæ.*

Du ſerment du mineur.

La conſtitution faite avec ſerment par un mineur n'ayant curateur eſt valable, *b* & tous procureurs peuvent être revoquez *rebus integris*, il en faut à même temps conſtituer un autre afin que les formalitez ne ſoient illuſoires. *c*

Des revocations de procureurs.

Du jurement de la calõnie.

Il falloit prêter le ſerment de calomnie par le droit Romain avant qu'entrer en procez, lequel étoit *de re defendenda, de re judicata, & de dolo*, *d* mais il ſuffit aujourd'huy en Savoye d'aſſermenter les ſoûtenemens, & exceptions, *e* ny étant pas même demandé caution de payer le jugé ny ordonné, qu'à l'égard des étrangers, qui l'exigent des Savoyſiens, elle n'êt non plus ordonné en France contre ceux du Royaume, *f* ny à nôtre égard en la pluſpart des Cours de Iuſtice, de ce grand Empire.

De la caution de payer le jugé.

De la preſentation des parties.

La preſentation doit être miſe au Greffe, & ſigné par le procureur qu'il faut conſtituer avec election de domicile, *g* & même s'il veut pour plus d'aſſurance avec ſerment.

Eſtant à remarquer que les preſentations miſes en vertu de ſimples letres miſſives ne ſont receuës au Senat, ainſi qu'il fut deliberé l'an 1671. Chambres aſſemblées, *h* moy preſent, ce qui eſt obſervé pour éviter les antidates, & les fraudes. Les procureurs doivent declarer le lieu ou demeurent ceux pour qui ils ſe preſentent, & l'an, & jour des procures. *i*

Le conſort ſe preſentant pour l'autre, il n'empéchera

a *Bart. in l. ſi. filiusfam ff. de donat. Maſuer ſtil art* 13.

b *Auth ſacramenta puberũ* Cod. *ſi adv. vend.* [illegible] *Papon*

c *l. ſi defunct. de procur.* v. y le recueil en pratique de *M. Favre c.* 7.

d *tot. tit. de in lit. iur.*

e *Stil art* 29.

f *Bugnyon ſes loix abrog. l.* 1. *c.* 3. *Rebuff. in proœm. Depey.*

g *Bart. in l.* 4. *de dam. infecto Mr. Favre en ſa pratique chap.* 4.

h *Arr. du* 21. *Avril* 1671.

i *Stil art* 313. *Arr. du* 13. *Ianv.* 1568.

pas deffaut s'il n'a eu mandat pour cela, ou s'il n'êt advoüé, *a* par son compagnon, autre est des actes du procez dés qu'il est noüé.

a l. sed & hæ, ff. de procur.

Le mary le peut pour sa femme avec promesse d'aveu, *b* & comme la ratification fait voir la presentation mise pour un autre, de même le procureur qui étoit absent lors qu'il a été constitué peut accepter aprés la constitution qu'on a faite de luy, enfin si le procureur constitué meurt, on se pourvoit au Iuge pour obliger la partie d'en constituer un a sa place, *c* auquel on n'êt pas même obligé de recommuniquer si on ne veut, sauf qu'il y eut un long-temps d'écoulé, que si la partie ne satisfait pas ? on la contumace en concluant au fonds sur les deffauts si l'on veut, lesquels étans bien obtenus, & entretenus ? il y a lieu de passer outre, ainsi qu'il a été fait à mon rapport diverses fois même en Iuin 1674. les Chambres assemblées, il est aussi loisible de revoquer son procureur *re integra* pourveu qu'on en établisse un autre, & non autrement, *d* étant necessaire d'intimer à la partie la constitution nouvelle, & la revocation du premier procureur, faute dequoy la formalité continuée avec luy seroit valable tout de même que s'il n'avoit été revoqué.

b l maritus de procurat.

De la constitutiõ de nouveau procureur.

c l 15. 16. & 17. de procur. Mr. Favre en son recueil de pratique.

Formalité en cas de contumace pour ce que dessus.

De la revocation de procureur.

d l. si defunct. de procu. Fab. in prax c. 4.

Des communications, & productions.

Le demandeur ayant étably son intention par des titres ou autrement, il commine sa partie d'y répondre qui peut prendre communication des titres & expedition du procez, on achemine les procedures par advis au Senat, ou par appointemens, & s'il y a des Commissaires on fait rendre des Ordonnances, étant à noter que le temps des advis ne commence que dés leurs significations, il fut ainsi reglé a mon rapport Chambres assemblées en la cause d'un Sallier, & d'une Estiot par Arrêt servant de regle-

Voy la pratique de M. Favre.

Des advis, & autres apointemens.

Préjugé notable.

a Arr. gen. du 16 Sept 1668.

Des Commissaires pour infirmations d'advis.

De la contestation judicielle.

ment, *a* ceux qui veulent empêcher l'effet des advis y doivent dissentir, & demander Commissaire pour en playder le dissentiment, ce que ne faisant dans trois jours utils ils valent autant qu'un Arrêt. Les Ordonnances ont pareil effet, si on n'en appelle pas, dés que la contestation est noüée, (ce qui se fait lorsque le Iuge a prononcé sur la demande, & deffense des parties, *b*) châcun peut dire ce qu'il veut pour son interêt, & quoyqu'il faille communiquer, & produire devant le Senat à la difference des subalternes ou l'on communique seulement, neanmoins lors qu'il y a des titres que l'on craint de perdre, ou qui contiennent de choses hors du procez, l'on les produit seulement, il est vray que l'on en donne copie à la partie si elle la desire, *c* aux dépens du produisant, au lieu que les autres expeditions sont faites aux frais de ceux qui les demandent.

b l. 1. C. de lit. cont. c. un. eo l. Imò inst. for. l. 1. c. 14. Chenu cent. 2. q. 96.

Difference du Senat, & des inferieurs touchant les communications.

c Arr. gen. du 14. Mars 1560

Maniere de faire les communications.

Les communications se font par inventaires, & sont portées dans la banche des procureurs ausquels elles sont faites, qui les doivent rendre dans celles des procureurs, de qui elles sont provenuës, & s'ils dilayent de le faire ils y sont contraints par amandes, & quelquesfois par emprisonnement, *d* s'il y a une desobeïssance affectée.

De la restitution des pieces & parcelles.

d Arr. gen. du 21 Iuil. 1565. inseré au stil.

La même chose s'observe touchant les parcelles desquelles il sera parlé ailleurs. Celuy qui reçoit les communications s'en charge au pied des inventaires, & fait rayer son *habui* en les rendant, que s'il refuse de recevoir la communication offerte on la luy fait presenter par Huissier.

On peut employer un titre contre celuy qui la produit.

Les choses faites en jugement ont tant de poids, & de force, que le produisant ne peut pas empêcher que sa partie ne se serve de sa piece, si elle luy est favorable par quelque

quelque endroit, & quelque protefte qu'il ait faite, *a* il la peut neanmoins reliberer la chofe étant en fon entier, comme remarquent Depeyffe, Imbert, & Guy Pape.

a Imb. en fes inft. for. l. 1. c. 47. Guid. Pap. q. 143. Mornac.

CHAPITRE VI.

Des delays, feries, & vacations.

QVOYQUE l'interét public infpire la brieveté des procez neanmoins la prudence deffend d'en precipiter la conduite *melius enim eft peccare in tempore quam in re*, & comme il faut des intervalles aux plufieurs pour refpirer des fatigues qui les accablent, l'on a introduits les delays pour éviter la precipitation, qui eft l'écueil de la Iuftice, & les feries, & vacations pour le foulagement des perfonnes employées au miniftere de la Iuftice; mais principalement pour laiffer le loifir à tous de fervir Dieu en certains jours, & cueillir les fruits de la terre dans des autres.

Caufes des delays, & des feries.

Or comme il vaut mieux pecher au temps qu'à la chofe, le Reglement accorde un delay au deffendeur, & deux, s'il y a quelque caufe qui l'exige ainfi, *a* il peut méme obtenir un troifiéme delay pour caufe urgente fur la requéte, *b* par luy prefentée au Iuge, comme auffi pour faire appeller fon garend, *c* quant au demandeur il ne devroit obtenir aucuns delays, parce qu'il doit venir [illegible] *paratus*, comme difent nos praticiens, cependant il en tient quelquesfois autant que fa partie, à quoy les [illegible] ternes doivent prendre garde parce que le ftil, *d* leur [illegible]

Des delays.

[illegible]

V

Inconveniẽs des dilations. *ac preterea de dilat. vbi glos. Masuer. des delays.*

les mains, & qu'un delay accordé injustement, & avec trop de facilité peut porter un prejudice irreparable, *a* le temps perdu ne revenant plus, ny quelquesfois l'occasion favorable, & comme dit le Poëte,

Nec quæ præteriit cursu revocabitur unda,
Nec quæ præteriit hora redire potest.

Il faut ouyr la partie pour donner delay.

Les delays ne doivent point étre accordez sans ouyr la partie interessée sauf ceux de produire, & autres qui n'emportent que deux ou trois jours afin qu'elle puisse opposer des forclusions s'il y en a, & de ses autres raisons, qu'un delay precipitement donné pourroit couvrir.

Comment on accorde les delays.

Les delays sont accordez, ou par decrets sur requêtes, ou par Ordonnances, les parties les peuvent prendre par advis, ou appointements rendus de leur consentement, ou passez en jugé quant aux advis, ce qui arrive aprés trois jours utils de silence selon l'usage du Senat, y ayant un Arrêt general qui deroge à l'article du stil, qui n'accorde qu'un jour pour dissentir, & relever le dissentiment, c'ét à dire presenter requéte, & plaider devant le Seigneur du Senat qui est commis.

Maniere de s'opposer aux delays.

Lorsque la partie veut empécher le delay demandé elle en doit declarer les raisons, ou plaidant, où par sa réponse sur la signification de la requête, sans en presenter de sa part comme font quelquesfois certains praticiens mal à propos, que si la partie ne répond pas ? le Senat est en coutume de pourvoir selon ce qu'il juge raisonnable sans ordonner de faire réponse, & comme ce Magistrat clairvoyant en toutes choses veut éviter les suïtes injustes dont les delays sont les instruments, il declare presque toûjours que le delay commencera dés la presentation de la requéte de celuy qui la demande, & souvent que c'ét

Precautions du Senat pour éviter les delays injustes.

ſans eſpoir d'autre, & ſans plus y revenir, ſans quoy les procez n'auroient jamais fin, & la chicane iroit en Triomphe au lieu qu'elle doit être l'horreur, & l'abomination des gens de bien.

Outre les delays particuliers que le Iuge donne de ſon chef: nous en avons des generaux que la loy, & les Edits ont declarez, que nous appellons feries *à feriendis victimis*, parce qu'ils étoient accordez plus particulierement pour la liberté des ſacrifices, tous actes de juſtice contentieuſe, *a* ceſſent au civil, & tous delays d'enquêter, & autres ſont ſurcis; elles ſont où à l'honneur de Dieu, ou du Prince, ou pour la recolte des fruits de la terre, & ſont diviſez *in ſolemnes & repentinas, & dicuntur ratione fori, iuſtitium quod jus ſiſtant.*

Des delays de la loy appellez *feries.*

Qu'eſt ce que *feries.*

a l. dies feſtos c. de fer. & dil.

Sujets des *feries.*

Ce mot de *feries* eſt uſité preſque dans toutes ſortes de relâches d'occupations publiques, meſme parmy les Eccleſiaſtiques, & dans l'école, & ſon etymologie fait voir qu'elles regardent particulierement le repos, lequel Dieu, (pouſſé par une compaſſion des travaux humains) à inſpiré aux hommes comme aſſure le divin Platon, *b* particulierement aux gens de juſtice en les faiſant jouyr d'une honnête oyſiveté.

Application du mot de *ferie.*

b Plato 2. de legibus.

———Corpora duris
Feſſa miniſteriis mulcens, reparanſque labores.

Mercure qui ſignifie le travail eſt aſſocié avec Paſithée femme du ſommeil, & les Trœſéviens dreſſerent jadis un Autel commun aux Muſes, & au ſommeil pour montrer que la fonction des letres veut du relâche, ſur tout pour rendre à Dieu l'hommage que nous luy devons, *vita enim ſine feſtivitatibus longa eſt via ſine diverſoriis* dit *Stobæus.* c

c Stobæus ſermone de avaritia.

Ce ſouverain Createur de l'univers à luy méme voulu

a Gen. 2. choisir un jour pour son repos, qui fut celuy du Sabath, a aprés avoir travaillé à tant de merveilles, qui le composent non pas qu'il en eut besoin étant infatigable ; mais pour montrer que le repos est legitime, & indispensable.

Division des jours. b Macrob. l. 1. saturnal. c. 16. c Varro. l. de lingua latin.

Or comme les feries sont composées de certains jours il faut sçavoir que les jours furent divisez par Numa, *in festos, profestos, & intercisos*, b *erant etiam dies agoniales*, c *intercisi subdividebantur, in fastos (in quibus fas erat certis horis ius dicere) & nefastos quando non licebat fasti autem dicti à fando unde Ovidius.* d

d Ovid. l. 1. fastor.

Des fêtes du paganisme, & des Hebreux.

> *Nec toto præstare die sua jura putaris,*
> *Ille nefestus erit per quem tria verba silentur,*
> *Fastus erit per quem lege licebit agi.*

e Levit. 23. f Exod. 23. Ioseph. l. 11. c. 4. g Ovid. 2. fast.

Les Hebreux ont eu diverses feries & fêtes, comme celles de l'expiation, des palmes, des tabernacles, des langueurs d'Egypte, e soit de leur memoire, du Sabath, & de la dedicace du nouveau temple, f les Payens observoient les lupercales, les quirinales, g les targelies, robigalies, lemuries, & les plynteriades, & plusieurs autres festes superstitieuses.

Des fêtes de l'Eglise Catholique. Leur divisiō.

L'Eglise de IESUS-CHRIST dont la conduite est infaillible, solemnise avec une sainteté extraordinaire les jours du Seigneur, & de ses Saints, quelle divise en fêtes mobiles & immobiles, elles sont bien souvent precedées de jeûnes & d'abstinences, l'on a subrogé au sabath des

Du Dimanche.

Iuifs le Dimanche, en memoire de la Resurrection de IESUS-CHRIST parce qu'elle a été le ciment de la Foy, & le

h c. quoniam de consecr. d. 3.

principal sujet de la joye de toute l'Eglise. h

Les fêtes doivent être observées, lorsqu'elles sont de commandement par une necessité indispensable, *dies festos*, dit saint Ignace, *nolite inhonorare*, i & saint Gregoire

i S. Ignat. ep. [illegible]

de Nazianze, *a* parle en ces termes, *nos festos in honorem Martyrum veritatis celebramus ut quorum certamina veneramur, eos quoque imitemur.* La veneration des fêtes n'êt pas mal persuadée par le châtiment qu'Ovide dit avoir été exercé contre Penthée, & les filles impies de Minée, *b* & rien n'explique mieux les veritez, que le sens moral de l'invention ingenieuse des fables.

a Grege. Naz. lib. de pauper. aman.

Fables des M[illegible]. *b Metam. [illegible] fab. [illegible]*

L'On a veu instituer des fêtes à la naissance des Grands, comme on fit pour celles d'Adrian, *c* & de Cajus, avec des jeux aussi bien que pour Auguste, jusques-là que les Atheniens celebroient le jour du retour de Thesée, aprés la deffaite du Minotaure, *d* nous celebrons tous les ans en Savoye avec des feux de joye, bals, salves, & autres réjouyssances les jours des naissances de S.A.R. de M. R. & de Monseigneur le Prince de Piedmont, qui composent la maison Royale de Savoye.

Des [illegible] en faveur des [illegible]. *c [illegible] in [illegible].*

d [illegible] in [illegible].

Les feries que nous observons outre les jours fêtez, sont au temps de Pâques, dés la veille des Rameaux jusques au lendemain de Quasimodo à Noël, dés le 20. Octobre jusques au 8. Ianvier, il y a aussi quelques jours à Pentecôte, aux Rogatiôns, & à Carnaval, &c.

Feries observées au Senat de Savoye. Leurs temps.

Les feries de vandanges durent dés le treize Septembre jusques au quatorze Novembre suivant, & celles de Moissons (établies depuis peu de temps) commencent au premier Iuillet, & finissent le lendemain de la fete de Sainte Magdelaine, & comme elles sont données pour recüillir le bled, & le vin & non pas purement *in honorem Dei*, le Senat par Edit à pouvoir d'entrer certains jours pour les affaires criminelles, & y ordonne jusques à la torture quand même il n'y auroit que deux Iuges. *e*

De la Ch[illegible] [illegible] *e [illegible] l'arr. de 1583.*

Il n'agit pour lors que sous le nom de *Chambre crimi-*

nelle, & non sous celuy du Senat ; mais pourtant sans appel, comme aux autres temps.

Les feries suspendent toutes formalitez civiles.

Quant aux affaires civiles, *a* les feries en suspendent les formalitez, & tous delays d'enquêter, & autres y sont surcis, afin de laisser recuëillir les fruits de la terre, & respirer les plaideurs. *b*

L'On peut pourtant recevoir dans la Chambre criminelle les appellations comme d'abus, *c* ainsi que j'ay veu faire en faveur de Messire Rosier Curé de Barberaz.

a l. dies festos C. de fer. & dilat. b Arrest en contenant regl. du [illegible] Avril 1580. [illegible]

CHAPITRE VII.

Des recusations, & unions de voix.

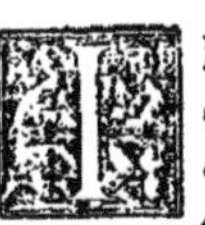

IL y a des cas ou le Iuge est naturellement competent ; mais ausquels il ne doit juger par des raisons accidentelles, en cas qu'il les cache, ou qu'on les represente, par des voyes qu'on nomme recusations. *a*

Forme des recusations.

Or comme aujourd'huy tous Iuges peuvent être recusez, il faut en proposer les moyens en forme, & toûjours avec des termes honnêtes, & respectueux en protestant qu'on ne doute point de l'integrité du Iuge ; *b* mais que c'êt pour la conservation de son droit, & pour éviter tous soupçons, le Senat ne peut jamais être recusé en corps, *c* non plus qu'aucune Cour en France, comme remarquent Rebuffe, Bouvot, & Depeysses.

Le Senat n'est jamais recusé en corps.

L'On ne peut nullement aussi recuser le Prince, lorsqu'il veut juger, parce que personne n'êt au dessus de luy, com-

a Maynard l. 1 c. 87. [illegible] l'avis d'Auriac. *b Stil art. 174.* *c Stil art. 181.*

me a remarqué la Roche dans ses parlemens, *a* & c'êt la raison, qui empéche de recuser les corps Souverains, qui le representent, du moins comme corps, quoyqu'on puisse recuser tous les Iuges en détail, & separément lors qu'il y a cause.

a La Roche en ses parlem. l. 13. c. 56.

Celuy qui voudra recuser le Iuge ordinaire inferieur, luy doit presenter requête dans laquelle il en exprimera les causes, & les moyens, & cela avant la contestation, si faire se peut, *b* lequel pourra juger, s'il est recusable, & ordonner s'il ne l'êt pas, qu'il passera outre sauf à celuy, qui le veut recuser d'en appeller, s'il le croit juste, auquel cas le Lieutenant en la judicature pourra juger nonobstant l'appel, & sans prejudice. *c*

[illegible] recuser.

b Stil art. 174. Maynard l. 1. c. 95.

c Stil art. 176.

Quant a MESSIEURS du Senat on n'êt point reçu a les recuser, aprés le plaid contesté, si l'on se tient à l'ancien statut de çe païs. *d*

d Stat. l. 3. c. 128

Il faut que la requête presentée pour le faire soit respectueuse, *e* & signé par la partie, si elle sçait écrire, & encore par un gradué, *f* n'y ayant rien de si important à la reputation des Iuges, à l'acceleration de la justice, & même à l'honneur du Senat, que d'éviter ces subterfuges, qui souvent privent les bons Iuges de leurs fonctions, & font appeller des étrangers pour exercer leurs employs, au grand prejudice de ceux qui playdent, qui ont interêt d'étre jugez par MESSIEURS du Corps leurs Iuges naturels, qui sont remplis de lumieres, & d'une experience, qu'il est bien difficile d'acquerir allieurs. C'êt ce qui a fait ordonner des amandes touchant les frivoles, & injustes recusations en plusieurs endroits de nos Reglements, *g* desquelles il seroit bien de ne se dispenser pas.

e Stil des recus. Rebuff. in tract. de recus. [illegible] Annot. de la Roche.

[illegible] recusations [illegible] Messieurs du Senat.

f Ranch. [illegible] Maynard [illegible] reglem. [illegible]

Peines des recusations [illegible]

g Stil art. 179. [illegible]

I'advouë aussi qu'il seroit cruel d'étre jugé par sa par-

Raisons des recusations.

tie, ou ses proches, & par ses propres ennemis, je sçay bien qu'il est moralement impossible qu'un Chrétien prévarique volontairement en jugement, eu égard que les plus barbares nations ont affecté la fermeté, & l'honneur en matiere de jugement, & que ceux qui jugent seront jugez, *judicantes judicabo* dit le Seigneur, toutefois la loy des sens, dont les Saints même ont reçu les atteintes, peut offusquer celle de l'entendement, & masquer par des apparences trompeuses du bien, ce qui ne l'ét pas dans sa nature, en sorte que celuy qui ne peche pas par malice, le peut faire par l'aveuglement de son esprit prevenu: Ce n'ét pas donc un bien mediocre dans la justice que de pouvoir éviter les Iuges suspects.

Forme de jugement de recusation.

La recusation étant deuëment proposée, & sur des raisons pertinentes, on montre la requête au Procureur general, au recusé, & a la partie si c'ét au Senat, & aprés les réponses, & conclusions, le Senat ordonne comme il croit juste, ou *que le Sieur recusé assistera*, ou bien *qu'il s'abstiendra*: On ne montre qu'au fiscal, ou procureur d'office lors qu'il s'agît de recuser les subalternes, & à partie, & quelquesfois les Iuges s'abstiennent d'abord lors qu'ils en ont des fortes raisons.

Ceux qui sont recusez peuvent juger les recusations des autres.
a [illegible] de l. [illegible] qui in sua [illegible] tit. des recusations.
b Edit du 16. Juin 1606.
b Et la distribution du procez peut empecher les recusations.

Ceux contre qui il y a des recusations proposées, & méme qui sont recusez peuvent juger celles des autres, a & il est deffendu par les Edits de recuser un des Messieurs du Senat s'il y a huit jours d'écoulez, dés la distribution du procez, *b* parce que les parties n'ignorants pas que tous ne soient Iuges necessaires; elles devoient recourir dans le temps pour les recuser.

Que si le sac a été ouvert il n'ét plus temps d'en recuser les Iuges, sinon qu'il y eut nouvelle cause, ou qu'elle fut

fut venu de nouveau à notice, *a* ce qu'il faut declarer avec ferment, lequel devroit être prêté entre les mains du Iuge ou Commissaire afin qu'étant plus solemnel on eut moins de facilité de jurer, ce qui ne serviroit pas peu à l'avancement de la justice.

a Stil au tit des recusat. Exception de ce que dessus.

Or comme il y a quelques causes de recusation dans le registre du Senat, dont plusieurs n'ont entiere connoissance faute d'être imprimées, je les deduiray fidellement, & sans alteration aucune, du moins les principales. Elles sont, premierement si le Iuge est parent de la partie, contre qui on plaide, jusques au quatriéme degré iceluy compris, *b secundò*, s'ils sont alliez l'un à l'autre au troisiéme degré, iceluy inclus dans le premier genre d'alliance, *tertiò* si le Iuge à pareil procez que celuy ou l'on le veut recuser, *quartò* s'il est compere de la partie (cause à la verité qui finit dans trois ans à commencer dés le jour du baptéme, sinon que le fillieul fut decedé,) *c quintò* l'on ne peut étre Iuge, bien moins rapporteur, de son domestique, inquilin, taillable, *d* & detteur de somme notable, (ne suffisant pas de l'étre de servis, dixmes, & autres prestations annuelles,) *sextò* le Iuge qui a été conseil ne peut juger la méme cause sans prevariquer, comme remarquent Rebuffe, & Berger, le méme est s'il y a été témoin, *e septimò* les peres, freres, beau freres, oncles, beau-peres, & néveux de quelque Religieux, ne peuvent point juger les procés de la maison ou il est de famille, & de residence, *f octavò*, l'ennemy ne peut juger son ennemy, *g* & le rapporteur, ou enquêteur est plus facilement recusé qu'un autre Iuge ainsi qu'assurent Maynard c.40. l.1. & Mr. Favre.

Causes de recusation couchées dans le registre secret du Senat.
b l. 4. ff. de in ius voc. Cuiac. en ses pandectes l. 4. D. 2. c. 5. la Roche l. 13. Maynard, Debeysse.
c Edit de 1606 au stil. Regl. ... registr. secret du Senat.
d Edit du 16. Fev 1576 art. 21. inseré au stil art. du 12. Mars 1661.
e Fab. def 21. C. ne quis in sua caus. Rebuff in tract. de recus. art. 9. la Roche l. 1. Deverse des recus. exc. insinuante de offi. ... leg.
f Arrest ... instr. music. l. 2 ... Char la Roche Dep. Cause de recusation.
g R el. des recus. au registre du senat.
h Rebuf. de recusat. art. 9. glos.

Les procés, qui sont entre les parties, & les parents du Iuge, ne donnent point lieu à le recuser, s'ils ne sont au premier, ou second degré, & jamais ceux, qui sont avec ses parents, & ceux des parties. *a*

Que si le procés sur lequel la recusation qu'on poursuit a été intenté seulement aprés celuy dont il s'agit, ou s'il n'a été dés long-temps poursuivy, quoyqu'il fut commencé auparavant, il ne donne aucun sujet de recusation, *b* & jamais la cause qui sert à une des parties ne peut être proposée par l'autre, sauf en cas d'incompetence, *c* ny le Commissaire a faire enquete être recusé, dés qu'il est en chemin, & méme à cheval pour le fait de sa commission. *d*

a [illegible]
b Enregistré au registre du Senat.
c [illegible]
d [illegible]

De l'union des voix de Messieurs du Senat.

Outre l'exactitude, qui est observée au Senat, (pour óter tous soupçons aux parties, en leurs levant les Iuges suspects) il y a l'union des voix des parents, & alliez en certains degrez, qui a la verité ne seroit pas necessaire de la maniere qu'on y vit; car j'y ay vû plusieurs fois ceux dont les voix sont unies étre de differente opinion, ce qui fait connoître la ponctualité du Senat, & que la proximité, & le sang, inviolables par les loix civiles, n'ont point d'effet dans cette Cour celebre, ou tout se conduit par les principes de la verité, de la Iustice, & de la raison.

Exactitude du Senat.

Cette union étoit cy-devant assez étenduë; mais elle fut reduite aux premier, & second degré, par Edit donné à la reception de Monsieur le President Gaud, pour lors Patrimonial en Chambre, Homme de probité, & de merite, & qui a toûjours baillé des marques sensibles au Prince, & au public de la bonté de son ame, & de l'integrité de sa conduite.

Eloge de Mr. le President Gaud.

Les recusations des Seigneurs du Senat, doivent être prouvées sommairement, & ne le sont jamais par publication de Monitoire, afin que la malice des parties ne le leur

Il n'est pas permis de publier monitoire pour recuser ceux du Senat.

inspire plûtôt pour offenser la reputation du Iuge, que pour l'interêt de leur cause. *a*

Il faut icy remarquer, que quoyque le Procureur, general, *b* ne puisse point étre recusé en France, on peut recuser en Savoye, non la charge mais les particuliers, qui la remplissent s'il y a cause, ils se peut aussi en France lors qu'ils sont joints a une partie civile, comme remarquent Loüet, & Depeysses. Chenu fait quelque difference touchant les substituts du Procureur general, les fiscaux, & procureurs d'office, *c* en cas de recusation, ainsi qu'on verra si on le veut lire.

L'Incompetence, (dont nous avons parlé en la premiere Partie) nait du Iuge de la partie convenuë, du temps, ou de la chose demandée, & quoyque le Clerc ne puisse couvrir son privilege par aucun deffaut, il le doit venir alleguer en personne, *d* faute dequoy il est condamné aux dépens par son Iuge, suivant ce qu'en disent les Docteurs. *e*

Le Senat est Iuge competent en dernier ressort, de tous les Estats de S. A. R. deçà les Alpes, & méme de la Valdaoste par election, de ceux qui appellent. Il y a quelques matieres reservées à la Chambre des Comptes, concernant les Finances, & le domaine du Prince; mais il ne connoit en premiere instance, que des sommes qui excedent 400. écus, sinon qu'il y eut des raisons pressantes, ou que ce fut dans les cas de la modification de l'Edit de Nice, ou autres reservez par les Edits, & Reglements, il dépend de sa prudence de renvoyer, ou retenir les macieres criminelles, y ayant des cas tant au civil qu'au criminel desquels nul ne connoit que le Senat, par exemple des apels d'abus, des graces & lors qu'il s'agit de letres étrangeres, comme il est porté au 29. article du stil.

a Arr. gen. du 30. Iull. 1610. inseré au registre du Senat en forme de reglement.

b *Loüet lett. P c. 39. le Prestre cent. 1. c. 33.*

Si on peut recuser le Procureur gener.

c *voy Chenu en so regl. tit. 14. c. 92. Boyer q. 218 & Dep. des recus.*

De l'incompetence. Ses causes.

d *Papon en ses arr. tit. 7 [illegible]*

e *Fav. q. 7. n. 16 Decius cons. 141. Covarr. var. res. c. 11.*

Le Senat est Iuge competent dans tout l'Etat de ce qui n'ét reservé.

voy le statut, voy arr. du 29. Iull. 1660. Edit de Nice du 11. Fevr. 1[illegible] & modific. art. 28. [illegible]

X 2

De la iurisdiction des inferieurs.

Quant aux subalternes châcun à ses connoissances, & sa sphere, étant permis à tous Iuges de faire executer nonobstant opposition, ny appel, jusques a 40. florins en matiere d'alimens, medicamens, & en matiere de dote, confection d'inventaire, & refection de ponts, en baillant caution touchant les alimens, dote, medicamens, *a* & cela par provision, *b* car il n'êt loisible qu'aux Iuges Ducaux d'executer, nonobstant opposition, & appel leurs sentences definitives encor jusques à 25. florins seulement en actions pures personnelles, ou en garnison de main, en baillant caution, le même est des jugements donnez par contumace. *c*

a *Voy art.* 123. *du stil qui adionte les sent. du possess. des benefices.*
b *Stil art.* 125. En quoy ils jugët nonobstant opposition, & apell. Les seuls Iuges Ducaux executent difinitivement nonobstant oposition & apel.
c *Stil art.* 126. & 127.

CHAPITRE VIII.

Des exceptions, & deffences.

Comme le demandeur doit établir sa demande, le deffendeur doit aussi fonder ses exceptions, *quia in exceptione reus est actor, allegantisque probare est.*

Nous avons parlé cy-devant des exceptions, & de leurs especes, *a* comm'aussi du temps de les proposer, particulierement celle du renvoy, qui se couvre par le moindre acte, je n'en rediray pas icy le détail, seulement je feray observer au Lecteur, qu'il faut aller à toutes fins devant le Senat, en cas de declinatoire, *b* lequel peut passer au fonds quand la matiere y est disposée, ainsi qu'il fit moy étant des Iuges, pour une Damoiselle Passin Comtesse de Male-barbe contre une nommé Fege, d'Annessy.

a *Voy le chap. des actions ex cept. & interd.*
b *Art. gen. en forme de regl. du 11. Iuillet 1567. au stil.*

L'Exception de renvoy est differente de la recusation, & de l'incompetence, en ce qu'elle suppose le Magistrat étre Iuge legitime, & Superieur ; mais qu'on a droit de jouyr d'une premiere instance, ce qui est advantageux au deffendeur, tant pour la recherche de ses titres, que parce que ***mitius agitur coram inferioribus***, comme a remarqué le President Favre. *a* Il est vray qu'un seul deffaut couvre l'exception declinatoire, comme assure le méme Docteur. *b*

Du renvoy.

a vez Mr. Favre en son recueil de prat.
b C. Fab. def. ; de jurisd. om. judic.

Le Senat qui est fort ponctuel a la conservation du droit de châcun : examine les raisons des parties, & renvoit, ou retient selon qu'il l'estime juste ; aprés neanmoins avoir ouy Monsieur le Procureur general, comme interessé à l'ordre public, & aux jurisdictions. Il condamne méme souvent aux dépens celuy qui a requis injustement le renvoy.

Comment est procedé en declinatoires.

Lors que le Iuge competent n'ét pas son inferieur, il ordonne que les parties se pourvoiront ailleurs. Aprés que le demandeur a établi sa pretension, il touche au deffendeur d'examiner ses raisons, & le foible de sa cause, *ex parte persone, & actionis* ; si le titre est en forme, s'il n'y a point de prescription, de solution, de departement, & de confusion, si celuy qui demande a contracté, ou quasi contracté, ou bien s'il a droit universel, ou particulier de celuy qui la fait, s'il ny a point de condition, ou de temps reglé qui puissent suspendre l'action enfin comme le procez est une guerre privée.

Cas notable.

Du défédeur. Ses precautions.

Examen à faire de la preuve par le defendeur.

——(*Licet, & sine sanguinis haustu*
Mitia legitimo sub judice bella movere.)

Il n'y faut pas moins de vigilance qu'aux publiques, en evitant neanmoins les chicanes, & les injustes detours.

Des exceptiõs ordinairement opposées.

Les exceptions accoûtumées, & que les praticiens opposent (méme souvent sans fondement) sont *le deffaut de droit, da'ction, la prescription solution, le mal agir, la discussion, &c.* Lesquelles étant bien établies c'ét au demandeur qui devient deffendeur, en cette rencontre de les sauver lequel peut étre contraint à communiquer au deffendeur, pour fonder son exception. *a*

a l. ult. C de edendo.

Reglement nouveau pour faire expliquer les exceptions.

Anciennement les exceptions étoient opposées sans autre explication ; mais le Senat qui ne veut point de surprise ; mais la pure verité a ordonné par un reglement fait depuis peu de declarer les motifs du deffaut de droit quand l'on en oppose, *b* & de s'en expliquer dans les actes.

b Regl. du 6. Fevr. 1670.

Nul n'ét ouy sans interét. De l'exceptiõ du droit du tiers.

Enfin celuy qui agit ou qui deffend n'ét ouy en justice sans interét legitime, & jamais l'exception du droit du tiers n'ét admise si elle n'ét exclusive du droit de celuy qui agit, *c* tellement que si un autre avoit pouvoir d'empécher l'adjudication de la chose demandées il ne serviroit pas au deffendeur, sinon que cela fit naître un deffaut de droit, & une exception perpetuelle soit peremptoire, *d* ainsi fut jugé à mon rapport pour maître Masson d'Annessy contre une nommée Aymée Chapuis. *e*

c l. eam servit C de ser. fugit.

d Masuer. en sa pratique. Il se jugé.

e Arr. du 27. Iuill. 1673.

CHAPITRE IX.

De la reconvention, & des repliques, & changement de libel.

La raison permettant à chacun d'experir son droit, elle a admis en justice, non seulement les demandes & deffenses ; mais encore les repliques, dupliques, tripliques, & quadrupliques, qui font toûjours étre demandeür celuy qui s'en sert, & qui propose des choses nouvelles du moins quand il faut preuver ce qu'il advance quoyque au fonds le veritable demandeur soit celuy qui commence le procés, méme dans les actions mixtes, où tous deux sont demandeurs, & deffendeurs.

Outre cette maniere de contester observée dans le Palais; il y a un espece de demande qui est comme un surgeon produit par l'instance principale, que nous appellons reconvention, tellement que trouvant le plaideur en jugement, on luy peut faire demande d'une chose nouvelle avant la contestation, *a* que si c'ét le demandeur qui la forme? elle s'appellera demande additionnelle; mais elle ne change point l'état de la cause, *b* non plus que les interventions.

La reconvention à un merveilleux effet; car elle rend competent le lay sur le clerc, qui n'auroit peu renoncer expressément a son privilege, *c* si nous en croyons au President Favre, je voudrois pourtant quelque reserve, en méme égard, que le corps de sa definition n'ét pas si clair que l'epigraphe.

Quant au changement de libel il n'ét point permis aprés le plaid contesté, *d* quoyqu'on puisse le corriger, & méme y adjoûter par maniere de deffence. *e* La raison de cette adstriction est pour eviter *ne fiant de lites*, & *ne detur progressus in infinitum*, & encor afin qu'il n'arrive de la confusion dans les affaires du procez, où la verité doit regner aussi bien que la simplicité, qui est l'ame de la Iustice, & des Loix.

[illegible]

De la reconvention.

De l'[illegible] de a [illegible]

a Fab. [illegible] *C. de* [illegible] *quarum* [illegible] *fiat* [illegible]

b C. Fab. de [illegible]

c C. Fab. [illegible] *19.* [illegible]

En reconvention le clerc [illegible]

d Lest a C. de [illegible]

[illegible]

CHAPITRE X.

Des preuves, & premierement de l'instrumentaire.

Des soûtenements.
a stil art 19.
Cinq moyens de preuve.
b l. inis. C. de conf. ff.

IL ne suffit pas de soûtenir avec serment à forme du stil, ses raisons en jugement, *a* il les faut prouver par les voyes legitimes, qui sont cinq, les titres (appellez *probatio probata*) les témoins, le serment, la veuë & aspect de la chose, & la confession, par laquelle on est tenu pour condamné, *b* l'on y pourroit adjoûter la presomption ; mais ell'êt plûtôt une exemption de preuver, qu'une preuve.

Des titres, & expeditions d'iceux
Des extraits, & collations de titres.
c l'art 36. du stil n'en desire que avec l'intimais on est en coutume d'en attendre 3 qu'on ne signifie pas hors ville.

Les titres doivent étre en forme authentique, bien expediez, & si ce sont des extraits on assigne la partie pour assister à leur collation, aprés avoir obtenu commission pour cela, que si elle ne comparoit, on passe outre aprés 3. deffauts, *c* qui sont baillez par le Commissaire d'heure en heure.

Et quoyque la partie qui veut l'empécher oppose fins de non recevoir, on permet l'extrait, ou collation sans prejudice d'icelles, & sauf a la partie d'y assister, ou faire assister si bon luy semble, n'étant plus l'usage de fournir les frais de son voyage, ny de son procureur lors qu'il y en a sur les lieux pour l'excuser, ce que j'ay vû juger, ainsi plus de dix fois dans le Senat de Savoye.

d Guid. Pap. q. 439. C Fab. def. 11 d. prob. Font. sur Mas. e id. Gui. Pap.

Il y a des choses qui ne se prennent que par titres, comme les letres de clericature, *d* sinon que ce fut pour en preuver la perte, *e* les jugements selon le droit François, contre

contre le Chapitre *ficut 16. extr. de fent. & re iud.* & tous actes judiciaires, *a* on le peut en cas de perte des registres, où d'obmission selon Guy Pape, & Masuere, l'emphyteose n'êt aussi prouvée que par titres.

q. 474. Dura Depeysses.
a Masuer des preuves Pap. en ses arr. l. 9. tit. 60 art. 3.

L'Instrument public fait foy sans date, si l'écriture n'êt de son essence, aussi bien que l'écriture privée, selon Guy Pape, *quæst. 582. num. 2. & 3.* Ranchin & Ferrer. & la loy 34. *ff. de pignor.*

Si un titre preuve sans date.

Enfin tout ce qui est tiré des Archives publiques, *b* & souscrit par l'archiviste est authentique, il est vray qu'on cite la partie pour assister à la collation, Monsieur Favre veut que l'ancienneté du titre s'y recontre, *c* les inscriptions même des monuments font foy, aydées de l'antiquité, comme asserent Expilly, & Depeysses, nonobstant la loy *6. Cod. de religios.* parce qu'elle ne parle pas *in antiquis, & dubiis,* comme je fais presentement au cas proposé.

Ce qui est tiré des archives fait foy.
b Nov. 49. c. 2. auth. ad hæc Cod. de fid. instr. Depeysses.
Les inscriptions des tombeaux valent *in antiquis.*
c C. Fab. def. 61. de prob. Depeysses.

Que si le demandeur se fonde sur des écritures privées ? elles ne font aucune foy si elles ne sont reconnuës, ou par celuy qui en est l'autheur, ou par des experts, & parifications d'écriture, *d* étant à noter que sur un seul deffaut, les cedules portent hypotheque, *e* & sont tenuës pour reconnuës, tous Iuges seculiers en étant competans quant a la reconnoissance, *f* laquelle peut être receuë même avant l'echeance du terme, *g* parce que le deteur peut mourir avant qu'il arrive, & laisser le creancier en perte faute de preuve.

Des écritures privées, & de leur preuve, & reconnoissance.
d l. comparationes 20. Cod. de fid. instrum.
e stil. art. 140. Ferrer. et Ranchin ses commentateur M. Expilly tom. 1. par 3. stil. art. 140.
Tous Iuges sont competens en reconnoissance.
g [illegible] Depey. de la preuve par titr.

CHAPITRE XI.

De la preuve par témoins.

Cas de la preuve par témoins.

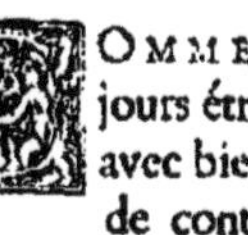

OMME les conventions ne peuvent pas toûjours étre couchées par écrit, l'on a introduit avec bien de raison la preuve par témoins en cas de contrarieté de faits qu'elle suppose regulierement, *a* n'y ayant que l'examen a futur, qui puisse étre fait sans contestation precedente, *b* il est vray que le stil de Savoye ordonne d'ouyr les témoins sur le champ, & sans figure de procez lors qu'il n'y a qu'un, ou deux faits, ou que la matiere est fort legere, *c* mais cela s'observe rarement.

a tot. tit. extr. ut lite non cōtest. non preced. ad test. recep.
b C Fab def. 1. de prob.
c stil art. 334.

La preuve par témoins est nommée enquête en matieres civiles, & information en fait de criminauté. Il y a cinq especes d'enquêtes, la premiere est appellée simplement enquête, la deuziéme l'enquête sommaire, la troisiéme l'examen a futur, la quatriéme l'enquete par tourbes, la cinquiéme celle qui se fait par preud'hommes, & experts quand il faut estimer quelque chose. *d*

d voy Despeysse des enquêtes art. 3.

Maniere d'apointer à enquêter.

Celuy qui veut faire enquêter fait rendre les appointemens necessaires, & aprés avoir obtenu Commissaire pour l'audition des témoins, il faut assigner sa partie, à heure, lieu, & jour certains, pour les voir jurer, & nommer adjoint, *e* suffisant d'assigner le procureur, suivant Rebuffe, & Ranchin, on assigne aussi les témoins pour deposer lesquels peuvent étre contraints à dire la verité, & même les

Assignation pour l'enquête.

e [illegible] tit. 17 nom [illegible] f [illegible] c. grad.

clercs par les lays en choses civiles, si nous croyons à ce qu'en dit Guy Pape, *a* l'heure de l'assignation étant arrivé l'on fait la contumace sur trois deffauts d'heure en heure Rebuffe, & Depeysse, se contentent d'un deffaut, ce qui ne s'observe pas en Savoye si la partie, ny son procureur ne veulent nommer adjoint, on le prend d'office, lequel prête le serment accoûtumé, & les témoins aussi, avant qu'on reçoive leur témoignage.

a *Guyd. Pap. q. 69.*

De l'enquête par contumace.

Que si la partie comparoit, & nomme adjoint ? on reçoit pareillement son serment, & celuy des témoins, aprés deuë representation de l'importance de cét acte de religion, & de la peine des faux témoins, l'adjoint tant d'office qui nomme par sa partie, *jure d'assister fidellement à l'enquête, & de n'en reveler le secret*, *b* le serment des témoins est *de deposer la verité de ce qu'ils sçavent*, étant a remarquer que les delays d'enquêter sont communs suivant le quarantiéme article du Reglement de Savoye.

De l'enquête en presence de la partie.

Forme de serment de l'adjoint, & des témoins.

b *Imb. inst. for. l. 39. n. 3. Pap. en s. arr. tit. des tesmoins.*

c *Io. l. inst. for. l. 1. c. 41. Mas. tit. 17. n. 10. c. venerabilis 52 de testibus.*

Il faut ouyr separément chaque témoin, *c* & rediger fidellement par écrit son nom, sa profession, son âge, & le lieu de son habitation, & son dire, *d* luy faire lecture, & explication des faits, considerer sa contenance, le bien examiner sur les circonstances, sur ses causes de science, sans lesquelles son témoignage est rejectable, *e* s'il est parent, detteur, compere, allié de la partie, s'il est interessé au procez, s'il est ennemy de celuy contre qui il est employé, & enfin l'interroger de tout ce qui peut le rendre suspect, & inutile, *f* (ce que nous appellons *generaux interrogats*,) que si l'adjoint (qui ne peut étre que gradué sauf en necessité indispensable auprés de Messieurs du Senat) *g* desire des éclaircissemens, il peut prier le Commissaire d'en interroger le témoin, pourveu qu'ils ne fassent pas

Maniere d'ouyr témoins.

d *Imb. en ses inst. for. liv. 1. chap. 41.*

Témoins suspects, & rejettables.

e [illegible]

f [illegible]

Des generaux interrogats.

g *Regl. [illegible] May 159[illegible].*

De interrogats à faire de l'adjoint.

l'enquête contraire, étant du devoir de l'enquêteur de chercher la verité sans affectation, ny complaisance, & si l'enquête est nulle par la faute du Commissaire, il la doit refaire à ses dépens, & pour éviter tels inconveniens il ne faudroit pas commetre les Greffiers, & Notaires, du moins en choses graves, *a* mais les Magistrats, ou graduez, suivant l'advis de la Roche, & de Depeysses.

a La Roche en ses arr. l. 2. tit. 4. [illegible] des enquêtes.

Des tourbes.

L'On peut ouyr plusieurs témoins en tourbe, ne faisant chàque tourbe qu'un témoin, quoyque moins reprochable, on est en coutume de l'ouyr par l'organe d'un de la troupe, lequel doit être, & les autres aussi repeté separément pour plus d'assurance.

La veritable tourbe doit être de dix, *b* quoyque souvent on la compose de moindre nombre, comme de sept, & même de six au dire du President Favre, *c* étant à noter qu'on ne peut entendre plus de dix témoins sur chàque article selon le stil, & le droit François, *d* les autres devant être rejetez suivant Rebuffe, & Depeysse, & toûjours les derniers, il fut ainsi jugé par le Senat a mon rapport entre Sieur Cudraz Curé d'Aymé *e*, & les Syndics du même lieu.

b [illegible] contra testes verbo [illegible].

c Mr. Favre en sa pratiq. c. 8.

d stil art. 17. C fab. def. 5. de testibus.

e Mas. tit. 17. n. 19 Imb. in-str. for. l. 1. c. 4[illegible]

Cas ausquels l'appel & la recusation n'arrêtent l'Enquêteur.

Et parce que bien souvent les chicaneurs attendent tard d'appeller, ou recuser l'enquêteur, cela ne l'arrête point dés qu'il est en chemin, & même à cheval, bien moins étant sur les lieux. *f*

f C Fab. def. 3. de iud. stil art [illegible]

De l'examen à futur.

Du committimus.

L'Examen à future memoire est une preuve extraordinaire qui est permise à cause de l'âge, des maladies, ou de l'absence des témoins, par le Chapitre *quoniam frequenter*, & se fait en vertu de lettres du Prince appellées, *committimus* prises en Chancellerie, *g* nonobstant opposition ny appel sinon qu'il y eut recusation, & étant à noter qu'avant

g [illegible] en forme [illegible] 12. Iuin 1574. au [illegible] conteſtation on y entend tous témoins ; mais dés le plaid conteſté, ſeulement les perſonnes dont il eſt parlé au Chapitre, *a quoniam frequenter* étant à remarquer que l'on peut ouyr un témoin un jour de fête, *b* mais non pas l'y aſſermenter en matieres civiles.

Cas notable. a *Fab. def.* 1. *C. de prob.* [illegible]

b *Guy. d. Pap.* q. [illegible] *Majn. des tem. n.* [illegible] 4. *C. Fab. def.* 8. *de teſti. Rebuf. Depoſ.*

La preuve étant achevée le verbal dreſſé, & les depoſitions cachetées, du ſcellé du Commiſſaire, on produit le tout aſſignant partie de fournir contredits au verbal, nullitez à l'enquête, & reproches aux témoins, *c* leſquels peuvent étre admis en preuve ou joints, & uny au procez principal pour y avoir en jugeant tel égard que de raiſon, *d* que ſi on ne s'y veut arrêter, il eſt bien de le declarer en jugeant.

Des appointemens aprés l'enquête achevée.

c *Styl. art.* 41. & 42.

Des repro-ches.

d *Styl. art.* 45. & [illegible]

Aprés l'ouverture de l'enquête on peut encor produire des titres pour la ſoûtenir ; mais non pas faire ouyr d'autres témoins, ſauf au cas dont Monſieur Favre parle au Chapitre 8. de ſon abregé de pratique, bien moins fournir reproches quoyqu'on puiſſe écrire *in dicta teſtium.* e

Des productions aprés l'ouverture des enquêtes.

e *Stat. Phil. de Franc. c.* 12. [illegible] *art.* 49.

Aprés que l'enquête eſt ouverte l'on fait aſſigner à *écrire, produire, ſauver, & en droit, f* les deux parties, ſont compriſes dans ces appointemens, & le procés étant couché en droit le Juge paſſe au fonds, *ſans s'enquerir plus avant des reproches*, s'ils ſont impertinens, ou bien autrement comm'il eſtime juſte, les admettant quelquefois en preuve s'ils ſont pertinens, & decifiſs. *g*

Des appointemens aprés l'enquête ouverte.

g [illegible] *art.* [illegible]

Bien ſouvent le Juge voyant les preuves égales, ou obſcures, il entend des témoins pour ſa particuliere inſtruction, *h* & c'et ce que l'on nomme *enquête d'Office*, ou ils ne ſont produits par aucune des parties, & ou les formalitez ordinaires ne ſont obſervées, n'étant neceſſaire d'aſſigner la partie pour nommer adjoint, ny pour les voir

Des enquêtes d'Office.

Maniere de faire les enquêtes d'office.

h [illegible] *art.* 1. 9.

jurer, comme aux enquêtes ordinaires, celle d'office est pourtant faite aux frais communs des deux parties ; j'en ay vû ordonner plusieurs de cette nature dés que j'ay l'honneur d'être au Senat, notamment entre les nommez Berliet, & Collet, au rapport de Monsieur Excoffon, *a* l'on ordonne aussi souvent des veües de lieu d'office, comme il fut fait à mon rapport, entre Monsieur le Baron de la Croix, Comte de Tournon, & Monsieur l'Abé de Saumon, a laquelle je ne proceday pourtant, par l'honneur que ces deux Illustres personnes me firent de sortir d'affaire à mon Arbitrage.

Prejugez. *a Arr. du 23. May 1672.*

CHAPITRE XI.

Des Monitoires, & autres moyens de contraindre les témoins à deposer.

QUOYQUE le témoignage doive être libre, & veritable, il y a pourtant des voyes extraordinaires pour le tirer de la bouche des témoins, qui cachent la verité ; car on les peut comminer sous des peines de se representer en justice, *a* & même les appliquer aux tourmens quand ils mentent, ou quand ils varient, *b* & je tiens que le silence de la verité est presque aussi punissable en eux que l'allegation du mensonge, puisque *non minus falsum committit qui verum tacet, quam qui falsum dicit.* c

On peut exiger la verité des témoins par plusieurs moyens.

a l. 19. C. de testib. Clar. q. 24
b c. pervenit de test. cog. C. Fab. def. 17 de test. l. 19 Bayardus q 1ul. Clari 25. Cod. Fab. def. 56. de testib.
c c 6 q. 1. Gui. Pap q 211.
d Stil.

Outre cette voye extraordinaire, l'Eglise qui doit vivre fraternellement avec la justice laïque, *d* l'ayde par ses censures, & excommunications contre ceux qui refusent de dire ce qu'ils ont vû, sçû, & ouy dire; mais comme elle est pleine de douceur, elle fait preceder trois advis, & commandemens, que nous appellons *monitoires à monendo*, les deux dernieres étans appellées *aggravations*.

Des monitions, & aggravations.

a Conc. Trid. sess. 25. c. 3. de reformat.

Aprés lesquelles le Iuge d'Eglise fulmine l'excommunication contre les desobeïssans, & les condamne par leur obstination, commet les Pasteurs des lieux, ou leurs Vicaires pour l'execution de sa Sentence, & pour les publications; nous avons parlé des Sentences d'excommunication, & de la maniere de les executer, au Chapitre, *b* des excommunications.

De la sentence d'excommunication.

b p. 1 l. 3 c. 13. des excom.

Que si les uns, & les autres refusent de faire leur devoir touchant l'octroy, & publication des monitoires justement requis, leurs Superieurs,& même les Cours Souveraines,les y obligent, & quand les parties s'en plaignent a eux. Il est vray que les seculiers exhortent seulement les clercs par saisissement, & reduction de leur tẽporel,quoyqu'on use du mot de commandement en France.

Des exhortations.

Les monitoires ne peuvent être accordez, que par ceux qui ont jurisdiction Episcopale; sçavoir dans toute la terre, par le Pape, & par les Evêques seulement dans leurs Dioceses,ils ont presque toûjours des Vicaires Generaux, & Officiaux ausquels ils deleguent cette authorité.

Qui peut octroier les monitoires.

Quant aux Abez, Prieurs, Gardiens, & autres de cette nature, ils peuvent seulement commander à leurs dependans sous peine d'excommunication; mais non pas laxer monitoire, comme le Pape,& les Evêques.

Pour les obtenir des Prelats, où autres en ayant pouvoir, il faut dresser des articles, & s'ils sont *ad fines probatorum*, ils doivent être conformes au plaintif quant au

Articles des monitoires.

criminel, & a la deduite, si c'ét en matiere civile; mais s'ils ne sont que, *ad fines revelationum* il suffit que les articles soient remis au Iuge d'Eglise, qui doit conceder le monitoire lequel peut étre accordé par les ordinaires, & par le Souverain Pontife, comme ordinaire des ordinaires auquel cas il faut permission du Senat, comme en toutes letres étrangeres, *a* il la faut aussi du Iuge saisi de la matiere en tous monitoires, *b* non pas pourtant sans distinction, comme a voulu dire le Sieur Bally; car l'Eglise peut accorder monitoire sans permission du Iuge lay, lors qu'il ny a point encore de procez, sinon que l'on les voulut obtenir à Rome, où *nemine dempto*, auquel cas il est requis que le Iuge seculier en connoisse, ainsi qu'a tres-bien remarqué Monsieur Faber *c*, les monitoires *nemine dempto* ne sont permis que pour le recouvrement de titre, soit avant le procez, soit aprés; *d* en quoy aussi je ne souscris pas au méme Sieur Bally, *e* qui dit le contraire, & qui veut que le monitoire *nemine dempto* s'accorde pour tout avant le procez, comme on fait a la verité en France, suivant l'Ordonnance de François I. Mais nôtre usage n'ét pas semblable en cela à celuy des François, suivant ce que j'ay vû decider en plusieurs rencontres.

On ne peut dóner monitoire sur procez sans permission du Iuge lay.

a *Arr. gen. de.* 1561.

b *Arr. & regl. du 16 Iuin 1568 au stil l. 2. des Edits.*

c *Du monitoire chap. 7.*

Remarques importantes.

d *C. Fab. def. 54. de probat.*

e *Bally du monitoire chap. 7.*

Quant aux matieres sur lesquelles les monitoires peuvent étre octroyez; il faut supposer que rien n'ét excepté en choses civiles, & que si bien Mr. Favre, & le Sieur Bally disent qu'il n'ét pas au pouvoir des seculiers d'exhorter les clercs à donner monitoire *pro crimine pœnam sanguinis irrogante*, ce qu'il fondent sur le Concile de Trente, neanmoins ce Concile n'ayant été reçu en Savoye, non plus qu'en France, que pour la Foy, & les Sacrements, il n'a pas detruit le droit que l'usage, & l'utilité publique ont

Sur quoy on peut obtenir monitoire. On octroye les monitoires pour toutes choses civiles, & méme criminelles, où la peine manque.

aquis

aquis aux Lais de le faire.

En effet l'impunité étant un trouble au repos public, les seculiers peuvent prendre tous les moyens raisonnables pour l'empécher,& obliger les Ecclesiastiques à contribuer aux preuves par le secours fraternel, que les deux Iustices se doivent donner, *a* sauf à eux de faire des protestes qui les exemptent d'avoir part à l'effusion du sang humain, ce qu'ils appellent la clause *non intendentes.* N'y ayant pas même tant d'inconvenient pour eux, que lors qu'ils remettent les criminels au bras seculier,ou ils prient le Iuge lay de ne porter pas son jugement au sang, cependant ils n'ignorent pas que cela n'opere rien, & que la mort suit souvent la remission qu'ils font des coupables.

a Stil art. 6.

De la clause *non intendentes.*

Argument *à majori.*

I'ay peine de concourir a la pensée du Sieur Bally, (homme à la verité capable,& bien intentioné,) lors qu'il assure dans un endroit de son traité du Monitoire, *b* que l'on ne le peut point accorder en choses prophanes ; car le cinquiéme article du stil, *c* qu'il a cité pour établir sa proposition : ne dit rien de semblable, & ne parle que des citations personnelles des lays pardevant le Iuge d'Eglise en choses prophanes,exceptant expressément les *monitions pour les cas, & choses occultes, aux fins de revelations*, dequoy l'usage est une conviction sans replique.

Equivoque de Mr. Bally.

b Bally du monitoire.

c Stil de Savoye art 5.

Le Iuge d'Eglise doit bien se garder, & la partie encor mieux, de nommer les personnes en choses infamantes, dans les monitoires, n'étant pas même a propos de les publier en criminauté ; mais on les signifie, *d* particulierement en crimes atroces, & où les personnes sont facilement découvertes par les circonstances. On ne peut point preuver les recusations des Seigneurs du Senat par monitoire, *e* afin de n'offencer pas la dignité eminente de tels personnages par cette v[illegible]

Il ne faut nômer les personnes dans les monitoires, qui peuvent choquer leur honneur ny les publier en crimes atroces,mais les signifier.

d G. Fab def. 14. de probat. Cod. Pap.

e Arr & Regl. gen. du 10. Iuillet 1612. inseré au registre secret.

Ceux qui sont hors du gyron de l'Eglise, ne peuvent user de ses censures & monitions, ainsi qu'il est declaré dans la glose Canonique, & par l'Abé Panormitain, elles ne sont accordées qu'en matieres importantes, si on se tient aux Conciles, *a* en quoy il y a souvent de l'abus, puisque on s'en sert quelquesfois pour des bagateles.

Ceux qui sōt hors de l'Eglise sont indignes de ses secours.

a *Conc. Trid. sess. 25. chap. 3.*

Nous avons dit que les *significavit* ne peuvent étre publiez sans permission du Senat; mais il faut adjoûter que le Iuge lay ne depute pas le Commissaire, s'il ny a procez, ordonnant seulement l'execution par un Officier du ressort, *b* & la permettant *per consensum non obstativum*, ce qui est de la connoissance du Senat à l'exclusion de tous autres. *c*

Des *significavit* de Rome.

Le Senat les permet sans deputer.

b *Art. du 18. Avril 1563.*

Celuy qui desire d'obtenir la permission de la publication, cours, & fulmination d'un monitoire, se pourvoit en cas de procez, où qu'il soit *nemine dempto*, au Senat, où autre Iuge saisi du procez, en joignant les articles a la requête sans quoy elle n'ét appointée, & parce que les subalternes n'ont pas l'authorité qu'il faut pour faire l'exhortation on est en coûtume de l obtenir du Senat, qui peut reduire le temporel des gens d'Eglise aux occasions.

Comment on obtient le cours publicatiō, &c. des monitoires.

De l'exhortation, & qui la peut faire par reduction du temporel.

L'On montre au Procureur general, fiscal, où d'Office, si c'ét en criminauté, & encor a la partie si c'ét au civil, deputant aprés Commissaire pour regler sur les empéchemens, le subalterne regle luy même.

A qui la requête doit étre mōtrée.

Que si les articles sont conformes aprés avoir été parifiez sur la deduite, on depute un Commissaire pour faire la preuve.

De la cōmission pour recevoir les revelations.

Que si c'ét un Iuge particulier, il ordonnera qu'il sera procedé, où par luy, ou par celuy qu'il trouvera a propos de deputer.

Quant aux effets des censures, il faut sçavoir que châcun n'êt pas compris dans les monitoires, ny obligé a reveler ce qu'il sçait; car les exempts, comme les Moynes sont exceptez si le monitoire n'êt de Rome, & toûjours les parties, leurs proches, *a* les Confesseurs, & même les Medecins, sinon qu'il fut *nemine dempto*, ou qu'il s'agit de *magno bono publico, & crimine Lesæ Majestatis in primo capite.b* Il faut voir le petit ouvrage de Spectable Gaspard Bally intitulé des lods, & trezains.

Des effets des cẽsures, & qui est obligé à se reveler en cas de monitoires.

Qu'elles personnes sont exemptes des censures.

a *l.4.ff.de test.*
b *D. Thom.* 2. 2 q.70 *Robert l.10.rer.iud.*

Il n'y a point de temps prefigé pour la publication des monitoires, & c'êt un abus du vulgaire de s'y vouloir opposer pendant que la prise est pendante par racine sous pretexte des tempêtes, & autres mal-heurs qu'il leur attribuë superstitieusement, & s'il y avoit opposition elle ressortiroit devant le Iuge, qui auroit permis la publication, ordonneroit de passer outre nonobstant icelle.

Abus du peuple touchant les monitoires publiez pendant la prise.

FORMVLAIRES D'AVDITIONS DE TESMOINS EN MATIERE D'ENQVESTES, Et de serment.

Enquête pour N. contre N. du, &c. du mois de, &c. mille six cents, &c. On marque le temps le lieu, & le nom du témoin disant, N. du lieu de, qui la assigné, l'on marque ce qu'il depose fidellement, s'il a juré, & a la fin on dit *repeté à perseveré*, &c. puis on declare ce qu'il a répondu *sur les generaux interrogats*, il faut dire, *dit & revele pour la decharge de sa conscience*, ou en simple deposition, *dit, & depose*, &c.

Quant au serment l'on verbalise sur la prestation d'iceluy en exprimant mot a mot les parolles, qui ont été prononcées par celuy qui a juré, dequoy on luy donne acte, étant à remarquer que celuy qui fait un verbal met son nom en tête d'iceluy, le signe, le seelle, & le fait contresigner s'il est gradué *disant nous N. Iuge de, &c. à tous qu'il appartiendra sçavoir faisons, &c.*

Formulaire de verbal.

Il faut cacheter l'enquête, & laisser le verbail ouvert, enfin duquel les noms des témoins doivent être écrits afin qu'on les puisse reprocher, ce qui n'ét plus permis aprés l'ouverture des enquêtes.

CHAPITRE XIII.

Du serment, & prestation d'iceluy.

LE serment qui est un souverain remede pour abreger les procez, *a* est aussi un acte de Religion lors qu'il est fait à propos, *Iurate in judicio, justitia, & æquitate. Apud omnes populos,* dit Ciceron, *magna semper fuit Religio juramenti, & nullum vinculum ad fidem adstringendam arctius majores esse voluerunt.* Il eut plusieurs formes chez les Anciens dont parlent les Poëtes.

a l. 1. de iureiur. Paul. ad hebr. c. 6.

Force, & vertu du sermẽt.

Ses anciennes formes.

Audiat hæc qui fœdera fulmine sancit,
Tango aras, mediosque ignes, & numina testor.

Plaute, & Ciceron parlent de plusieurs autres manieres anciennes de jurer dont la deduite me semble inutile puisque nous avons des formes plus saines, & moins superstitieuses dans la sainteté du Christianisme, les principales sont de jurer sur les saints Canons, & Evangiles, & sur les Reliques des saints, comme on fait à Chambery sur cel-

Manieres de jurer des Chrétiens.

les de S. Antoine, où dans les solemnitez publiques, où avec quelques-unes, seulement ce qui est reglé par le consentement des parties, & par le Iuge qui modere quelquesfois les serment en choses modiques ou à cause des personnes.

Le serment peut étre deferé par le jugé, & on le nomme serment a plaids, où par la partie, *a* celuy icy est appelé decisif, parce qu'il decide le procez.

Quant au serment a plaids il contient trois principales especes qui sont, le purgatif, le supletif, & le jurement destimation. *Le purgatif est deferé par le Iuge à celuy qui nie d'étre saisi de quelque chose qu'il a eüe ou deu avoir*, pourveu qu'il y aye quelque apparence qu'il ne l'ait plus, & il est presque toûjours le preparatoire du serment d'afection que les Praticiens nomment, *en plaid lequel est une estimation affermentée faite entre les mains du Iuge suivant ses ordres de ce qu' l'on souffre faute d'avoir eu la restitution, & representation de son bien*: Il est la peine du dol, & de la recelation qu'il a causée, *b* & suppose du doute une declaration precedente, & un serment purgatif, le Iuge peut contraindre a la restitution de ce que l'on retient, suivant la preuve qu'il en a *more militari*, comme dit un Texte, si les choses ne sont plus en étre il permet à celuy qui en est privée doleusement, d'estimer par son serment ses dommages interêts qu'il peut regler a ses requisitions, *c* il modere pourtant le serment en plaid à proportion de ce qui est vray semblable mémes pour les dommages à venir, il fut ainsi jugé moy present, entre Antoine Gay, & un Veler au rapport de Monsieur Crassus, *d* homme tres exact, & intelligent dans son employ, & de qui la famille a déja fourny quantité d'Illustres Magistrats dans le Senat, dont il imite les vertus.

Qui peut of. fiir le sermét.
a l. 1 ff de iureiur.

Especes de sermens, iudiciels.
Des sermens à plaids.
Du serment purgatif.

Du serment en plaid sa definition.
b l. 4. 1. & penult ff de in lit iur & l. 2. cod.
Effet, & circonstances du serment à plaids.

c l. 68 ff de rei vindic.
Preiugé.

Eloge de Mr. Crassus.
d Arr. du 24. Iuill. 1676.

Cas notable.

Que si celuy qui est acheminé à se purger par serment se laisse forclorre, cela ne donne pas lieu au serment en plaid. Nonobstant le dire de Wsembech; car le Senat le iugea selon ce que j'avance entre une Chardon femme de Claude Moëne, & Denyse Moutier, au rapport de Monsieur Demerandes.

Exemple.

Du serment supletif.

Quant au serment qui est deferé par le Iuge pour fomenter les demy preuves? Il suppose qu'il y ait du fait du moins de celuy qui le demande & fait preuve entiere avec un bon témoing.

Du serment decisif.

Le serment decisif *est celuy qui est offert sur quelque fait contesté, & nié* il est la preuve subsidiaire aux autres, & suppose le fait des deux parties, *a* pouvant être referé à celuy qui l'offre, & si le fait est pertinent il faut jurer, ou referer à peine de perdre sa cause, *b* sinon que le serment fut revoqué sous pretexte de preuver autrement, *c* ce qui se peut jusques a sentence, quand méme la partie auroit été au lieu, & sur le point de jurer, comme assure le docte Faber, *d* il faut a la verité se purger par serment que la preuve est venuë nouvellement à connoissance, & payer les dépens frustratoires, *e* ce qui se fait rarement. Ie remarque pour regle infallible que le serment decisif n'ét jamais admis en matieres criminelles, comme assurent Cujas, & Depeyssè, & qu'il ne peut plus être revoqué dés qu'il a été referé ny choisi de nouveau aprés qu'on s'en est departy pour preuver autrement. *f*

a l. 1. C. de reb. cred. Imb. inst. for l. 1. c. 58. Paul 2. sent. tit. 1. Mesing. cent. 1. observ. 13 l. 42. ff de reg. iur. l. 34. ff. de iureiur.
b l. iusiurandum. ff. de iureiur. & l. 12. C de reb. cred
c l. si quis 11. C. de reb. cred. la Roche en ses arr. liu. 4.
d C. fab. def. 3. & 12. de reb. cred. dict. l. 11.
e id. fab. eod.
f C. fab def. 31 de reb. cred. [illegible] l. 12 § 2. Cod. [illegible] Papon l. 9. tit. 4 Guen. [illegible] Imb. inst for. l. 1. c. 18.

Tous sermens doivent étre faits en personne, *g* que si l'absent qui ne peut venir doit jurer, on l'y admet par procureur special à condition qu'il prétera serment en personne pardevant le Iuge du lieu ou il est, sa partie appellée pour y assister si bon luy semble, *h* le Senat le jugea de

g C. fab. def. 3. de reb. cred. & [illegible] Depeyss. du ser.
h [illegible] l. generali. e § [illegible] de iureiur. C. de

la sorte entre vn maître Iaquiliard, & le Seigneur Baron de Miolans, moy present.

rebus cred. Depeyss. du iurement C. fab. def 31. de reb. cred.

Celuy qui jure doit être à genoux, & toucher l'Evangile, ou Relique, *a* ny ayant que les Prêtres qui mettent la main sur la poitrine, suivant Depeysses; mais j'ay vû deliberer qu'un Reuerend Cornuty Prieur de Tamied, toucheroit l'Evangile dans un serment purgatif, devant Monsieur Salteur, qui consulta les deux Chambres du Senat, sur ce sujet. Il faut que celuy qui jure prononce les paroles qui sont la matiere de son serment étant au Iuge, ou Commissaire de les luy expliquer, ensemble l'importance de cét acte.

a Depeyss du ferm.
Forme du serment.
Prejugé.
Devoir du Iuge.

Le serment étant prêté sur le fait de la partie, les dépens sont adjugez à celuy qui a juré, & non si çà été sur le fait de celuy *b* qui obtient gain de cause *c*, autrefois celuy qui faisoit jurer prêtoit serment de calomnie; mais il est aboly en ce païs, & en France, tant en ce cas qu'en tous autres, comme remarquent Rebuffe, & Depeysse, & non pas le peché que comet celuy qui fait jurer contre sa conscience, & qui est en tort; car il est parjure comme s'il juroit faussement.

Effet du serment.
b *C. fab. def. 2. de reb. cred. Bald. in l. caeteri C. de ep. & cleri.*
c *l. 2. ff. de iniuriis.*
Celuy qui faisoit jurer juroit anciennement.

CHAPITRE. XIV.

De la preuve qui se fait par la confession, où par la veuë, & aspect de la chose, & de la presomption.

Effet de la confession.

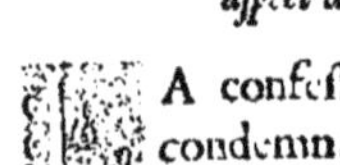

LA confession en choses civiles est une espece de condemnation, *a* & fait pleine preuve *b*, sans qu'elle puisse être revoquée dés qu'elle a été acceptée

a *l. 1. [illegible] de re iudic.*
b *Rod. [illegible] lib. C. chap. 34.*

a *l. vn. C. de conf ff.* b *l. 47. ff. de oblig. & act.*

en jugement, *a* elle opere méme hors jugement, & à l'absence de la partie, lors qu'il s'agit de liberation, *b* que les Loix favorisent toûjours, *promptiores sunt jura ad liberandum quam ad obligandum.*

Confession tacite. c *c 43. extr. de re ind.* Il y a des cas ou la confession n'ét nuisible.

La contumace est une confession tacite, *c* & ne peut étre revoquée qu'en refondant les dépens, j'excepte pour ce que dessus les pupils, qui ont été contumacez sans leurs Tuteurs, & les personnes insensées, sans Curateurs.

De la preuve oculaire. d *Masuer. des preuv n. 19. l. 32. ff. de min.*

Quant a la preuve qui se fait par l'aspect (comme de l'âge par inspection de la personne, *d* ell'ét permise pourveu qu'elle ne soit impudique, on juge aussi des crimes par la contenance des accusez; car comme dit le Poëte.

En quam difficile est crimen non prodere vultu.

e *Alciat de præsumpt. p. 3.*

On decide bien souvent les difficultez qui arrivent touchant les fonds par veuë du lieu dont j'ay parlé au Chapitre des biens amphiteotiques assez amplement.

De la presomption. *Bart. in l. illa ff. de verb. obl. Bald in l. quicumque C. de seru.*

La presomption n'ét pas proprement un genre de preuve; mais *levamen ab onere probandi*, elle cede toûjours a la verité, & n'ét admise qu'aux choses douteuses. *e*

Voy Mantic. de coniect. vlt. Menoch. de præs Simon. de Pret. & mon chap. de la torture p. 1. g *Heliod. lib. 10. cap. 2.* Preuves abolies.

Nous avons déja parlé allieurs des presomptions, indices, & conjectures, *f* & quoyque anciennement il y eut certains genres de preuves appellées vulgaires : comme, le fer ardent, l'eau boüillante, les duels, &c. Et en Ethyopie, le foyer de l'epreuve au rapport d'Heliodore, *g* & chez les Hebreux les eaux ameres, comme on lit au cinquiéme des Nombres, tout cela est aboly parmy nous qui sçavons que ces preuves sont dangereuses, parce qu'elles tentent Dieu, qu'elles exposent l'innocence, & que le diable s'en méle souvent.

CHAPITRE

CHAPITRE XV.

De l'appointement en droit, commination de produire, demande de forclusion, & jugements civils.

Des appointemens à produire ou renvoys en audiance.

D'ABORD que la formalité est achevée, l'on fait dire que le procés est appointé en droit, & renvoyer les parties en Audiance, ou dire qu'elles produiront leurs sacs, & pieces, ce qui se fait par Ordonnances, advis, où appointemens pris entre procureurs, aprés quoy celuy qui poursuit fait comminer sa partie de produire, ou si c'êt en Audiance de s'y trouver pour plaider la cause. L'on signifie des demandes de forclusion si c'êt au Senat pour faire produire, & aprés l'écoulement de 24. heures on passe outre sur le sac produit l'on accorde volontiers trois jours, & souvent le Iuge proroge le delay quand il y a cause. Que si l'une des parties mouroit dés que le procés est couché en droit? il faut appeller l'heritier, ou un curateur qui le presentent pour ouyr droit sans autre formalité, *a* quoyque cela ne soit necessaire *in apicibus* parce que le procés est tenu pour jugé dés l'appointement en droit, *b* les parties font pour l'ordinaire écrire leurs raisons en droit, par leurs conseils lesquelles ils tirent du fait, & des formalitez, en examinant le point de la difficulté, & autorisant ce qu'ils disent par la raison, par la loy, & autrement, autre est des plaidés ou l'on raisonne sur le fait, & sur l'état des formalitez, ou de la questió sans citer les autoritez, ny s'ouvrir à son adversaire.

Des demãdes de forclusion.

Ce qu'il faut faire si la partie meurt.

a *Arr. gen. du 5 Iuin 1652. au registre secret.*

b *l. vn. C. de confess.*

Des advis en droit.

Maniere de faire plaider les causes. Stil art. 111. Du deffaut d'Audiance.

Les causes d'Audiance sont appellées à tour de rôlle, & quelquefois au Senat par attiquete, & si une des parties fait deffaut en Audiance faute de plaider, il est accordé *avec tel profit, & utilité que de raison,* il est en suite jugé sur le sac de l'obtenant, ny ayant pas lieu de le faire reparer au Senat qu'en consignant 20. livres partageables entre le fisc, & la partie, suivant le stil.

Il est vray que le Senat juge souvent en faveur de celuy qui a souffert deffaut, nonobstant ce qui est contenu dans l'abregé de pratique lequel selon plusieurs personnes n'êt pas un ouvrage de Monsieur Favre, quoyqu'on luy ay donné son nom pour l'acrediter ce qui a reüssi encore qu'il n'aye pas du genie, & du stil de ce grand Homme.

FORMVLAIRE DE IVGEMENS CIVILS.

Des qualitez des sentéces.

Entre N. en requête, ou bien, *executant*, ou *en letres ducaux*, ou *en execution de jugement* (l'on met la qualité selon la chose d'ont il s'agit,) *d'une part*, & s'il y a contumace,ou forclusion de produire on en fait mention aux qualitez,& aux *dictum* disant *sur le profit, & utilité des deffauts, faute de se presenter,&c.* ou *de la forclusion faute de produire, & remetre, &c.* si c'êt un deffaut, & congé on *renvoye quite ab observatione judicij* ; mais si c'ét en cause d'appel, on declare *non recevable appelant avec renvoy, l'amende, & dépens.*

Et N. deffendeur d'autre, s'ils sont respectivement demandeurs, & deffendeurs, & s'il y a des intervenans on le dit dans la qualité.

Veu par nous, &c. Iuge de, &c. on vise toutes les pieces exactement.

Nous en enterinant la requête du demandeur, &c.

Manieres de prononcer, & dresser les sentences.

L'on suit les conclusions si elles sont justes, ou bien si elles ne le sont en tout; on dit, *quant à ce*, que si les parties ont changé de conclusions dans la suite du procés, on prononce que *rendant droit sur les fins, & conclusions prises par les parties, &c.* que s'il y a plusieurs chefs; on adjoute, *& par ordre*, quand il s'agit des letres on les enterine en tout, ou en partie selon qu'il est juste; mais si le demandeur est deboutable, on dit *qu'il est debouté des fins, & conclusions par luy prises*, quelquefois on deboute, ou on adjuge par *autre n'apparoissant*, & d'autrefois on interloque, ou en ordonnant *de deffendre plus amplement*, ou *de convenir*, ou que quelque personne interessé au fait sera appellé, &c. enfin il faut que le bon sens soit le directeur de ceux qui jugent, pour le discernement des matieres, & des termes dont il faut user, étant impossible de tout écrire, dans ce petit *Estat de la justice*, tant sur ce sujet que sur les autres, que j'ebauche, & dont je donne seulement l'idée aux nouveaux sacrificateurs de Themis.

Sous quel nō sont couchez les Arrests.

Les Arrests ordinaires du Senat portent son nom en tête; mais lors qu'ils sont donnez sur l'enregistrement de quelques Edits, ou qu'ils vont hors de l'Estat, ils portent celuy du Prince, ainsi qu'il fut observé touchant la reciprocité des successions, d'entre la Savoye, & le Dauphiné, Monsieur le Senateur de la Forest étant rapporteur, personnage d'une probité, & integrité, dignes de l'Illustre sang dont il est yssu, & de l'employ ou son merite la étably, à la satisfaction de tous.

Eloge de Mr. de la Forest.

Des difficultez données par le Juge, ou Magistrat.

Lors qu'il y a des difficultez notables en droit: le Juge les forme aux parties avant qu'il se termine, suivant l'Article 57. de nôtre stil, ausquelles l'on répond par conseil,

Leurs resolutions. cathegoriquement, étant quelquefois a propos de prendre un ou deux Assesseurs, qui doivent étre choisis par les parties sans qu'on s'en puisse dispenser en matieres beneficiales. *a*

a *Stil art.* 110.
b *Stil art.* 64.

Sentence dónée de nuit est nulle.

Le Iuge, & les Assesseurs doivent signer, *b* étant à remarquer que la sentence donnée de nuit est nulle, comme dit Depeysses au titre des sentences, (ce qu'il a tiré du Texte *c*,) sinon qu'il y eut trois chandelles allumées, & c'ét l'exception qu'aporte Gabrielius; il faut que le *dictum* soit écrit de la main du Iuge, & du Commissaire, si c'ét dans un corps, sinon en certains cas ausquels les Greffiers les écrivent.

c *Nov.* 82. *c.* 3.

Des deffauts d'Audiance, & jugement d'iceux.

Quant aux jugemens d'Audiance, ils sont prononcez de vive voix, & si on adjuge un deffaut la declaration du profit est reservé au jugement, qui se doit rendre pieces veuës, suffisant de dire pour lors qu'il *a été bien & deuëment obtenu*, sans adjouter *& entretenu*, comme on fait aux contumaces, & aux forclusions de produire.

De quel tẽps on date les jugemens. De leur prónonciation. Des épices.

L'On date les sentences du jour de leur prononciation, aussi bien que les Arrests qui sont prononcez, ce qui se doit faire *in loco majorum* suivant le stil de Savoye.

Le Iuge doit marquer ce qu'il prend pour ses honnoraires (appellez épices, de ce qu'anciennement les parties donnoient des espices à leurs Iuges pour marque de reconnoissance, & de joye, *d*) il est pourtant deffendu aux subalternes de ce pays de Savoye de prendre des épices pour les sentences interlocutoires s'ils n'y ont égard en definitive, *e* & dés qu'ils sont *functi officio*, ils ne peuvent plus changer leurs jugemens, s'ils ne le font d'abord, & sur le champ. *f*

d *Loys. Papon Depeysses.*
e *Arr gen. des* 16. *Avril &* 7. *Iuin* 1572.
f *Arr gen. du* 27. *Fev.* 1573.

CHAPITRE XVI.

Des dépens, & frais de justice, liquidations, & taxes.

LEs dépens (qui sont la peine de l'induë contestation *a*) sont dûs, ou de l'Office du Iuge, ou par la convention des parties, & méme sur les biens quand il y a concours de creanciers sans que le subalterne s'en puisse dispenser, ou de les adjuger, ou de les compenser, ne pouvant dire sans dépens, comme font les Cours Souveraines en certain cas, il y en a méme ausquels l'on ne les adjuge qu'en partie, comme contre celuy qui étant en juste ignorance, passe expedient de condemnation dês qu'il a vû l'enquête de sa partie; car il ne doit que les frais fait dés l'ouverture d'icelle, *b* non plus que celuy qui est condamné en suite d'une enquête d'Office. *c*

a L. eum quem temere C. de iud.

Divers dépẽs.

Quant sont adjugez, cõpensez, ou moderez.

Cas ausquels ils ne sont dûs nonobstant qu'on soit cõdãné en suite d'une contestation temeraire

b C. Fab. def. 38. de frust. & lit. exp. ar. l. vlt. ff. pro soci.

c Fab. def. 14. eod.

On ne condamne a aucuns dépens celuy, qui a offert, *in limine litis*, quoyqu'il ait mal contesté hors jugement, *d* ny celuy qui a demandé trop grande somme, lors qu'on ne luy a pas offert son dû, *quia majori summæ minor inest*, *e* sinon qu'il s'agit de fonds, où qu'il y eut deffaut de droit, encor s'il s'agissoit d'execution de jugement? il faudroit compenser les dépens, ce qui fait voir que le Proverbe des Praticiens, qui disent que *ultima mora nocet*, n'est pas infaillible, & que *omnis regula in iure est periculosa, quia extra casum perdit officium*. Il faut excepter de ce que dessus les dépens qui viennent *ex stipulatione* selon Mr. Favre. *f*

d C. Fab. def. 2 eod.

e C. Fab. def. 30. eod.

f C. Fab. def. [illegible]

L'On compose les dépens en plusieurs cas ; mais particulierement *veneratione sanguinis, & aliquando affinitatis,* a *mutuæ victoriæ, & opinionis famosi doctoris* celuy qui a deux sentences en sa faveur n'êt jamais condamné a autres dépens qu'a ceux de la troisiéme, & derniere, *b* & lors qu'il y a des dépens frustrez, & de contumace on n'êt point ouy sans les rétablir, *c* ce qui les a fait nommer prejudiciaux.

a C. Fab. def 65. de fruct. & lit. expens

b C. Fab def. 41. eod.

c id. def. 29. 40.

Des parcelles & de la maniere de les dresser & taxer.

Celuy qui a obtenu des dépens en dresse la parcelle par articles distincts, & separés, & les peut faire taxer aprés les 10. jours devant les inferieurs, & soudain si c'êt en Cour Souveraine, aprés l'avoir remise pour l'examiner au procureur du condamné, & quoyqu'il faille citer celuy qui les doit soit son procureur pour assister a la taxe, neanmoins, cela ne se fait pas en contumace.

Des diminutions des parcelles. De leur signature. De l'appel d'icelles. Et qu'êt ce que croiser. Des taxes aûs nouveaux voyage.

Le Iuge met de sa main les *habeat*, les *neant*, & les moderations, & signe enfin de la parcelle, aprés quoy on la porte pour la croiser, où signer au méme procureur du condamné, lequel fera prudemment d'empécher le transport de sa partie, ce qu'il peut si elle n'êt sur les lieux, ny en chemin par une requête, en fournissant argent pour la taxe, lequel est reglé par le Iuge en cas de conteste, sauf d'ajoûter où diminuer, ce qui se pratique tous les jours.

Des voyages, & sejours. Des actes de comparoissãce & de protestes.

Ceux qui sejournent hors du lieu de leur domicile pour procés font taxer leur sejour, s'ils ont obtenus les dépens, & s'ils afferme avec serment, ou par proteste, cloture d'icelle, & autres actes de comparoissance, pourveu neanmoins qu'il ait êté necessaire, & util, il est vray que les voyages non affermez avant l'Arrêt, ne sont taxez que dés iceluy. *d* Il y a plusieurs regles dans nôtre stil touchant les taxes ou je renvoy le Lecteur.

d Arr gen. du 4. Sept. 1564.

Des fausses comparoissances, & parjure y cómis.

Que s'il y avoit eu parjure l'on en fait informer sans qu'il faille s'inscrire en faux si l'acte ne l'êt pas comme font quelques ignorans, l'on fait citer le parjure lequel perd en suite toutes les vacations, *quia semel malus semper præsumitur malus in eodem genere mali.*

Taux des voyages, & sejours.

L'On taxe regulierement deux florins aux hommes de pied, & cinq à ceux de cheval, & quelquesfois plus si la qualité des obtenans l'exige, surquoy l'on peut voir les Reglemens, & la definition 45. de Mr. Favre *de fructibus & lit. expensis.*

Des cõsignations, & frais des entrées extraordinaires du Senat.

Outre les dépens, & frais de justice il y a certains honoraires de Messieurs du Senat lors qu'ils entrent extraordinairement pour l'avancement de la justice aux Lundy, Mardy, Ieudy, & Samedy, depuis 2. heures jusques à 5. appellées *consignations*, lesquelles sont toûjours payées par toutes les parties, & supportées à proportion du nombre des Procureurs, même par les obtenans, sinon qu'il y eut des raisons de les refonder toutes, comme dépens frustratoires.

Des lettes sur taxes.

Quãd les dépens ont hypotheque.

La taxe étant faite, & signée : l'on prend lettres pour être satisfait à forme de son *finito*, étant à remarquer que les dépens sont personnels en ce pays,*a* & qu'ils n'ont hypotheque que dés le commandement de les payer, qu'enfin les subalternes ne doivent prendre les dépens du convenu qu'aprés le jugement si c'êt en criminauté. *b*

a *C.Fab def.* 1 *de fruct. & lit. exp. ex l. uni. C. si plur. una sent. condemn.*

b *Stil art.* 151. *arr gen. du* 11. *Avr.* 1570. *C.Fab def.* 9. *Arr. gen. du* 11. *Sept* 1646.

Des emolumens.

Leur taux.

Quant aux emoluments, appellez *tributa judicati*, le moindre est de 15. sols en Savoye, & ne sont jamais dû plus haut sans contestation precedente toûjours a proportion des adjudications, où deboutemens, par exemple, dix-huit sols pour 20. florins 22. sols six deniers pour 30. 27. pour 40. 31. sols six deniers pour 50. 36. sols pour florins 60. 39. six deniers pour florins 70. 42. sols pour 80. 49. sols six deniers pour 90. & de quatre florins six sols pour les premiers cent florins; & pour châque vingt florins suivant n'êt dû que six sols, c'êt à dire, que les autres centeines suivantes ne porteront que 30. sols d'emolument châcune.

Diverses remarques touchât les emolumens.

Lors que le fideicommis est adjugé sans qu'il soit dit que l'obtenant sera mis en possession l'emolument, n'êt dû que de 15. sols, & si on confirme quelque execution seulement de la somme, *a* pour laquelle elle avoit êté faite, & non du fonds, sinon que l'on eut executé pour plus grosse somme que la chose ne vaut, & s'il y a emolument en fait de degagement pour avoir êté la question du gage, & de la proprieté entremêlée, il n'êt que de la somme offerte, *b* étant a remarquer que si l'offre est fait purement, il ny a nul emolument pour la pigneratitie suivant Monsieur Favre, *c* s'il est accepté sans contestation.

a Arr. gen. du 21. Fevr. 1610 au registre secret.

b C. Fab. def. 26. de fruct. & lit. exp.

c C. Fab. def. 10. eod.

Par qui sont dûs emolumens.

Quant aux personnes qui le doivent, l'obtenant en doit la moitie, & le condamné le quart lors qu'il est jugé sans dépens, où dépens compensés; mais si les dépens sont adjugez ? l'obtenant est obligé de le payer entierement, sauf à luy de le repeter avec le condamné, lequel moitie emolument.

Ordre des emolumens.

d Arr. gen du 9 Iuin 1618. inseré au petit registre.

L'Emolument des discussions se prend des adjudications selon leur ordre, *d* sans qu'il soit dû de la dépence de l'inventaire, ny des frais funeraires, suivant ce qu'en a dit Monsieur Favre en la 26. definition de son Code, au titre *de fruct. & lit. exp. quia expensæ inventarij pertinent ad omnium creditorum utilitatem, & humanum ut de alieno sepeliatur qui de suo non potest.*

Choix, & privileges des Greffiers.

Les fermiers du Prince ont le choix de prendre les emolu

Emolument n'ét repeté s'il n'a été payé, & dû.

emolumēns entiers vers les condamnez, & si l'obtenant lès a payez il a son remboursement contre les privilegiez s'ils sont condamnez aux dépens, lesquels pourtant ne les peuvent repeter quand ils obtiennent, s'ils n'ont été exigez d'eux, *a* tout cela fut decidé a mon rapport entre les Sieurs Brun, & Balin, par un Arrest qui sert de reglement, & leurs privileges pour ce regard ne passent, ny aux enfans, ny aux Veuves. *b*

a C. Fab def. 15 de fruct. & lit expens.

Préjugé servant de Reglement.

b C. Fab. def. 22. & 23. de nob & dign.

Les Greffiers ont droit de contregager les pieces.

Que si les Greffiers ont des autres pieces de ceux qui leur doivent un emolument que celles qui on fait naitre le dit emolument, ils ont pouvoir d'en rester saisis, & de les contrecharger, ainsi qu'il fut decidé en 1674. Chambres assemblées à forme de Reglement. *c*

c Arr. gen. du 15. Iuin 1615. inseré au Registre du Senat.

Des Emolumens d'enregistremens.

Quant aux emolumens des enregistremens, il faut voir l'Arrêt general du 16. May 1574. contenu dans le stil de Savoye qui les regle a proportion des qualitez.

Des liquidations des fruits, reparations & dommages interests.

Declarations des parties.

Serment des Experts.

Lors qu'il s'agit de payement de reparations, de domages interests, ou de restitution de fruits, on les baille par rôlle, & declaration assignant la partie de les contredire, & aprés qu'on a nommé des experts, & liquidateurs, ils dressent leurs verbaux conjointement s'ils sont convenans, où separément s'ils ne le sont pas ? aprés qu'ils ont prêté serment *de proceder fidellement aux liquidations, & selon le dû de leur fonction,* étant au Iuge de regler leurs difficultez, & quelquesfois d'arbitrer les dommages interests, où fruits dont la preuve n'ét entiere, & si une des liquidations est juste on la declare *bonne, & authentique en decernant letres sur son finito.* Il faut remarquer qu'on ordonne le relachement pendant que l'on convient des reparations en donnant caution de les payer, lors que leur éclaircissement tire long trait.

Des Letres sur liquidations.

CHAPITRE XVII.

Des appellations civiles, & de leurs formalitez, & jugements, tant interlocutoires que deffinitifs.

Qu'est-ce qu'Appel.

L'APPELLATION *est un recours au superieur pour luy faire reparer le tort qu'on a receu de l'inferieur*, & quoyqu'il fallut autresfois avoir congé du dernier, ce qu'on nomme *apotres*, où *dimissoires* cela n'êt plus necessaire suivant le stil de Savoye, *a* étant suffisant le mot *appello* pour le desaisir.

a *Stil. art.* 78. Des apôtres.

Nul n'êt reçu à appeller, ny méme à agir en justice, sans interêt, ny pour un autre sans en avoir mandat, le fils pourtant peut appeller pour son pere, & le Seigneur pour son taillable, *b* comme le maître le pouvoit faire pour son esclave.

On ne peut agir sans interest.

b *Guid. pap. q.* 203.

Celuy qui n'a appellé dans dix jours, celuy de la prononciation du jugement compris, *c* ny est plus reçu sans letres du Prince, que l'on nomme letres *d'illico*, aprés lesquels on n'êt plus reçu à renoncer à l'appel sans letres d'aneantissement accompagnées des dépens, ce qui n'êt pas necessaire en fait *d'illico* s'il ne releve de quelque forclusion. *d* Les appels des taxes, & des Ordonnances des Senateurs, doivent étre interjetés sans delay en croisant les articles quant aux taxes. *e*

Temps d'appeller.

c *Stil. art.* 74. & 75.

De Letres d'illico & d'aneantissement.

d *Stil. art.* 76. *des appels de taxes.*

e *Arrest. gen. du* 17. *Aoust.* 1671. *Stil. art.* 77.

Celuy qui appelle, le peut faire de vive voix, ou par écrit, & coter les chefs quand il ne le fait que de quelques-uns, comme aussi coter grief sur le champ ou dans

Comment on peut appeller

le relief d'appel, s'il s'agit d'interlocutoire, *a* autrement il n'est receuable. Imbert, Bugny, & Charondas disent le contraire, mais ils se trompent, s'il n'y a des Loix contraires en leur païs. L'appel d'une Sentence à laquelle on a aquiescé n'est jamais receu, ny anciennement des inter- interlocutoires reparables en definitiue, comme il s'obserue encor en Cour d'Eglise. Il êtoit toûjours intimé aux Iuges *à quibus*, mais cela ne s'observe plus, quoy qu'il leur soit loisible d'écrire ou plaider les motifs de leurs Iugemens : Et il faut intimer l'appel des Sentences definitives aux parties, quoy qu'il suffise de signifier ceux des interlocutoires à leurs Procureurs.

a *Stat. de Savoye l. 2. ch. 102. stil art. 92.*

Appels rejetables.

A qui l'appel doit être signifié.

Or comme il ne suffit pas d'avoir appellé & intimé, êtant necessaire de relever l'appel; les Reglemens ont prescrit un mois pardevant les Inferieurs, & deux au Senat; *b* l'on a six semaines en France si l'appel va à des Presidiaux, & trois mois s'il s'adresse à un Parlement. *c* Quant aux Ordonnances de Messieurs du Senat, il les faut relever dans trois jours, ce qui se fait par Requête sans autres formalites. *d*

Temps de relever les appellations.

b *Stil. art. 78. M. Favre en son abreg. de pratiq. ch. 11.* c *Ord. de 1532 & 1551. depeyssis.*

d *Arr. gen. du 21. May 1568*

Celuy qui a relevé *omisso medio*, & qui a appellé de cette sorte, est declaré non recevable appellant, sinon en certain cas touchant les Sentences criminelles, y ayant plusieurs Seigneuries qui ont des Iuges d'appel ou ducaux, comme le Iuge Maje de Chablais, ou dependans des Seigneurs Suzerains, comme en la plûpart des Marquisats & Comtés de ce Païs.

Des fins de non recevoir, pour avoir obmis le Iuge d'appel moyen.

Le Conseil de Ville de Chambery a le droit de revision, qu'il luy faut demander avant qu'appeller de ses Ordonnances, si l'on ne veut être declaré non recevable.

De la revision de la Ville de Chambery.

Que si l'appellant (qui quelques fois ne veut que prolonger) assigne à long jours, on prend Letres d'anticipation d'appel en Chancelerie, *a* qui ne peuvent l'assigner *omisso medio*, sinon que l'appellant l'eût fait le premier.

a *Stil. art.* 80. & 81.

Des Letres d'anticipatiõ d'appel.

De la contumace en anticipation.

Or comme l'anticipant devient demandeur, il peut sur un seul defaut faire declarer *l'appellant non recevable*, si l'appel est relevé, mais il en faut deux s'il ne l'est pas. *b*

b *Reg. du* 22. *Aoust* 1654. *Inseré au Registre secr. du Senat.*

De la desertion d'appel.

Lorsque l'appellant ne releve point son appel, l'appellé peut retourner devant le Iuge *à quo*, ou prendre letres *de desertion : c* Et si la partie souffre deux defauts, il fait declarer *l'appellation perie & deserte, & ordonner que ce dont a été appellé sortira son plein & entier effet, avec l'amende ordinaire de desertion & dépens de l'instance, ausquels le defendeur est Condamné la taxe d'iceux, &c.* étant important de prendre garde, de n'anticiper celuy qui n'a pas appellé, autrement on diroit, *avoir été mal & follement anticipé, &c. d* Que si celuy qui a été ajourné en desertion veut être relevé de sa faute, il ne le peut en Chancelerie, où ses Letres ne sont pas signées par Monsieur le Garde des Sceaux ; mais se pourvoiant au Senat, affin qu'il le luy ordonne, il dit *qu'il sera pourveu playdant la cause*, auquel temps il y a égard si elle est bonne au fonds, disant. *Le Senat ayant aucunement égard aux Letres Ducaux presentées par l'appellant, &c.* Mais si le contraire est, il dit, *sans si arrêter, que l'appel est declaré peri & desert*, ou ce qu'il trouve raisonnable : Et si le procés est devant un subalterne, qui ne peut ordonner au Garde des Sceaux, on recourt au Senat, qui luy renvoit les Letres non signées, *pour en jugeant y avoir tel égard que de raison*, sans qu'il ait besoin de rien ordonner au Garde des Sceaux pour la signature. Quelques fois cela

c *Stil art.* 81.

Formulaire de Iugement de desertion.

Il ne faut adjourner en desertion, ny anticiper celuy qui n'est pas apellant.

d *Voy M. Fa en sa prat. ch.* 15.

Des Letres contre la desertion.

Ce que le Senat ordonne luy étant presentées.

Ce qu'il fait lorsque le procés est devant un Subalterne.

On est relevé sans Letres devant le Iuge d'Eglise.

fait évoquer la cause, comme j'ay veu faire deux fois, mais je ne le crois pas necessaire indispensablement.

Quant aux Iuges d'Eglise, ils reparent les laps de temps, usans du droit des anciens prêteurs, *a* sans avoir besoin de Letres, comme j'ay veu decider au Senat en diverses conjonctures. *b*

Celuy qui est appellant est tenu, comme demandeur, cōmuniquer & fournir griefs, par playdé, ou par acte, qui devroit être signé par gradué, n'étant pas honeste qu'un simple Procureur censure un Docteur, & Advocat. Les appellés doivent defendre, & prendre copie de la comunication, si bon leur semble; ensemble comuniquer ce qui fait pour eux, n'étant loisible aux uns & aux autres de dire, communiquer, & prouver choses nouvelles s'il n'y a forclusion, si non que ce fût en 3ᵉ. instance, auquel cas il faut refonder tous les dépens, & fournir argent pour cōtredire; *c* les appellatiōs verballes se vuident en Audiance sans beaucoup de formalités, au lieu que les appellations par écrit se decident pieces veuës, & desirent plus grand nombre de procedures. Voyés sur ce sujet l'abregé de pratique que l'on attribuë au President Favre.

Lors qu'il a été bien jugé, l'on le dit, *que ce dont appel sortira son plein & entier effet, avec renvoy, l'amende & dépens*; mais s'il a été mal jugé on le declare aussi, en reformant, & disant au fonds ce que le juge *a quo* devoit dire. Le Subalterne doit toûjours juger *an benè vel malè*, *d* au lieu que le Souverain met quelquesfois *l'appellation* & même souvent *ce dont est appel au neant sans amende ny dépens*, d'autres fois avec dépens & sans amende. Il ordonne aussi en des cas *que ce dont est appel sortira son plein & entier effet*. Il est vray que s'il juge

a *Aubert en sa theor. prat. trait. 8. tit. 8.*

b *Arr. du 27. Ianv. 1675.*

Formalité de la cause d'appel plaidé à griefs.

Salvatiōs des griefs.

c *Stil. art. 94. C. d. Fab. def. 18. de fructib. & lit. expens.*

Formulaires de Iugemens en cause d'appel.

d *Stil. art. 95.*

Diferãce des Cours Souveraines & des Subalternes, pour la maniere de prononcer.

fur forclusion, il le fait *an benè vel malè*, comme les Inferieurs, *a* si ce n'est qu'il en releve, (comme il le fait quelques fois en Audiance, & non pieces veuës) lors qu'on implore *la main, & autorité souveraine, en payant le sceau & emolument des Letres qu'il eût convenu prendre, & les dépens frustratoires*

a *Stil art. 98.* Des relievemens accordés en Audiance par main & autorité souveraine.

Les Iugemens qui sont donnés par fins de non recevoir contre l'appellant, le font declarer *non recevable.*; mais quelque effet qu'elles ayent, il est ordonné aux Advocats qui s'y fondent d'en venir au Senat à toutes fins, *b* aussi-bien qu'en matiere de declinatoires; étant à remarquer que les voyes de nullités sont abolies en Savoye *c* au regard des Sentences, & qu'il faut user d'appel, quelques Letres qu'on obtienne en Chancelerie.

Il faut aller en Audiance à toutes fins au Senat.

b *Stil. art 90.* Voyés de nullités n'ont lieu.

c *Stat. c. multitudinem l. 2. stil. art. 102.*

CHAPITRE XVIII.

Des appellations comme d'abus, & de leur formalitez.

COMME les deux grandes puissances du monde sont la Royauté, & le Sacerdoce, *duæ supremæ potestates in mundo sacerdotij, & Regalis*, *a* aussi n'y a t'il rien de si salutaire que l'union de ces deux sœurs, lesquelles pour ce sujet furent long-temps possedées par un seul; mais depuis que l'Eglise a eu ses droits separez, il y a eu plusieurs contestations concernant les entreprises des deux jurisdictions supremes, ce qui obligea d'introduire certaines conferences entre les Papes, & les Roys, qui decidoient les differents par leurs deputez, *b* mais comme la

a *M. de Marron de Cõcord. Imp. & Sacerd.*

Importance de l'intelligẽce de l'Eglise avec le monde des conferences.

b *Fevr. de l'abus c. 1.*

difficulté les frais, & les longueurs rendirent les remedes presque inutiles, Charles VII. de ce Nom, Roy de France permit les letres en forme de pragmatique, & Pierre de Cugneres Advocat general commença en 1329. de s'opposer par des imprimez aux entreprises des Ecclesiastiques, les faisant decider dans les Parlemens comme abus, *a* ce qui n'a pas eu peu de succez par la suite, comme l'experience nous le montre, & bien loing que ce soit au prejudice des droits, & des immunitez de l'Eglise, au contraire elle y rencontre ses avantages, & son repos ce qui fit dire au Pape dans un Canon, *d* parlant sur ce sujet aux Princes lais, *si quid incompetenter egimus vestro judicio emendari volumus.*

Pragmatique

Origine des appels comme d'abus.

a *Rod.*

Leur utilité.

b *Can. Filij* 16 *q.* 7.

En effet les Princes temporels ne sont pas seulement établis pour la police du monde: mais ils le sont aussi pour maintenir l'ordre, & la Religion, *Reges*, dit un Pere de l'Eglise, *in quantum Reges sunt serviunt Deo jubendo bona, & prohibendo mala, non solum curant quæ pertinent ad humanam societatem sed etiam quæ ad divinam religionem.* A *plus* forte raison repriment les abus des clercs *agnoscebam*, adjoute Gregoire le grand *principem à Deo concessum non militibus, solum sed sacerdotibus etiam dominari*; *Deus judicium regi dedit* dit le Psalmiste? Aussi lisons nous dans l'Ecriture que Moyse chef du peuple prescrivoit les Loix au grand Pontife Aaron, *e* que David ordonnoit les Ministres du temple, & que Ezechias fit brizer le Serpent d'Airain sans consulter le grand Prestre, qui l'avoit élevé *f* étant aux Roys, & à leurs Magistrats de conserver la tranquilité publique méme contre les clercs, qui sont membres de l'Etat, *g* outre qu'ils ne jugent pas l'Eglise, ny sur sa jurisdiction, mais les entreprises que les particuliers

Les Princes lais peuvent contenir les Ecclesiastiques.

c *D. Aug. cont. Cresc. l. 3. c. 51.*

Exemples.

d *Ios. c. 5.*

e *4. Reg. 18. & paral. 29.*

Ecclesia est in republica.

f *Optat l. 3. du Moulin Ecur. de nave Fevr.*

Les loy ne jugent que les entreprises.

sont sur l'autorité laïque,ou l'Eglise ne doit toucher,quant au temporel *nemo enim deorum regnat extra cælum.*

Privileges de la France.

La France a des privileges particuliers par les Concordats, & autres adveus des Papes, & quoyque la Savoye, qui a aussi quantité de privileges par des indults, n'aye pas en tout ceux de l'Eglise Gallicane, elle jouyt de la plus grande partie d'iceux, particulierement concernant les appellations comme d'abus, dont elle a l'usage du consentement tacite des Papes, & par des Loix écrites en plusieurs endroits.

Privileges, & droits de la Savoye.

Raisons d'iceux.

Elle pourroit même mesurer son droit du concordat fait avec Leon X. & François I. puisqu'elle étoit, quand il fut fait,entre les mains de ce Prince, à quoy la declaration d'Henry II. son successeur ne peut deroger parce que le droit aquis n'ět pas ôté sans ouyr les interessez.Enfin étans ses Princes parfaitement souverains, ils sont aussi protecteurs du repos public avec droit d'en empécher le trouble, & les abus : dont les principaux sont, si l'Eglise entreprend sur la jurisdiction des lais, ou sur leurs anciennes libertez, contre les Edits, & Reglemens, les Saints Conciles, & Canons.

Principaux cas d'abus.

Si les Ecclesiastiques entreprennent l'un contre l'autre en fait de jurisdiction spirituelle, si enfin ils mésusent de celle qu'ils ont avec violence scandaleuse, *a* tellement que le Iuge d'Eglise ne peut emprisonner hors de son palais sans permission du lay, ny citer à cry public,juger le temporel nommer dans le monitoire pour crimes, *b* ny condamner a des amendes sauf qu'elles soient applicables à l'Eglise, ny unir des benefices sans que le Procureur general ait été ouy,ny commettre *extra partes & ultra duas diætas* ny donner monitoire sans qu'il y ait permission du

a Voy Pasé de l'appel comme d'abus en ses Arrests.
b C.Fab.def. 12. de appel. tanq.ab abus. Voy Fevret de l'abus 17. c.1 & 3. & passim.
c C.fab.def.6. 16.& 24. de testibus Arr.

u lay aprés procez s'il se sert de lays pour executer les letres? *sans l'imploration du bras seculier*, enfin si elles sont executées sans permission du Senat venans de pays étranger, *a* méme celles du metropolitain de Vienne.

Arr. gen. du 16. Iuin 1568.

a C. fab. def. 4. de appel. tanq. ab abus.

CHAPITRE. XIX.

Ordre des Formalités en matiere d'abus, avec les Formulaires des actes.

ELUY qui desire appeller comme d'abus en narre les moyens dans une Requête, & si c'est le Procureur du Prince; il le fait, ou par remontrance, ou de viue voix en Audiance. Il faut que la Requête d'appel comme d'abus soit signée par gradué, *a* & qu'elle contienne, comme les autres libels, la narrative & & la conclusion, qui est *d'être receu appellant comme d'abus de*, & *qu'il soit ordonné que le tout sera cassé, reparé & annullé, avec dommages interests & dépens, implorant l'adionction du Seigneur Procureur General, avec inhibitions speciales & compulsoires en tel cas requises.*

a Arr. gener. du dern. Avril 1580.
Requeste d'abus.
Il faut narrer le fait.
Conclusions.
Des inhibitions speciales.

Le Senat reçoit l'appellation, & quelque fois il la reté si le narré dans la Requête est impertinent, disant. *relevera le supliant son appel avec les inhibitions speciales*, sinon qu'il s'agit de discipline Ecclesiastique, ou de correction de mœurs, parce qu'en ce cas on ne donne *les inhibitions* qu'en *termes generaux*, & pour lors elle n'ont aucun effet suspensif. *b* Si pourtant il y avoit immoderation, & oppression? l'on y pourvoiroit comme il fut fait

Des inhibitions generales.

b Ed. art. 101. Il faut que la correction soit moderée.

touchant un Reverend Blanc Religieux de Talloire, quel fut elargi des prisons, ou il étoit detenu, par Mo sieur Doncieu deputé du Senat, à l'assistance de Mo sieur Comte substitut de Monsieur le Procureur Ge ral; on est en coûtume en France d'ordonner que le d tenu sera elargi, à la charge de se representer dans la Co ciergerie Royale dans un delay, & de condemner l'amende, celuy qui succombe, soit qu'il soit appellan soit qu'il soit appellé; au lieu qu'en Savoye il n'y a amen de que contre celuy qui a mal appellé.

Préjugé.

De l'amende d'appel comme d'abus.

a *Fevret de l'abus.*

L'Appel de Mr. le Procureur n'a besoin des formalitez.

Que si le Procureur General appelle comme d'abus a il n'a pas besoin de faire aucunes formalités s'il ne veut, étant *reçu appellant comme d'abus*, par la Cour, soit le Se nat, *lesquels tenans son appel pour deuëment relevé & inti mé, & y faisant droit disent avoir été mal nullement, & abusivement procedé, ordonné, executé* (on parle selon le cas dont il s'agit) *ordonnent que le tout sera cassé, reparé & annullé, avec domages interests & dépens*; le même est dit quand à la decision touchant la partie privée, qui fait declarer l'abus; que s'il n'y en a aucuns l'on dit n'y avoir aucun abus; *si est l'appellant condamné à l'amende, & au dépens de la cause d'appel, &c.* Il n'est pas loisible en Païs d'appeller comme d'abus de la concession des réc Apostoliques, à cause du respect que l'on rend au C de l'Eglise, on appelle aussi de leur execution.

On n'appelle pas comme d'abus d'une simple injustice.

Avis important.

b *Prov.* 22.

Les appellations comme d'abus sont rejetées en co ses purement spirituelles, ou qui ne sont taxées que d'iniquite, parce que si bien tout abus est iniquité; neanmoins toute iniquité n'est pas abus: Etant du devoir d'un Juge Chrétien de ne metre pas la main à l'encensoir, *non transgredieris terminos antiquos quos posuerunt patres tui b*

enim dissipat sepem mordebit eum coluber a *ne te misceas* a Eccl. 10.
Ecclesiasticis, disoit Hosius à l'Empereur Constance, *tibi Imperium comisit nobisque sunt Ecclesiæ, scriptum est, Reddite Cæsari quæ sunt Cæsaris, & quæ sunt Dei Deo.*

CHAPITRE XX.

Des Benefices Ecclesiastiques, dîmes, offrandes, & du possessoire d'iceux.

QVOY que le rang des Benefices Ecclesiastiques semble devoir être au commencement des matieres civiles, toute-fois parce que les appellations comme d'abus sont le plus souvent interjetées à leur égard, il n'est pas hors de propos d'en traiter dans cette suitte. Nous examinerons donc en peu de mots la nature & especes des Benefices, les voyes de les acquerir, & de les perdre; les manieres de les donner; leurs revenus, & les qualités & devoirs des personnes qui en sont pourveus.

Raison de la suitte de ce Chapitre.

Choses à examiner en ce Chapitre.

L'interest de l'Eglise étant d'alimenter ses Ministres, *alimentorum penuria cognantur religionis cultum deserere*, il fallu qu'elle eût des biens pour ce ce suiet, comme des oblations, des dîmes, & des Benefices. Il est vray qu'au commencement tous les biens y étans communs *b*, ils étoient gouvernés par des œconomes, & distribués par les Evéques; partie pour la subsistance des Clercs, partie pour alimenter les pauvres, & partie pour les reparations des Eglises, & nul n'étoit admis à la Prêtrise, au dire

Origine des Benefices.

Leurs anciens établissemés à quoy leurs revenus sont destinés.

b C. ex his.

Comment les Benefices ont été distribués aux particuliers.

de Loyseau, s'il n'étoit habitué en quelque Eglise; m
la ferveur s'atiedissant, on divisa les Prebendes, fai
occuper les Benefices aux particuliers, comme remar
le même Auteur en son traité du Clergé.

Division des Benefices.

a c. *cum de beneficio de preb. in* 6.

Les Benefices sont reguliers ou seculiers (étans to jours presumés tels s'il ne conste du contraire) *a* en digni ou personnats; Offices, ou Chanoinies; simples, ou aya charge d'ames; compatibles, ou incompatibles; libr ou patronés, titulaires, ou commendataires; electifs, o collatifs; electifs & collatifs tout ensemble. Il y a auf des Benefices consistoriaux, lesquels ne sont donn qu'en pleine assemblée des Cardinaux, dans le Consisto re.

Moyens d'acquerir les Benefices.

b c. 1. *de reg. iur. in* 6. C. Fab. def. 59 *de sacr. eccl.*

Les Benefices sont accordés par élection, postulatio translation, collation, & institution specifique, n'é tant jamais permis d'y entrer par voye injuste & illicite *non datur in beneficialibus viciosus ingressus*, b *& qui non in trat per ostium fur est & latro.*

Des elections & leur forme

c L. 49 *c. th. de decurion.* d Novel. 121. *de sanct. episc.* e c. *ne pro defectu de elect.* f c. 1. *de conc. preb.*

Lelection des Prelats se faisoit autre-fois par le peu ple, *c* puis par les Clers & les grands des Villes: *d* mais fin les lays en furent exclus par un Concile. Elle doit faite dans trois mois quant aux Prelatures seculieres, dans six en autres moindres Benefices, *f* & cela dans lieux accoûtumés au son de la cloche, en restant se ment le compromis, le scrutin & l'inspiration; & aprés que les suffrages ont été publiés, il n'est pas loisible d v rier, *g* & l'election par sort est abolie.

g c. *publicatio de elect.*

Du consentement & election.

h c. *quam sit de elect. in* 6. Rot. decis. 288 *du novis.*

Il est necessaire que l'Eleu consente dans le mois, à compter dés son élection, & qu'elle soit confirmee dans trois aprés, autrement elle devient caduque; elle differe de la postulation, en ce que la derniere est de grace: au lieu que la premiere est de justice, & fondée sur le merite de la personne qu'on demande pour remplir le Benefice. Quant a la collation des Benefices, elle est faite *aut jure ordinario, aut jure devoluto. Ita ut Papa tãquam ordinarius ordinariorum conferat per præventionem.* a La collation des Benefices, qui sont du corps de la Cathedrale, appartient à l'Evêque, & au Chapitre, ou conjointement, ou separément; excepté l'Office de Theologal, qui est donné par l'Evêque. La collation des Benefices qui ne sont du corps de l'Eglise appartient à l'Evêque, *cum consilio capituli*, b *quia habet jurisdictionem fundatam in tota Diæcesi*, c *id etiam facit aliquando sine consilio capituli, si illud præscripserit.* d Il faut pourtant excepter certains Benefices, comme les reservez au Pape, les reguliers exempts, & autres dont parle Pastor au neufviéme titre de son Traité des Benefices, s'il n'a un pouvoir special, *e* duquel il doit conster par letres authentiques, *f* l'on ne peut appeller à l'Evêque de ceux qu'il a establis pour conferer, ou juger : mais au Metropolitain, *cum sit idem tribunal* g *Episcopi, et Vicarij generalis, aliud de Vicario particulari, et officiali foranco.* h L'ordinaire qui reside, à six mois ou il pourvoit, qui sont Février, Avril, Iuin, Aoust, Octobre, Decembre, & 4. s'il ne reside pas, Mars, Iuin, Septembre, Decembre, les autres étans reservez au Pape par la Bulle de Pie V. il peut neanmoins obtenir l'alternative à Rome, & pour lors il a six mois. *i*

Des collatiõs de Benefices, qui en a le droit.
a *Pastor de benef. tit. 9.*
Du Chapitre.
Du Vicaire & Official.
b *c. tua de iis qua fiunt à prel. sine consensu capit. c. cum Ecclesia de elect.*
c *c. omnes basilic. 16. q. 7.*
d *Molin. de infirm. re[illegible] n.*
e *c. fin. de offic. vicar. in 6.*
Des mois du Pape & de l'ordinaire.
f *Pap. en ses Arrd. 1. tit. 2.*
g *Pastor de benef. tit. 11.*
Mois reservez.
h *c. Romana de appel. in 6.*

Au regard du Chapitre, il ne peut conferer *liberè sede vacante, potest tamen conferre beneficia curata quorum collatio ad Episcopum devoluta fuerat per negligentiam, instituere, graduatis providere in mensibus illis affectus*, k *excommunicare, suspendere, interdicere, absoluere, visitare, corrigere, commendare ad tempus, et alia exequi quæ sunt necessariæ jurisdictio-*

i *Garcias p. 5. c. 1*
Droits du Chapitre, s. de vacante.
k *Pastor de benef. tit. 11.*

nis; cuius claves habet, non ordinis, imò quando collatio ad Episcopum, et capitulum coniunctim pertinet sede vacante: accrescit capitulo. a

a c *quantæ de iis quæ fiunt à prelat. sine cō. sens. Pastor, de benef. tit.* 12.

Pouvoir du Pape, en fait de provisions de benefices. Les voyes d'y pourvoir.

Le Pape pourvoit aux benefice par quatre voyes, *aut iure simplici, aut iure reservato, aut iure devoluto, aut iure concursus.* Le dernier moyen n'étant admis qu'en cas de mort, ce qu'il fait, *non per viam accumulationis, sed iure principatus, iuxta illud, omnia Cæsar erat.*

Des mandats. *de providendo.*

Les Papes accordoient anciennement des mandats *de providendo*, contre le droit positif, & la liberté des ordinaires, lesquels estoient devenus des ordres indispensables, jusques-là qu'ils deputoient des executeurs pour faire accorder le benefice y compris; mais ils furent abolis en France par le Concile de Basle, qui a fait tant de bruit à cause qu'il fut tenu sans l'autorité du Pape, & comme il y eut des traitez pour pacifier toutes choses, que l'on nomma *concordats*, l'on limita ce pouvoir à dix benefices de cinquante, & seulement pour une fois en la vie de châque Pape. *b* Mais le dernier Concile *œcumenique* abolit entierement ces mandats, & toute sorte d'expectatives, *c quia inducunt votum captandæ mortis c. petiisti q.* 1.

b *Pastor de benef.*

Des expectatives.

c *Conc. Trid. sess* 21. *c* 6 *novor. conf.* 1. *de cler. agrot.*

d *Navar. cod.*

Des coadjutories.

L'On peut pourtant establir des coadjuteurs à cause des infirmitez du beneficier, *d* il est vray que les Papes les établissent *cum spe futuræ successionis, & ad vitam*, & non les Evêques; nous lisons que S. Augustin fut fait coadjuteur à l'Heresiarque Valere, que si la clause *ex indulgentia* y est apposée par le Pape, le coadjuteur succede en tous cas, *per simoniam, & hæresim.*

e *C. Fab. def.* 10. *de sacr. Eccles.*

f *C. Fab. def.* 10. *de sacr. Eccles.*

Les benefices donnez *in commendam perpetuam*, sont reservez au Pape, *e* autre est en France, ou le commandataire est fait titulaire. *f*

Les benefices des Cardinaux vaquent toûjours *in curia*, ou qu'ils meurent, & sont censez reservez au S. Pere. *a*

Les benefices sont tous presumez libres, & conferez, par les ordinaires, lors qu'ils ne sont sujets, ny à reserves, ny au droit de patronage, lequel droit a été introduit pour inviter les personnes à des liberalitez en faveur des Eglises, de ceux qui les fondent, dotent, ou restaurent, il y a un temps prefix pour nommer de la variation, & presenter au regard des patrons, & non pour instituer au regard des collateurs, ce temps est de six mois quant aux Ecclesiastiques, & de quatre quant aux lais, *b* ces derniers ont pouvoir de varier une seule fois, *c* sinon en certains cas, *d* au lieu que les patrons Ecclesiastiques ne le peuvent point faire, le méme est du Roy en France, ou il presente, a la reserve des prelatures, *e* nul pourtant ne peut plus varier aprés l'institution, *f* estant a remarquer qu'il ne faut pas revoquer le premier nommé, mais en adjouter un autre, laissant le choix à l'ordinaire de celuy qu'il veut, (& cela s'appelle varier *cumulativement*) qu'enfin le patron ne se peut nommer luy méme quoy qu'il le puisse étre par les compatrons, *g* s'il y en a.

Le Pape ne peut deroger au *ius patronat* lay, *i* sinon en certains cas *h* *pro medietate si plures sint patroni dissentientes inter se* il ne peut que *pro una vice, & non in perpetuum*, *i* comme en unissant suivant la definition 48. du Code Fabrien au titre *de sacr. Eccles.* étant a remarquer que l'union des benefices étant odieuse *k* elle ne peut étre ordonnée sans cause, & sans ouyr le Procureur general, & autres interessez suivant la méme definition, parce que les unions sont odieuses, & souvent opposées a l'intention des fondateurs. *l* L'Evêque pourtant peut interdire les benefices sans

a *Rebuf. in trac. de commend. Gratianus. pastor de benef. Garcias.*

Tout est presumé libre.

Du droit de patronage.

De sa variation.

b *c. cum de iur. patron.*

c *c. cum aut. &c. pastoralis de iur. patronat.*

d *voy pastor tit. 19.*

e *De Selva 3. part. vers. 25.*

f *Pap. l. 2. tit. 9*

g *c. 2. ut lit. pend. nihil innou. pastor de benef. tit. 19.*

h *c. per vestras de iur. patron.*

Qui peut deroger au *ius patronat.*

i *c. 16. q. 7. Concil. Trid. l. resor sess. 22 c. 9.*

k *Pastor de benef. tit 19.*

l *Flamin. l. 2. q. 4. Garcias 5. part. c. 1. Rebuf. in prax.*

Des unions.

On peut é-hũger *spreto patrono.*

revenus que l'on nomme *beneficia de pertica*, sauf aux interessez de les doter selon l'arbitrage du Prelat.

Or quoyque les provisions *spetro patrono* soient nulles: il faut excepter les permutations, *a* & les benefices qui vaquent en regale s'ils sont de patronage Ecclesiastique, c'ét à dire dépendans de quelque Eglise, Fevret est d'opinion qu'il faut le consentement du patron lay, & non de l'Ecclesiastique dans les permutes, & échanges. *b*

a C. Fab. def. 2. de iur. patron. Papon en ses arr. l. 3. tit. 9.
b Fevret lib. 2. c. 6.

Le ius patronat ne se vēd point.

Le droit de patronage, ayant plus du spirituel que du temporel, il ne peut être vendu ny tomber en commerce, *c* quoy qu'il puisse être donné, & legué du consentement de l'Evêque, *d* & être permuté avec un autre, *e* il peut méme passer avec une heredité, ou avec le Château duquel il depend: mais l'heritier grevé n'ét pas obligé de le restituer avec l'heritage, ou il est compris selon la plus saine opinion de nos Docteurs, *f* il a des patronages attachez aux familles appellez *gentilitia* ainsi qu'on voit dans l'Ecole.

c quia clerici de iur. patron.
d c. quod aut & de iur. patron.
e Rot. decis. 873. c. nemini 16. q. vlt.
f Alex. Molin. en son coutum. de Paris tit. 1. §. 15. pastor.

Comment on perd ce droit.

Le droit de patronage peut être aquis par contumace, *g* aussi bien que celuy d'élire, & de conferer, étant une regle canonisée que *in beneficialibus vltimus actus pacificus attenditur in possessorio*. Au regard du devolut (qui prive l'ordinaire du droit de conferer *pro illa vice*,) il arrive *aut ratione communionis*) étant proprement en ce cas un droit d'accroissement) *aut ratione superioritatis*; & quoyque l'Evêque ne fut pas superieur aux negligens, il a ce droit *vt delegatus à sede Apostolica*, *h* le devolut va de l'Evêque au Metropolitain, & puis au Pape, qui peut y concourir, & prevenir. *i*

g c. consulta ionibus de iur. patron.
h c. cum de beneficio de preb. in 6.

Du devolut.

i c. cum sit ne lis de prael. in 6 pastor de benef. Eccl. ti. 22

Le devolut a lieu en plusieurs cas comme si l'ordinaire ne confere dans six mois, ou s'il est suspendu ; parce qu'en qu'en ce cas l'autorité de ſon Vicaire l'êt auſſi, *a* &c. par la regle *principali non ſubſiſtente.*

a c. de offic. vicar. in 6.

Genres de vacances de benefices.

Quant aux genres de vacances, les benefices vaquent *aut ipſo iure in pœnam, aut ipſo facto*, lors qu'il faut la declaration du Iuge, pouvans être reſignez, ou permutez avant le jugement au dernier cas, *b* & toutes vacances *ipſo iure* arrivent, par mort, renonciation, privation encouruë *ipſo iure*, & par la nullité ou deffaut du titre.

b c. 2. de conceſſ. preb.

On ne peut obtenir le benefice des vivants.

Le benefice doit avoir êté conferé a celuy dont on veut que la mort le rende vacant, & accepté de ſa part, ſans qu'on le puiſſe obtenir pendant ſa vie, étant méme neceſſaire qu'il y ait un temps écoulé tel qu'il le faut vray ſemblablement au collateur pour ſçavoir le decez, ſuivant la regle *de veriſimili notitia* établie par le Pape Benoit XII. du Nom : laquelle étant pour prevenir les fraudes, a lieu à Rome, & allieurs, méme en France, *c* Paſtor explique la peine de ceux qui gardent le corps mort, auſſi bien que les Docteurs Canoniques, où je renvoy le Lecteur.

c Gloſſ. prag. m. de collat. de ſelna 2 part. q. 46. Mol. n. de veriſi n. not. n. 4.

Des renonciations, & reſignations.

La renonciation (qui eſt expreſſe ou tacite, la premiere étant nommée reſignation) doit être faite *in manibus ſuperioris*, *d* elle doit être faite ſans dol ny cõtrainte, & en bon ſens, & enfin ſans ſimonie, ce qui fait qu'elle n'eſt admiſe *in favorem* devant aucun autre que le Pape, *e qui purgat omnem ſimoniæ labem*, *f* il ne pouvoit pas méme l'admettre anciennement au prejudice des ordinaires au dire de Brodeau, l'on peut pourtant prier le collateur de conſiderer, & méme de pourvoir celuy que l'on deſire parce que cela ne le geſne pas, *g* il y a des reſignatiõs cõditionnelles permiſes méme devant l'ordinaire ex *cauſa permutationis*, & qui ne ſubſiſtent autrement, en ſorte qu'il y a lieu au regrés méme aprés la mort du permutant, ou aprés une ſe-

d c. non oportet q. 1. c. 33. q. 1. *e Molin. le infirmis n. 10.* *f c. cum pridē de pact.* *g Brod. lit. B. cap. 15.* *h l. 2. ff. ſi quis aliquem teſt. prohib. Rebuf. tit. de reſig. cond. Paſtor de benef. lib. 5. tit. 4. n. 5.*

Des permutations, & du droit de regrés.

D d

Qui les peut admettre.

conde resignation en cas deviction, & de trouble, & quoyque autrefois le Pape seul eut droit d'admetre les permutations, aujourd'huy les Evêques l'ont, & non leurs Vicaires sans special mandat, le Chapitre les peut admetre *sede vacante*, mais non pas conferer, étant a remarquer que l'inegalité des benefices rend les permutations suspectes, *a* mais qu'elle ne donne pas lieu à la restitution en entier, & que la fraude, que l'on nomme en benefices confidence est presumée *si resignans maneat in possessione*.

Des pensions.

On peut encore resigner devant le Pape sous une pension annuelle, qu'il peut imposer à sa volonté ; *a* mais elle n'est jamais gueres au delà du tiers du revenu. *b* L'on peut méme retenir des pensions devant l'ordinaire *ex causa permutationis ad coæquandos fructus*, *& pro bono pacis*, comme remarquent Rebuffe, Pastor, Ancharanus & Oldrade ; *c* mais cela seulement pendant que le resignataire sera possesseur du Benefice, n'y ayant que le Pape qui puisse realiser les pensions, parce qu'il est au dessus du droit positif *d* ? étant à noter que l'an des pensions ne commence pas en Ianvier, comme il fait lors qu'il s'agit de diviser les fruits du Benefice entre le nouveau Recteur & les heritiers du defunt : mais dés que le resignataire a pris possession, *e* comme a remarqué Monsieur Loüet. *f*

Comment les pensions cessent d'estre deuës.

Les pensions cessent d'étre duës par le decés des pensionaires, ou par l'heresie, par le Mariage, & autres moyens dont parlent les Docteurs. *g* Que si le resignant meurt dans vingt jours de la maladie dont il étoit attaint lors qu'il a resigné, la resignation est nulle *coram papa*, excepté les Benefices consisteriaux, cette regle a lieu devant l'ordinaire en permutations, & aux simples resignations. *h* Et aprés le temps toutes ces vacances sont *per obitum*.

De la regle des 20. jours.

a [illegible] l. 2. b [illegible] de iust. [illegible] A [illegible] c [illegible] de pens. q [illegible] Nic. [illegible] de pens. Chap. de demanio l. 2. tit 7. moral. l. 1. tit 3. d Rebuf. de pacific. poss. Pastor de benef. lib. 3. tit 12. Anchar. cons. [illegible] cons. 126 c. c. proposuit de [illegible]. f Louet lett. P n 12. g [illegible] Pastor. [illegible] de benef. h [illegible] Pastor. de benef. i [illegible]

Quant aux renonciations tacites ? elles sont lors que le Beneficier contracte mariage, *a* (*quia cythara* dit le Pape, *cum psalterio male concordat*; lors qu'il est fait Evéque ou Abbé titulaire, s'il n'a dispense ou empéchement; lors qu'il acquiert autre Benefice incompatible; lors qu'il n'est promeu aux Ordres dans le temps ordonné par les Canons, & lors qu'il se fait Moine. Etant à remarquer qu'en cas d'incompatibilité de Benefices, (comme s'ils portent tous deux residence ou charge d'ames) le premier vacque *per adeptionem secundi pacifici*, selon le Concile de Latran, *b* & celuy de Trente, *c* il y a pourrant dix jours pour choisir, un an selon Monsieur Favre, & six mois selon quelques Docteurs, lequel temps peut étre prorogé par le Pape, & méme par l'ordinaire *ex causa*, jusques-là que selon la decision 186. de la Rote *in novis*, le Pape peut dispenser le pourveu *ad vitam*, à cause de sa noblesse ou de sa capacité, si les Benefices sont de peu de revenu *d* l'ordinaire peut toûjours dispenser *ad vitam* pour des Chappelles qui sont *sub eodem tecto si singula non sufficiant ad sustentationem rectoris* : il est necessaire pour éviter les fraudes, que toutes resignations soient publiées suivant la regle *de publicandis, &c.* établie par Boniface, & confirmée par Innocent VIII. ce qui doit étre dans six mois si la provision est du Pape, & dans un si ell'est d'autres, Mr. Favre, & Gomez, veulent que la mise en possession ait lieu de publication, contre l'opinion de Pastor, & de Rebuffe, je suivrois pour mon particulier le sentiment de Gomez, & de Monsieur Favre parce que c'est l'usage de ce pays.

Les Benefices vaquent aussi par privation *ipso iure ob delictum, ut in simonia, confidentia, haeresi, intrusione homicidio qualificato, falsificatione, litterarum apostolicarum, crimine*

Des renonciations tacites. Leurs cas. Des benefices incompatibles, & au temps d'en quitter un.

a c. de multa de preb.

b Conc. Trid. sess. 7. de refor. *Rebuff. in tit. de sac. vacante. ver. 1 Navar. consil. 14. n. 1. de preb. Garc.* *p. 11. c. 5. n. 107*

De la dispense.

c c. de multa de preb.

d Pastor de benef. tit. 15. Rebuf. de disp. ad plur. b. nef. n. 25 Farin. ex decis. Cardin. n. 825.

De la publication des resignations.

De la privation ob delictum ipso iure.

Divers cas de l'irregularité.

læsæ majestatis, & sodomiæ, ob defectum tituli, & propter irregularitatem, quæ oritur, vel ex delicto, vel ex censuris, vel ex infamia, vel ex defectu litteraturæ libertatis, sanitatis, mentis, ex vitio notabili corpus deformante, &c. Il y a pourtant des cas ou l'irregularité ne prive pas des benefices aquis.

Qualitez requises aux pourveus de benefices.

a *Loter. de re benef. q.48.& q.50. lib.2.*

Literature requise pour la premiere tonsure.

b *c.qui in aliquo dist.5.Concil Trid. sess. 23. de refor.*

Pour les 4. moindres.

c *Conc.Trid. sess 23. de reform.c.11.*

Pour les grands ordres.

d *c.eod.*

e *Conc. Trid. sess. 22.*

Quant aux qualitez requises aux beneficiers, elles sont principalement, la litterature, les bonnes mœurs, la clericature, & l'âge, *a*, tellement que celuy qui prend la premiere tonsure (*quæ est tantum præparatio ad ordines*) doit sçavoir les principes de la Foy, lire, & écrire. *b* celuy qui desire les quatre moindres, parler Latin, *c* qui veut les derniers Ordres : les choses requises pour les exercer, *d* & étre Docteur, ou licencié s'il veut étre Evêque, *e, qui enim Episcopatum desiderat* dit l'Apôtre, *magnum opus petit.* Le méme est requis pour les prebendes preceptoriales, archidiaconats, & pour les premieres dignitez des Cathedrales, & des Collegiates si cela se peut faire commodément. *f* Il est aussi fort important que les Curez, & Prieurs, qui resident soient sçavans, particulierement dans les Villes. *g* Les indultaires non dispensez par le Pape doivent étre, ou graduez, ou avoir étudié trois ans en Theologie. Ie me dispense de parler icy *de graduatorum, & indultariorum iuribus, & privilegiis*, n'étant pas receus en Savoye quoy qu'ils le soient en France, en suite des concordats, sur quoy voyez Pastor *de benef. Ecclesiast. tit.*18. & Louët letre B & G Molin, *de infirm.num.*201.

Pour la prelature, & autres dignitez, & personats.

f *Conc. Trid. sess.24 c.12.*

g *§.Statuim. de colat in concord.Pastor de benef lib.3. tit. 30.*

Des bonnes mœurs.

h *Prosper Regiens lib. de vit.contemp. cap.21.*

i *Conc.Trid. sess.23. c 8.*

k *c Iudaorum de vita & hon. cleric.*

Les mœurs sont la plus importante portion du beneficier particulierement pour la prelature : car les Evêques étant nommés *adjutores Dei*, h *& successores Apostolorum*, i il seroit honteux *ad regimen aliorum promoveri eos qui se ipsos non norunt gubernare.* k

La clericature eſt auſſi indiſpenſable pour les benefices à proportion de leur importance , *a* ſufiſant d'étre clerc tonſuré pour poſſeder des ſimples Chappelles.

a *c.16. q.7. de inſtit.*

De la clericature.

L'âge eſt une des diſpoſitiõs requiſes tant aux ordres qu'aux benefices, nul ne pouvant obtenir la premiere tonſure avant qu'il ait 7. ans achevez. *b* Quant aux ordres ſacrez, il ſuffit d'avoir commencé les 22. ans pour étre fait ſouſdiacre, les 23. pour étre diacre, *c* & 25. pour étre Prétre, *d* & au regard des benefices ſimples, *quæ non ſonant in nomen rectoris* , il ne faut pas plus d'années que pour la tonſure, *e* autre eſt des benefices *quæ ſonant in nomen rectoris* , ou il faut avoir attaint la 14. année, *f* lequel âge eſt requis ſelon le Concile de Trente , en tous benefices ſimples ; *g* mais comme il n'ét pas receu en tout ce qui regarde la reformation, ny en Savoye, ny en France, on s'y tient au droit cõmun, ou il faut 10. ans achevez pour étre Chanoine dans une Collegiate, ou 14. dans une Cathedrale, *h* (étant neceſſaire d'étre *in ſacris* pour y avoir voix deliberative) il en faut 25. commencez pour les dignitez, perſonats, Cures, & Prieurez, clauſtraux ayans des Cures anexées, il y a des limitations en France par les concordats, ſur tout quãt aux Evêques , ils devoient avoir 50. ans par les cõſtitutions des Apôtres ; puis 53. il ſuffit aujourd'huy qu'ils en ayent 30. complets, *non enim ſpectatur ætas in eo qui virtutibus fulget*, diſoit Valerian , ils le peuvent méme étre en France à 27. ans par les concordats.

De l'âge pour les ordres , & benefices.

b *c. fin. de tempor. ordinand. in 6.*

c *Conc. Trid. ſeſſ. 23. c. 12.*

d *ex c. cum in cunctis de elect.*

e *de Selva p. 3 de benef. q. 5 Rebuf. de pacif. poſſ n. 175.*

f *c. indecorum de æt. & qual. ordin.*

g *Conc. Trid. ſeſſ. 23. de reform. c. 6. Riccius dec. 392. Garc. p. 7. c. 4.*

h *De Selva 3. part Rebuff de pacif. poſ. n. 178*

Ceux qui ſont pourveus de quelque benefice ou en Cour de Rome, ou par l'ordinaire doivent faire fulminer, ou executer leurs proviſions , aprés en avoir obtenu permiſſion du Senat , *i* ſi elles ſont étrangeres, ils narrent la choſe & concluent *à ce que la fulmination , ou l'execution*

Comment on execute , ou fulmine les bulles, & proviſions.

Maniere de ſe pourvoir.

i *Arr. gen. du 17. Fevr. 1573*

Comment on conclut, & decrete?

leur en soit permise; l'on montre au Seigneur Procureur General, & s'il n'y a rien contre le bien public, *il consent à la fulmination ou execution sans preiudice du droit du Prince, & de celuy du tiers non ouy, a la charge que l'execution sera faite par un Officier du Ressort*, le decret est conceu dans les mêmes termes. Les provisions de Rome doivent être suivies du *visa* de l'ordinaire ou du delegué, *sive sint in plombo, sive sub sigillo piscatoris.*

Du *visa*. Des bulles, & brefs.

Differēce des provisions de Rome, & de l'ordinaire.

a *Rebuff in concord. pastor. de bull.*

Choses requises aux bulles, & brefs Apostoliques.

L'on obtient divers récrits en Cour de Rome, & encore que l'ordinaire ne puisse pas conferer le même Benefice a plusieurs *eodem iure*; *a* le Pape dont l'autorité est inepuisable, n'en est pas de même, quoyque deux ne s'en puissent pas prevaloir, *ne beneficium dividatur*, le titre du Benefice, & le nom de l'impetrant sont écrits par le dataire, avec l'an & le jour de l'impetration, qui font preuve, & l'an commence dans la datterie au vingt-cinquiéme du mois de Mars, Feste de l'Anonciade : Que si l'on desire empécher des nouvelles provisions: on peut mettre un *nihil transeat*, qui vaut opposition, laquelle n'est receuë à la fulmination des Bulles devant le lay ; mais à la mise en possession. *b*

On ne peut s'opposer à la fulmination des bulles, mais à la mise en possession.

b *Arr. du 6. Novem. 1670.*

c *l. matriculā C. de agent. in rebus lib. 11.*

d *l. C. 1. de fid instr. & amiss. eor.*

Or comme il faut des titres pour prouver une grace Apostolique, (ne pouvant être justifiée par témoins, si non qu'ils deposent de la perte du titre,) il est bien de sçavoir les formes des bulles, Brefs & autres rescrits, ils saluent l'impetrant enoncent ces merites, la vacance, & commettent un Prêtre ou un Notaire pour la mise en possession, étant à noter qu'en fait de provisions, l'on supplie par écrit au Pape, & non aux ordinaires, qui doivent sçavoir l'état de leur Diocese : étant le suppliant obligé d'exprimer ses autres Benefices, & leur état si le récrit est

Il faut tout exprimer ce qui peut mouvoir le Pape.

in forma gratiosa vel pauperum, sauf que la collation fut accordée par le Pape *motu proprio*, *a* ou qu'il y fut dit que *obstantiæ oratoris habentur pro expressis*, ou enfin qu'il s'agit d'un Benefice uni ; *b* il faut aussi exprimer les qualités du Benefice, & si on le prend par devolut le temps de la possession, comme aussi la resignation precedente. Que si l'on veut reformer quelque defaut des premieres lettres par un *perinde valere*, qui est comme nos *letres d'atache*, il l'y faut exprimer, le même est si on desire la clause *si alteri*; & la clause *si neutri aut si nulli*, qui est lors qu'on prend des provisions en cas qu'aucun des contendans n'ait droit ? Enfin il ne faut rien taire de ce qui pourroit empêcher la grace. Il y a pourtant cette diference entre le Pape & l'ordinaire, que le premier dispense tacitement des obstacles en conferant s'ils luy ont été exprimés, au lieu que l'ordinaire le doit faire en termes expres. *c*

a c. si motu de prab. in 6.

b Rot. decis. 119 in antiq. Rebuff in concord. de collat.

Diverses clauses des bulles

Cas notable.

c Rebuf. de dispensat. sup. defectu.

Le Pape supplée quelques fois au defaut d'expression par la clause *quod verus valor beneficij & vacationis modus habeatur pro expresso*. Il empéche aussi l'effet de la reserve par la clause, *licet de illa vacatione reservatio resultet*, & le vice d'obreption par la clause *motu proprio*, *& de certa scientia* : celle, *vel alio quovis modo*, fait extention de *modo ad modum*, *& de casu ad casum*, & celle *cuiusque persona*, étend la vacance d'une personne à une autre, autrement *modus omissus à papa non continebitur sub expresso d aliud de ordinario : si nullum modum expresserit e modo impetrans non sit devolutarius*.

Autres clauses pour supléer, & étendre.

d c. suscepti munus de reser in 6.

e Molin ad reg. de publ. resig. pastor de benef lib. 2. tit. 6

Le Pape deroge quelque fois aux Statuts, Coûtumes, Induls, Privileges, Elections, Nominations, presentations, & autres reserves contraires; mais cela n'opere que pour les choses renfermées dans le corps du droit, s'il n'y a eu expression des particulieres. *f*

Clauses derogatoires.

f c. si propter de rescr. in 6. l. si [illegible] ff. de leg. 2 de [illegible] 3 par c 14. pastor. cast. & alij

Des reserves.

Les benefices reservez au Pape, le sont expressement, ou tacitement *per manus appositionem*, par des constitutions generales, ou speciales, comme ceux des personnes qui meurent *in curia vel intra duas diatas*, *a* ceux qui vaquent *per incompatibilitatem*, b *per simoniam*, *& haeresim*, étant a observer que les mois reservez au Saint Pere, sont au nombre de huit, à sçavoir *Ianvier, Fevrier, Avril, May, Iuillet, Aoust, Octobre, & Novembre*, & de six seulement dans l'alternative, à sçavoir *Ianv. Mars, May, Iulliet, Sept. & Novembre*, c & que l'ordinaire peut conferer si le Saint Pere ne s'en est prevalu, aprés l'écoulement d'un mois à compter dés la vacance, *d* enfin que le mois commence en fait de benefices dés la minuit sonnée du dernier jour du precedent mois, & si les horloges n'étoient pas conformes, comme il arrive presque toûjours, il faudroit se tenir à celuy de la parroisse. *e* Ie remarque icy par occasion que les regles des reserves n'ont plus lieu en France dés le dernier concordat, sauf celle de la vacance *in curia* selon Pastor, & Bauny, & cela *per cessum per decessum per depositionem, & nullitatem tituli*, f & quelques autres.

a c. 2. de prab. in 6.
b *extr. execrabilis de prab.*

Mois reservez au Pape.

c *Vey Garc. part. 5. c. 1.*

Quãd le mois est cõmencé? d *G. Fab. def. 35. de sacr. Eccl. Garc. p. 5 c. 1. Gonz. in reg. 8. cancel.*

e *Garc. p. 5 c. 1*

Reserves abolies en France.

f *Pastor de benef tit. 15. en sa pratiq.*

De la regale.

Encor faut-il excepter de toutes reserves les Cures, & les benefices en regale, *g* qui est un droit par lequel les Rois de France peuvent pourvoir aux benefices *sede vacante* sauf aussi aux Cures, & Vicariats perpetuels, *h* y établir des œconomes pour en retirer les fruits à leurs noms dés l'ouverture de la regale à la charge de leur en compter, ils peuvent méme admetre les resignations *in favorem*, comme le saint Pere, jusques a la cloture de la regale (qui arrive si le nouveau pourveu *sit legitimè intrans*, c'ét à dire s'il a le brevet du Roy, le bref du saint Pere la possession, & s'il a prêté serment de fidelité,

g *Ioan. Gall. q. 150. Brod. sur Louët letr. R. n. 47.*
h *Guil. de mõt. laudun. Pap. de. iur. regal.*

Ouverture de la regale.

i *Molin. de infir. resig. n. 422.*

Cloture de la regale.

lité, *a*) les mémes Roys conferent *pleno iure*, les benefices de fondation Royale, & y pourvoient aussi, à cause de leur heureux advenement à la couronne. *b*

a Bauny en sa prat. ch. 16.

b *Le mesme.*

Quant à nos Princes quoyqu'ils ayent tous droits d'Empyre dans leurs Estats, comme les Roys de France l'ont dans les leurs, neanmoins ils restreignent en quelques chefs le droit de regale touchant les benefices, ou ils ne touchent que par un principe, ou de patronage ou de protection, ou de temporalité, ou de police. Ils sont presumez patrons, & fondateurs de tous les benefices qui sont en dignité riere leurs Estats, *c* parce qu'ayans ordinairement des fief les Princes les leur donnent incessamment lors qu'ils ne les leur levent pas, le pouvans faire, & qu'ils maintiennent, & protegent leurs droits parce que les benefices ayans dignité sont presumez emanez du Prince, comme de leur source primitive, c'ét le raisonnement du Pere Bauny, *d* parlant du patronage presomptif qu'ont les Roys de France, outre la regale temporelle, & spirituelle dont nous avons parlé.

Des prerogatives, & droits des Ducs de Savoye touchât la regale Leur patronage presomptif pour les dignitez.

c C. Fab. def. 1. de iur. patr. Raisons du patronage presumé.

d Bauny en sa pratique.

Les Ducs de Savoye nomment aux benefices mitrez, & aux quatre enoncez dans la Bulle de Clement VIII. par un special privilege, & nul étranger ne peut étre installé dans les dignitez Ecclesiastiques riere leurs Estats, s'il n'a leur agreément ce qui n'est pas necessaire à leurs sujets, ainsi qu'il fut jugé par le Senat pour un Reverend Paërnat à cause du Doyené de Samoen, *e* autre est lors qu'ils sont patrons; car en ce cas il faut leur nomination indistinctiment comme des autres.

Les Ducs de Savoye nomment aux benefices mitrez. Il faut leur placet aux dignitez. Les sujets n'en ont besoin.

e Arr du 19. Mars 1661.

Nous parlerons plus amplement des autres droits, & privileges de cette Royale couronne touchant les benefices au traité qui verra bien tôt le jour intitulé des

Benefices Ecclesiastiques, & Seculiers.

Du concours. Sa forme.

Lors qu'il s'agit des Cures, elles doivent être mises au concours, duquel le jour, & heure sont prefigez par le Prelat qui établit cependant un Vicaire pour faire le service, & les fonctions curiales.

a Voy Garcias de benef. & le Conc. de Tren.

Du choix aprés le concours.

b Voy le Conc. de Trent. sess. 14. de reform. c. 18. & Garcias de benef.

c Bauny en sa pratiq. Garc.

d Garcias Bauny, Pastor, & alij.

Comment on se pourvoit contre le cō cours.

Il depute trois examinateurs, *a* pour le moins sur le rapport desquels, il rejecte les incapables, & fait choix entre les capables de celuy qui l'êt d'avantage, *b* & s'il ne pourvoit du benefice dans l'espace de six mois, il y a devolut à son superieur immediat selon le Concile de Latran, qui aura aussi pareil terme, *c* sans qu'on puisse jamais appeller du jugement, & rapport des examinateurs.

Que si le concours n'èt tenu dans la forme prescripte il sera declaré nul, *d* & la collation qui l'aura suivy; mais il en faut appeller *via ordinaria*, & non par celle d'abus, le Senat le jugea ainsi Chambres assemblées entre Reverend Messire Gabriel Dijod Curé de la Croix, & Reverend Ialliet.

Cas ou l'appel comme d'abus n'est receu.

Il n'est pas aussi loisible d'appeller comme d'abus des suspensions ordonnées *ex causa secreta* par les Evêques, ainsi qu'il fut deliberé sur la requête d'un Chanoine de saint Iean de Maurienne, suspendu de la celebration de la sainte Messe par Monseigneur l'Evêque de ce lieu, qui remplit cette dignité relevée avec autant de ponctualité, & de zele, comme il s'est rendu recommandable dans la Cour de Rome, & de Savoye, & parmy tous les grands de l'Europe, par la force de son beau genie, & les Illustres mouvemens, & productions de son ame genereuse.

Prejugé. Eloge de Mōseigneur Hercules Berzet, Evêque de Maurienne, & assistant de sa Sainteté.

Des institutions. De l'acte de refus.

Tous ceux qui veulent entrer legitimement dans les benefices, doivent se faire instituer aux ordinaires, lesquels ne peuvent refuser de le faire, lors qu'il y a presentation ou permute, sinon qu'il y eut quelque incapacité *ex parte personæ*, & aprés un acte de sommation portant refus, *a* dont il conste par acte authentique, & receu par Notaire. L'On peut recourir au superieur du refusant, ou au Senat par appel comme d'abus, parce que l'institution donnant lieu au possessoire, il n'est pas juste que l'Ecclesiastique en excluë la jurisdiction temporelle par cette voye là. Il faut observer que le collateur libre, n'est point obligé de conferer contre sa volonté, non plus que le patron s'il ne s'agit de permutation, & échange, & que *b* l'institué doit prêter serment, & faire des actes de foy devant celuy qui l'instituë, ou comme ordinaire, ou comme delegué.

a *C. Fab. def. vlt. de iur. patron.*

A qui on se pourvoit aprés un refus iniuste.

b *Voy Garcias. de benef.*

Aprés que l'on a obtenu des provisions, ou à Rome, ou allieurs, l'on prend possession par le ministere d'un Prêtre, ou d'un Notaire, par l'embrassement de l'Autel, l'attouchement du veroul de la porte, de la corde de la cloche, par la remission d'une mote de terre, ou autrement, & s'il s'agit d'un Canonicat, on fait sieger le pourveu en sa place, l'on fait plusieurs autres formalitez selō la qualité du benefice, & s'il y a opposition, le Iuge laïque en doit connoitre au possessoire duquel nous parlerōs en peu de mots, notez que la mise en possession tient lieu de publication en ce pays, *c* aussi bien qu'en France, *d* & que l'on peut prendre possession par la veuë, & inspection du clocher, ou Eglise s'il y a des difficultez d'en approcher à cause de la guerre, peste, ou autre danger. *e*

De la mise en possession. Ses ceremonies.

La prise de possession vaut publication.

c *C. Fab. def. 59. de sacr. Eccl.*

d *Pap. en ses Arr. tit. 1. l. 3. Gomez. ad Reg. de public. resi n. 98.*

e *l. 1. ff de aq. [illegible]*

Il faut sçavoir que les matieres de Benefices & de dîmes ont leur possessoire & petitoire, *f* que les Iuges seculiers connoissent du premier, & les Ecclesiastiques de l'autre, lesquels ne peuvent prendre connoissance du pe-

Du possessoire, & petitoire.

f *Molin. Past. Guy Pap. q. [illegible]*

Guil. Gen. n. 414. Qui en connoit. *a C Fab. def. 11. de sacr. Eccles. Guy Pap. q. 51.* *b Stil art. 120 121. & 191.* Des jugemés possessoriaux. Il faut titre en benefices. *c C Fab. def. 15. de sacr. Eccl.* *d vid. reg. de annali poss.* De la possession d'un an. De la possession de trois & de dix ans. *e C. Fab. def. 76. eod. Decius cons. 121.*

titoire que le possessoire ne soit vuidé & executé, sans commettre abus, *a* le Iuge seculier peut juger incidemment du petitoire *in fomentum possessorij* : *b* Et nul autre que le Senat, & les Iuges Ducaux, n'a pouvoir de connoître de ces matieres en ce pays de Savoye, *c* le possessoire tend, ou à *simple maintenuë*, ou à *recreance*, ou à la *pleine maintenuë*, *ou au sequestre* qui s'ordonne de l'office du Iuge, lorsque ny l'un ny l'autre n'est bien fondé. Le lay ne juge pas la mise, *quia sapit petitorium.*

La possession (qui seule suffit en matieres prophanes) doit étre aydée d'un titre, ou canonique, ou du moins coloré, en fait de Benefices, *ne detur viciosus ingressus*, sinon que la possession annale fut opposée sans autre exhibition de titre *ad removendum malè impetrantem, ne qui non expressit possessorem & statum beneficij*, *e* *nec intra sex menses possessorem ad iudicium non vocavit, non gaudet impetratione nullo alio modo vocationis sufragante, etiam adhibitis litteris subrogationis, aut si neutri.*

Quant à la possession triennale, elle asseure celuy qui qui l'a euë paisible contre toutes molesties & impetrations, pourveu qu'il ne soit intrus, *super eisdem beneficiis taliter possessis molestari nequeat* dit la regle *de triennali*, & si la possession de dix ans luy est jointe, elle opere un titre coloré, pourveu qu'il n'y ait pas eû spoliation, car en ce cas il y a lieu à reintegrande, comme il fut jugé en faveur d'un Reverend Pellissier apres la possession de son adversaire pendant vingt ans. Il faut observer que ces possessions étans des especes de prescription; on n'en peut point opposer à ceux qui n'ont pû agir, *f* & que les regles de Chancelerie sont abolies en Savoye, lors qu'elles sont purement bursales, aussi bien qu'en France, comme est celle *de exprimendo valore.* g

f Bauny liu. 3. chap. 34. *g C. Fab. def. 5 de sacr. Eccles.* Regles bursales ne sont receuës en Savoye.

Quelques fois ceux qui doutent de leur droit se font subroger par le S. Pere à celuy du defunt collitigant, s'il ne sont intrus ; le plus seur est d'obtenir la subrogation du Prince, du moins pour l'instance possessoriale, & autres droits temporels, leque les Docteurs François asseurent le pouvoir seul accorder, *a* parce qu'en concours de Iurisdictions la seculiere prevaut comme plus ancienne. On obtient aussi des lettres *si neutri*, & autres, *jus juri addendo quia in beneficialibus admittitur multiplicatio titulorum modo non se destruant. b*

De la subrogation. Voy la regle *de subrog. & de collitigatorib.*

Quant aux droits des Benefices, ils consistent en honneurs & profits, les derniers étans certains comme les gros fruits, & incertains comme les obventions, étant à remarquer que les derniers sont perdus par le defaut de residence, & non les autres, si l'absence est juste. Il fut ainsi decidé par le Senat entre le R. Sr Chambre & le Chapitre de la Chambre *c*, au rapport de Monsieur le Senateur Chiviliard personnage dont l'esprit clair, & transcendant ne reüssit pas moins dans les jugemens qu'il la fait pendant plus de 15. ans dans le barreau, ou il fut un oracle, & un sujet d'admiration le méme fut jugé en faveur de R. Mre du Sougey, Doyé de Samoen, au raport de M^r le le Senateur Morel, dont la plume excellente, & le beau talent ravissent tout le monde, comme étant un des plus sçavants hommes, & des plus rares genies de son Siecle. *d*

a *Pap. Peleus, in reg. cancell. c. 2. Rebuff de subrog. collitig. Pastor de benef. l. 2. tit. 11.*
b *Ab in c post electionem de concess. preb. Felin. in c. nostra de rescr. Loter. q 46. Pastor Garc. Fay Lambert.*

Des droits, & fruits des benefices.

Eloge de Mr. Chiviliard.

Eloge de Mr. Morel.

c *Arr. du 19. May 1672. suivant Gonz. in prohem. reg. 8. & Mr. Fav. en sa def. 50. de ep & cler.*
d *Arr. du 5. May 1674.*

Nous venons de parler des rentes, & droits profitables des benefices, & comme ils consistent en premices dîmes, & oblations, il est à propos d'en toucher deux mots.

Des premices.

Les premices, qui sont les premiers fruits, & les premiers nez, sont deuës a Dieu, comme au principe de toutes choses comme les dixmes, qui estoient la derniere, & diziéme portion luy sont offerts à cause qu'il en est la fin, & cela en signe de son domaine universel, *primitias frugum terræ deferes in domum Domini tui,* a *honora Dominum de præmitiis omnium frugum tuarum, & implebuntur horrea tua saturitate.* b

a *Exo.23.n.19*
b *Prov. 3.*

Des dimes réelles, & mixtes.

Quant aux prestations réelles ou mixtes, qui ont plus particulierement titre de dîmes, elles sont Ecclesiastiques de leur nature, & le pain de ceux qui servent à l'Autel, de sorte que le Curé a son intention fondée en droit pour les percevoir il est vray que souvent les necessitez de l'Eglise, persecutée par les infidelles l'on contrainte à les aliener ainsi qu'il a esté fait au temps des croisades, d'où vient qu'il y a des dîmes seculieres en plusieurs endroits.

Le Curé est fondé dans sõ clocher pour la dixme.

Autre divisiõ.

La dîme est ou ancienne ou nouvelle (qui est appellée *novale,* c à cause de la nouvelle culture,) de gros, & de menus fruits, & rien n'est si criminel que de la retenir, ou frauder. *Contristari Deus dicitur si decimæ non soluantur,* d & nous lisons que les Pelasgiers cesserent d'étre victorieux en guerre d'abord qu'ils ne payerent plus la dîme, de ce qu'ils gagnoient au combat, *e* & que la maison d'Heli fut d'étruite parce que ses enfans la fraudoient, *f* mais qu'au contraire Iacob, qui a esté le premier qui a payé les dîmes, y rencontra sa prosperité, & le succez qu'il desiroit dans la maison de Laban, *g* & les Romains celuy de leurs armes, parce qu'au rapport de Pline ils n'osoient toucher à leurs fruits avant qu'en avoir offert à leurs dieux, enfin quoyque les dîmes personnelles fussent autrefois volontaire au dire de Felin, de Papon, & de Balde, neanmoins il faut des coutumes inveterées pour s'en exempter entierement, autre est de celles des menus bleds qui sont libres du, precepte *minutæ decimæ non sunt in præcepto*: mais au regard de la dîme réelle, ou mixte

c *Voy la loy silva cedua.*
Raisons pour le payement des dixmes.
d *c.revertimini 16.q.1.*
e *Dionys. halicarn. de antiq. Rom.*
f *Samuel 1.c.2*
g *Gen. c 28.*
Exemples.
Si on peut s'exempter des dimes.

de gros fruits,on n'en peut étre exempt *in totū* sans un privilege qui soit réel, & avant le Concile de Latran, tenu au 12. Siecle,ce qui est presumé *ex possessione immemoriali cum fama tituli*, selon la doctrine de Monsieur Favre, *a* l'Ecclesiaste prescrit le droit de dîmer contre un autre par l'écoulement de 40. ans. *b*

a *C. Fab. def. 78. de sacr. Eccles.*

Si la dixme prescrit.

b *Auth quas actiones C. de sacr. Eccles. Brod. sur Louët lit. D n. 13.*

Quant a la cote elle peut estre differente, & méme prescrite, iusques a ce point que *decimæ singulis annis non petitæ censentur tacito iudicio remissæ*, c & s'il n'y a point de cotité determinée, le Seigneur decimant la peut faire regler à l'usage des parroisses voisines. *d*

c *C. Fab. def. 66. de sacr. Eccl Rot. deci. de decim.*

Les novales, qui sont *les dixmes des fonds nouvellement defrichez pourveu qu'ils ne soient pas renfermez dans l'ancien corps de la dixmerie*, e appartiennent au Curé aprés le temps de l'exemption quand méme la dixme ancienne seroit secularisée. *f* Le Senat le jugea ainsi en faveur du Curé de Draillans contre Mrs. de Geneve, moy present.

Des novales.

d *c. olim de consuet. & can. apostolica.*

Prejugé du Senat.

e *ex l. sylva cedua §. novales, ff. de verb. sign.*

f *Pap. en ses Arr. l. 1. tit. 12. arr. 14.*

Au regard des offrandes (qui sont le plus incertain; mais quelquefois le plus grand revenu des benefices) elles étoient au temps des Apôtres si frequentes,que les fideles necessiteux en vivoient, & si aggreables à Iesus-Christ qu'il prenoit soin de les conserver pour les faire distribuër au fideles; *Christus* dit saint Augustin au sermon *de communi vita clericorum*, *habebat loculos à fidelibus oblata conservans*, Clement Romain assûre que les Apôtres rejetoient celles des usuriers, & des impies, suivant les paroles de Michée *ponam*, dit le Seigneur par la bouche de ce Prophete, *idola eius in perditionem quia mercedibus meretricis congregata sunt.* Aujourd'huy les offrandes sont bien souvent la proye de l'avarice de ceux qui les reçoivent, comme elles sont de funestes productiōs des usurpations,

Des oblatiōs.

Corruptiō du siecle touchāt les oblations.

& des injustices de sorte, que au dire de saint Hierôme, ce qui doit étre de la redemption des pechez, n'est plus aujourd'huy que la vanité, & la gloire des pecheurs, *a* & les armes des bien-facteurs gravées sur les choses les plus saintes, font porter leur livrée aux Prétres, & à Dieu méme, & prophanant les Sacrificateurs, & le sacrifice, rendent l'ambition victorieuse, corrompent ce qui étoit un bien de sa nature, & font perdre au bien-facteur tout le merite qu'il auroit eu auprés de Dieu, parce qu'il en est payé sur la terre par l'aplaudissement des hommes, & par l'assouvissement de sa vanité.

a *D. Hieron. in hier. lib. 2.*

Devoir des beneficiers clercs.

Nous avons déja parlé des principales qualités qu'il faut posseder pour être admis dans les Benefices, qui sont les bonnes mœurs, l'âge, la clericature, & la literature. Il faut à present toucher deux mots de l'obligation des Beneficiers envers Dieu, le prochain, & eux mémes, laquelle naît, ou du droit commun, ou des conditions de la fondation du Benefice.

Des obligations par la fondation des benefices.

Commençant par les loix des Fondateurs, elles sont indispensables, selon Rebuffe, & doivent être observées *in forma specifica*, *b* sinon que la necessité & utilité de l'Eglise obligeassent le Prelat à les changer.

b *Rebuf. privil. 49. du droit de regale, prob. prius 27. Bauny liv. 3. c. 28. Louët in verb. benefic. in nanat. c. 23. de s8 Manuel Lessius c. 34.*

Des obligations provenātes du droit commun.

Quant aux obligations qui naissent du droit positif, elles sont differantes selon la nature des Benefices : Car l'Evêque & les autres Pasteurs doivent veiller à leurs oüailles, les nourrir par la parole, les édifier par l'exemple, & les secourir par la priere, & par la distribution des Sacremens. Les Recteurs & Titulaires des benefices simples ont moins de charge & d'engagement, mais tous doivent defendre & rechercher les droits de leurs Benefices, dont la perte leur est imputée devant Dieu, comme me aux marys devant les hommes celle de la dotte de leurs femmes, ou aux depositaires celle du depost. Ils sont tenus à l'Office solemnel dés qu'ils sont *in sacris*, & dés qu'ils sont possesseurs des Benefices, *a* sinon qu'ils n'eussent que quelques Chapelles, ou pensions avec la premiere tonsure, qui ne fussent pas suffisantes pour leur subsistance, auquel cas le Concile de Latran, & la constitution de Pie V. les en exemptent en recitant l'Office de la Vierge Marie. *b* Le possesseur du Benefice, & tous les Clers qui sont *in sacris* doivent éviter les frequentations suspectes, sur tout celles des femmes, lors qu'elles causent du scandale, ne leur étant point permis d'en tenir chés eux au dessous de l'âge de 50. ans, à la reserve de leurs mere, sœur, tante, ayeule & niéce suivant les Conciles, *b* & les Canons *mulierculas*, dit Innocent, *cum Clericis habitare ne permittas.*

a Gare 1. part. c 1. Pastor ac benef lib. 3. tit. 12.

b id. Gare. eod. id. Past. eod. Choses que les beneficiers, & clercs doivét eviter.

Il faut que l'Ecclesiastique tant beneficier qu'autre, évite tous ministeres abjets, & sordides, comme le trafic public, *c* les theatres, que Tertulien nomme *consistoires de l'impureté*, *d* & les tavernes, *e* *quia non iustificabitur caupo à peccatis.*

La chasse tumultuaire, & avec armes a feu, la Chirurgie ou il faut répandre du sang, *f* sont opposées a la clericature, *g* il y a une infinité de cas qui le sont aussi, & qui font encourir irregularité (laquelle a la verité ne prive pas toujours *ipso iure* des benefices, *h*) que je passe sous silence pour n'être ennuyeux, ny proprement mon affaire, me suffisant de dire que les Ecclesiastiques doivent imiter la sainteté de celuy dont il sont le partage, *sancti estote quia ego sanctus sum*, & qu'il n'y a rien de si monstrueux, & de si detestable aux yeux de Dieu, & du monde qu'un mé-

c Conc. Thol. Eccles. Conc. Carthag. Cor. Trid. sess. 25. c. 14. Bauny lin. 2. ch. 1.

d Bauny en sa pratiq. c. 2. l. 2.

e Tertul. lib. de spect. c. 7.

f can. 14 apost.

g Voy le chap. de la chasse.

h Baun. c. 2. l. 2.

chant Prêtre *quomodo potest aufferre malum de medio Ecclesiæ* dit S. Hierôme, sur l'Epître *ad titum, qui in delicto simili corruerit.* a

a Can. 6. dist. 65.

CHAPITRE XXI.

Des executions, & oppositions en matieres civiles.

COMME les jugemens des Ecclesiastiques, & des Seculiers, ensemble les formalitez dont nous venons d'écrire, seroient inutiles, s'ils n'étoient executez, il est à propos de parler des executions civiles.

Diverses especes d'executeurs.

Ceux qui y procedent sont, ou simples executeurs, comme les Huissiers, Sergents, Metraux, &c. ou avec connoissance de cause, & tels sont les Senateurs, & autres Iuges, *a* tant ordinaires que deleguez.

a Voy le petit abrégé de pratiq. de M. Favre ch. 22.

En vertu de quoy se font les executiõs.

L'On execute, ou en vertu des mandats, & letres du Iuge, ou sur celles de Chancelerie, qui sont données par le Garde des sceaux au Nom du Prince, dont l'opposition qui les reduit en simples citations, ressort devant les Iuges ordinaires.

Maniere d'executer un jugement.

Que s'il s'agit d'executer un Arrest, ou Sentence; l'on fait assigner la partie pour s'y trouver, laquelle s'il ny a eu des resistances precedentes, peut empécher le transport du Iuge, en declarant qu'elle tient l'Arrest, ou Sentence, pour executez, auquel cas cela est fait par un Huissier, ou Sergent, sinon qu'elle le voulut faire à ses dépens, le plus seur seroit de demander les clefs en plaidant la cause devant le Commissaire, ou le Iuge, il est pourtant quelquesfois important de les faire tranſporter ſur les lieux, afin d'éviter les oppoſitions, qu'il ne recevra ſans que celuy qui les forme ait titre, & poſſeſſion, & jamais de la part du condamné ſauf de dehors, ou par la voye d'appel quant aux ſubalternes, au lieu qu'un ſimple executeur ne connoit de rien touchant la cauſe, Monſieur Favre veut que le condamné puiſſe oppoſer de dedans avec nouveau droit non recherché.

Importance d'avoir le commiſſaire, ou le Iuge.

Meſſieurs du Senat ont pouvoir de faire rompre les portes, en cas de refus de les ouvrir, & cela par leur ſeul charactere, dés qu'ils ſont Commis, ainſi qu'il eſt declaré par Arreſt general du 7. Iulliet 1662. donné au raport de Monſieur le Senateur Doncieu, Baron de S. Denys, & de la Bàtie, &c. dont les actions toutes genereuſes, & heroïques, accompagnées d'une pieté, & d'une integrité inconcevables, font en luy l'aſſemblage des Illuſtres prerogatives des premiers Preſidens, & commandans en Savoye, dont il eſt iſſu, y ayant peu de familles en ce païs qui y ſoient ſi recommandables que la ſienne, laquelle vivra eternellement par la memoire des ſervices qu'elle a rendus au public, & par la parolle, & par la plume. *a*

Authorité de Meſſieurs du Senat pour executer leurs commiſſions.

Eloge de Mr. Doncieu.

a Voy les doctes écrits de Guil. Doncieu Preſident au Senat.

L'Execution eſtant faite on en dreſſe verbal, & les ſimples executeurs un exploit, eſtant à remarquer, que celuy qui a été procureur au jugement ne peut en deſiſter lors qu'il s'agit de l'executer, *b* qu'une execution n'empéche pas l'autre, ſi la premiere n'a eu ſon effet, ou été empechée par le detteur. *c*

Du verbal, & exploit de l'Executeur.

b l. ſi deſiſtat & l. filiusfamilias, ff. de procurat.

Arr. gener du 30. Iuill 1660 [illegible]

Il y a des choſes exemptes d'executions, comme les choſes ſacrées, les inſtrumens du labourage, *d* les armes du ſoldat, *e* les livres de l'écolier, *f* les gages des Meſſieurs du Senat, ainſi qu'il fut jugé concernant feu Monſieur

d l. execut. C. [illegible] *le verbo* [illegible] *ſio-jours 33.*

le Senateur Berguere avec le Sieur de la Marc.

Quelle foy est douée aux executeurs?

L'Executeur simple est crû *in his quæ sunt officij*; mais non pas s'il disoit avoir été mal traité, ou que le prisonnier luy a été enlevé, ainsi qu'a remarqué Monsieur Favre, *a* autre est d'un Senateur dont le verbal fait preuve en tout à cause de l'integrité qu'on presume en des personnes de cette élevation.

a *C. Fab. def. t. de fruct. & lit. expens.*

En quel téps on execute les jugemés?

L'On ne peut executer regulierement les jugemens des inferieurs avant les dix jours donnez pour appeller; mais s'il s'agit de taxe signée par les procureurs, cela se peut, & méme en cas d'appel par provision pour les choses dont n'aura été appellé.

L'on ne relâche plus la personne saisie.

Que si l'on avoit saisi le detteur, ou le criminel, il n'est plus relâché quoy qu'il appelle, pas méme en baillant caution *quia noluit prætor obligationes ex obligationibus oriri*, & il est censé *in vinculis* dés qu'il est pris, & saisi, autre est s'il garnit la main de justice.

Des executions faites hors de l'Etat. Comment on exploite ceux de Geneve.

Lors que celuy qu'il convient exploiter est hors de l'Etat, on le fait assigner *in palis*, c'est à dire, en lieu limitrophe, il est vray que Messieurs de Geneve, que nous regardons comme sujets de S.A.R. sont citez en remettant leur copie a un de ce lieu suivant les anciens traitez, *b* & un nommé Bouvard, fut condamné aux galeres pour avoir fait autrement, au rapport de Monsieur Demerandes, en suite des cõclusions de Mõsieur le procureur general Ducrest, personnage dont l'experience, la capacité, & la fermeté, publient incessamment le choix heureux que S. A. R. a fait de luy pour remplir une charge si belle, & si importante.

b *Traité de S. Iulien.* Exemple.

Eloge de Mr. le Procureur general Ducrest.

CHAPITRE XXII.

Des attentats, & voyes de fait.

QVOY QUE les attentats semblent étre des crimes, & par ainsi devoir étre au procez criminel; neanmoins comme ils sont presque toûjours civilisez, il est mieux d'en parler icy, & ils ne sont autre *qu'un mépris fait aux jugemens, instances, appels, ou inhibitions, par quelque action ou entreprise*, pourveu que ce ne soit point usant de son droit, a *qui enim jure suo utitur nemini facit injuriam*, ce qui fait qu'on peut defendre sa possession avec armes si on est troublé de cette maniere; c'est la limitation de Farinaceus.

Qu'est-ce qu'attentat.

a C. Fab. def. 11 vt lit. pid. & def. 6.

On en peut former plainte par voye criminelle ou par action civile, *b* & s'ils sont advoüez, il n'est pas necessaire d'en informer, (mais on les doit juger) sauf qu'il y eut eu armes, & violence, *c* ne pouvant étre civilisez au dernier cas, comme ils le sont regulierement quand il n'y a point d'excez, ny de contravention aux Edits, eu méme égard qu'il ny a plus d'adjournemens personnels à fins civiles, il faut pourtant ouyr l'accusateur public, *quia attentata lædunt ius, iudicem, & partem.*

Comment on propose les attentats.

b *Stil art. 15.*

c *Arr. du 4. Iull. 1671.* Cas où l'on ne civilise pas les attentats.

FORMVLAIRE DE IVGEMENT EN MATIERE D'ATTENTATS.

Nous, &c. disons avoir été mal, & attentatoirement, pro-

Maniere de prononcer.

cedé, &c. Ordonnons que le tout sera cassé, reparé, & annullé, avec dommages interêts, & dépens, avec inhibitions, &c. que s'il ny a point d'attentats, il faut dire, *ny avoir aucuns attentats, & qu'il sera, sans s'y arrester, procedé incessamment en l'instance principale, &c.* quelquefois on ordonne *que les attentats seront joints au procez principal pour en jugeant, y avoir tel égard que de raison.* Les conclusions sont couchées presque dans les mémes termes, sauf qu'elles requierent au lieu que le Magistrat, ou Iuge decide.

Des voyes de fait.

Quant aux voyes de fait, elles sont toûjours odieuses, & reparées en justice, qui est la seule qu'il faut tenir pour avoir ce qu'on pretend, sans se faire droit soy-méme. *a*

a tot. tit. ne quis in sua caus. & tit. de par. ten.

Observations importantes.

Il faut supposer une verité incontestable en matiere d'attentats, qu'ils doivent étre justifiez promptement par information *ex ordinatione curiæ*, ou par le resultat des formalitez, qu'ils sont couverts fort facilement *per progressum ad ulteriora*, & que l'attentat suppose un mépris au superieur, comme à tres bien remarqué Monsieur Papon. *b*

b Pap. liu. 19. tit. 3. art. 3.

CHAPITRE XXIII.

De la cession vile, & miserable, du benefice du droit, & des letres de surseance, annales, quinquennales, & autres rescrits moratoires.

Du prest.

COMME il ny a rien de si humain que le prêt, aussi ny a t'il point d'ingratitude plus noire que le refus de le rendre. Les Romains en étans parfaitement convaincus, firent plusieurs loix contre les mauvais payeurs permettant de demembrer leurs cadavres dans celles des 12. Tables, si nous croyons ce qu'en a dit Aulegelle. *a* Varron dit qu'ils s'en servoient comme d'Esclaves, *b* & *Alexander ab Alexandro* assure que les Indiens leurs crevoient les yeux, *c* enfin nous lisons que le Preteur Assellius fut assommé à Rome pour avoir favorisé les detteurs. Cependant il y a des raisons qui les rendent dignes du secours des loix pour eviter les prisons, & une perpetuelle servitude, *d* qui sont la pauvreté, & l'impuissance de satisfaire, *cum impossibilium nulla sit obligatio.*

Rigueurs anciennes cōtre les mauvais payeurs.

a Aul.gel noct. attic lib. 20.

b Varr l. 6. de ling. lat.

c Alex.ab Alex gen. dier.

d L. de incredibile de pœn.

Le droit Romain accorde deux mois pour eviter l'emprisonnement méme au condamné avec pouvoir de les proroger si la chose l'exige, & s'il ny a pas une contumace, & opiniatreté du detteur, ce sont les parolles de Calistrate dans la celebre loy *debitoribus*, *e* la glose d'Accurse proroge le temps à 4. mois, lesquels commencent dés la condemnation, *f* ainsi qu'il fut iugé pour Maistre Caton contre les directeurs de la charité de Chambery, moy present au rapport de Monsieur du Noyer. Ce benefice n'est donné au fermier contre son ascensateur, *g* *quia venter non patitur moram*, il fut ainsi iugé entre l'Advocat Payssard, & le Chapitre de la sainte Chapelle de Savoye, en Audiance publique.

Du benefice du droit.

e l 31. ff de re iud.

f l 2. & 3. de vsur rei iud.

g Pap en sa Art. de la cess.

Le Prince accorde au detteurs des dilations annales, ou la caution iuratoire peut suffire, & des quinquennales, qui requierent un, ou plusieurs fideiusseurs, n'estant plus licite de se prevaloir de benefice de cession, aprés qu'on s'est servi des dernieres, *h* & il n'est pas permis d'obtenir deux fois pareilles letres, qui ne sont pas receuës en criminauté, ny pour depost, *i* ny pour dote, ny contre le

De lettres annales, & quinquennales.

h C Fab def. ... de prac. imp. ff r.

C... elles ne sont acceptées.

i Pap. l. 10 tit. ... cess. art.

a Voy les def. 16. & 17 du Cod. Fab. de dil. rescrip.

b C. Fab. def. 20 de praeci. bus imp. offer.

c C. Fab. def. 3. de praec. imp. offer.

Prince, ny aprés un iugement, *a* ny pour des censes de ferme, ou prix de vente, ny aprés novation expresse, & si on y a renoncé il le faut exprimer au Prince, autrement elles seroient subreptices, & sans effet, *b* estant une regle generale qu'en tous rescrits moratoires, le temps court dés le iour de leur date, ainsi qu'assure Monsieur Favre, *c* qui excepte les detteurs, qui les ont obtenus dés leur emprisonnement.

De la cession miserable. On n'y peut point renoncer, & pourquoy?

d l. incredibile ff. de poen.

e Bald. cons. 119 gloss. in l. penul. C. de cess. bon.

Exemple.

Le dernier secours qui est accordé aux pauvres detteurs, est d'étre preservez ou delivrez des prisons moyennant l'abandonnement de leurs biens, sans qu'il soit permis de renoncer à ce privilege pour ne contracter pas une eternelle captivité. *d* On nomme cét abandonnement *cession vile, & miserable de biens*, laquelle n'est admise contre le Prince, ny en cas de dol, & recelation frauduleuse, *e* comme il fut iugé a mon rapport contre un nommé Bourgeaux, pour un maître Ador, elle n'est aussi receuë pour les dépens, & frais de justice lors qu'on a obtenu grace, ou abolition, j'ay veu admettre à nouvelle declaration celuy qui ne l'avoit pas donné fidelle la premiere fois, au rapport de Monsieur le Senateur Duclos, un des plus experimentez que nous ayons dans les affaires de la justice, & qui répond par ses vertus, & par sa doctrine, à l'ancienneté de sa naissance, & à l'estime qu'on a de sa Personne.

Eloge de Mr. Duclos.

Ceremonies honteuses de la cession.

La cession de biens estant odieuse, on l'a voulu accompagner de ceremonies honteuses, l'Empereur Adrien exposoit ceux qui la faisoient a la risée publique au dire de Spartian, les Tyrreniens leur mettoient en main une bourse vuide, & les Boëtiens leur couvroient la teste d'un panier, ainsi qu'on fit a Mensarcus pere d'Eurypide, ils

quittent

quittent leur ceinture a Paris, ayans un bonnet vert sur la teste, & quittent en Savoye leur chapeau, ou leur ceinture, ou quelque autre chose en signe d'abandonnement. La cession pourtant se peut faire sans ces ceremonies, *a* & ne porte aucune infamie de droit. *b*

a l. 6. C de cess. bon.
b l. debitores, C ex quibus caus. infam. irrog.

Celuy qui veut jouyr de ce benefice presente requête au Iuge, ou Magistrat competent, donne declaration de ses biens, & conclut a y étre receu, l'on montre a la partie, & a l'accusateur public s'il y a interest? & s'il y a des empechemens, on les éclaircit sommairement, puis l'affaire estant preparée, l'on dit *qu'enterinant la requête du demandeur il est receu à la cession vile, & miserable de ses biens, & qu'il se representera pardevant le Iuge, ou Commissaire, qui est député, pour passer les incombences en tel cas requises, avec despens ausquels il est condamné*, estant le seul cas, ou l'obtenāt les supporte. L'on fait iurer celuy qui fait cession de biens, s'il les a tous declaré fidellemēt, s'il ne la point fait par fraude, & malice, & il promet de satisfaire, s'il vient a meilleure fortune, il est vray que l'action est limitée pour ce qu'il a aquis, dés la cession, & qu on ne le peut desaisir sans authorité de iustice, *c* ny luy oster ses habits *d* & vestemens vils, & necessaires à son usage quelque abandonnement qu'il aye fait. La ceremonie de la cession se fait en Audiance devant les Iuges Ducaux, & n'est pas de son essence selon le droit Romain. *e*

Maniere de se pourvoir pour étre receu à cession miserable.

Comment le Iuge y procede.

Cas ou l'obtenant est condamné aux despens. Voy Papon.

Observations à faire.

c l. 1. C qui bon. ced. poss.
Cas notable.
d l. 4. C. de cess. bon.

e l. 6. C. de cess. bon.

Ie fais icy une remarque assez importante, touchant le Notaire qui abandonne ses biens, & qui a des minutes, lesquelles sont remises par le Iuge a un autre Notaire, qui tient compte aux creanciers des expeditions, n'estant pas iuste que l'on leur remette les minutes, ou le public a tant d'interest, il fut ainsi jugé le 13. Avril 1674. Chambres assemblées au rapport de Monsieur Doncieu.

Secours entre pauvres Prêtres.
a C. Fab. def. 41. de excc. rei ind.

Les Prétres ne peuvent faire cession miserable, à cause de leur charactere, *a* & ont en place le benefice du Chapitre *Odoardus extra de solutionibus*, par lequel on ne peut les depoüiller de tous leurs revenus pour dettes, mais seulement *habita ratione, ne egeant, ne deterior sit conditio clerici Deo militantis, quam militis principi servientis*, ils peuvent pourtant étre emprisonnez pour ce sujet par leurs Superieurs, suivant les Docteurs. *b*

b *Gail. Ben. in c Raynutius, Rebuff. tit. de lib. ol. lett. arr. de Paris du 14. Fevr. 1544*
De lettres d'Estat.
c *C. Fab. def. 41. de exc. rei iudic.*
d *C. Fab. def. 10. de di vers. rescr.*

Le Prince accorde quelquefois des lettres d'Estat, portant surseance, lesquelles ne sont admises, aprés que le procez est appointé en droit, *c* ny en criminauté, ny generalement, comme j'ay vû juger au Senat, touchant Monsieur le marquis de Greysy, de qui le merite s'ait si glorieusement signalé dans les Ambassades, & ailleurs, & Monsieur le Comte de Civin, Gentil-homme de la tres-illustre famille de Seyssel.

CHAPITRE. XXIV.

Des requestes civiles, & évocations.

On ne peut appeller du Senat.
a *[illegible] art. 227. [illegible] de Savoye [illegible] def. [illegible] prac. [illegible]*

COMME il ny a point d'appel du Senat, parce qu'il est comparé au prefect du pretoire, *à quo non appellabatur*, l'on a introduit les requestes civiles sur des nouveaux faits, *a* mais il faut neuf Iuges pour passer au fonds, & six pour l'ouverture, qui souvent imitent l'oracle d'Apollon, d'ont parle Herodote au livre 7. de son histoire, qui étant consulté une seconde fois touchant la ruïne d'Athenes, qu'il avoit annoncée a la premiere, persista dans ses funestes presages, quelques soumissions que l'on luy rendit.

Elles doivent être obtenuës trois mois aprés l'Arrest, *a* passez lesquels il faut des lettres de *surannation*, que nous appellons *lettres d'attache*, & ne sont admises, ny pour les dépens, ny en matiere de benefices. *b* Et quoyque la proposition d'erreur en fait soit un des moyés accordez, pour venir contre les Arrests (*à Cæsare male informato ad Cæsarem melius informandum*,) neanmoins elle n'est pas permise devant le Senat, *quia ignorantia facti semper imprudentiam detegit*, & il faut toûjours quelque nouveau titre, ou fait; mais les requestes civiles n'empéchent pas l'execution des Arrests, sinon qu'il y eut dol *ex proposito*, pas méme des Arrests par contumace, *c* il fut ainsi jugé entre les Sieurs Favre, & les freres Morel, au rapport de Monsieur Castagnery, Baron de Chasteau-neuf, & Doyen de Messieurs les Senateurs, personnage tres meritant, & intelligent, infatigable dans les affaires de la vie, comme il est splendide en tout ce qu'il fait.

Des requêtes civiles.

a Edit de Nice du 13. de 1569 stil art. 150.

b Doliv liv. ch 25. de ses q not.

De la proposition d'erreur.

c Arr. du 13. Avril 1674.

Eloge de Mr. Castagnery, Doyen des Senateurs.

Au regard des évocations elles sont odieuses de leur nature, parce qu'elle troublent l'ordre judiciaire, tellement qu'elles ne sont accordées par le Senat, que pour des causes fort pressantes, comme pour le soupçon des officiers de justice, de la connexité, ou pour quelque raison d'Estat, & cela aprés avoir ouy Monsieur le procureur general.

Des évocations civiles.

Causes pour évoquer.

Le Senat n'évoque gueres les causes pendantes devant le Iuge d'Eglise, mais emprunte le procez pour s'en servir au besoin, on est à vray dire, moins scrupuleux en France, selon ce qu'en dit Papon, *d* ou l'on peut évoquer, en cas

Si on peut évoquer du Iuge Ecclesiastique.

d Pap [illegible] [illegible]. Art. 6.

qu'il y ait abus manifeste, ou de l'interest du Prince, au dire de ce Docteur, *a* je crois que nous n'avons pas moins de droit en certains cas, quoy qu'il soit bien de s'y ménager.

a id. eod.

Des évocations tacites.

Il y a des évocations tacites, lors qu'elles se font *per progressum ad ulteriora*, ou par la suppression d'un Tribunal, qui ressortissoit par appel à une Cour souveraine, comme il est des causes, qui étoient devant le Conseil de Genevois, dont la suppression en a renduë l'évocation necessaire. Estant à remarquer, que la cause évoquée est continuée sur les derniers erremens.

CHAPITRE XXV.

Des criées subhastations, & ventes judicielles.

Ce qui est requis pour une subhastation valable.

Les subhastations ont pris ce nom, *à venditionibus factis sub hasta*, & doivent avoir un prix certain, comme les autres ventes, lequel doit étre liquide, *a* les jours des criées, & expedition doivent étre jours de Cour, il n'en faut pas moins de 21. & pas plus de 24. (quant aux immeubles suivant l'ancien statut de Savoye, *b*) suffisant de dix jours au regard des meubles.

a l. 1. C. de [illegible]

b stat. l. 2. c. 2.

Comment on empesche la subhastation.

Les substhatations se font en vertu des letres du Iuge, ou de *debitis*, ne pouvans étre empéchées, sinon pour un temps, par la convention des parties, *c* elles peuvent l'étre par le payement, & méme par l'opposition du tiers, il est vray qu'elles tiennent contre le detteur, sinon qu'en les débatant de nullité il en consigne le prix. *d*

c C. Fab. [illegible] *int. dem. injur.*

d [illegible]

Celuy qui veut faire subhaster, fait proceder à lévation par Huissier, Sergent, ou autre ayant pouvoir, & assigner à un jour de Cour, la premiere, & seconde criée, & proceder à l'expedition de la chose levée, au plus offrant, & dernier encherisseur, dans le temps, que je viens de dire, étans permis d'achepter, & de miser pour soy, & son amy; mais le choix, & acceptation doivent étre faits en Savoye, dans quarante jours, & dans un an en Faucigny, suivant Monsieur Favre, & le Sieur Bally, sans changement de prix n'étant dû en ce cas qu'un seul laod.

Forme de subhastatiō.
De l'election d'amy.

Les subhastations étans parfaites, on les doit enregistrer aux Greffes des Chastellenies des lieux, ou elles se feront, *a* il faut en aprés obtenir letres de mise en possession du Iuge, riere le ressort duquel les biens sont scituez, si c'est en vertu de letres de *debitis*, & de celuy qui a ordonné la subhastation, si c'est en vertu d'une sentence, *b* le Senat n'accorde point de pareilles letres, sans examiner meurément la validité des subhastations, aprés quoy il accorde *letres sans prejudice du droit du tiers non ouy*; mais si les subhastations sont mal faites, il ordonne *que partie sera appellé.*

De leur enregistrement.
a stil art. 157.
Des letres de mise en possession.
b stil art. 158. Voy les 2. des stat. de Savoye.
Maniere d'agir en ce cas.

L'On peut rachepter les meubles subhastez pendant dix jours, & les immeubles pendant six mois, suivant le statut, & le stil de ce pays, *c* à compter dés la mise en possession, *d* aprés lesquels on peut faire interposer le decret, & authorité judiciaire pour purger les nullitez, *e* aprés quoy on n'a plus que la voye d'appel, (ou de requête civile, si c'est en Cour souveraine, *f* il est vray qu'on peut impugner les subhastations par lezion, comme les autres ventes, mais il ny a point de restitution de fruits, à cause de la foy publique, ainsi qu'écrit Monsieur Fa-

Du rachept.
c stat. l. 2. cha. dernier stil art. 162.
d stil art. 59. C. Fab. def. 1. & 22. de leit pign.
e stil art 161.
De l'interposition du decret.
f C. Fab. def. 10 de leit pig.
g C. Fab. def. 2. de her. l. vel act. v. nd.

vre en ses definitions 7. & 28. *Cod. de distr. pign.*

a C. Fab. def. 23. de luit pig

b C Fab def. 4. de distr pig.

c C. Fab. def. 3. de ferîis.

d e. constitutus de in inte. rest. Papal. 18. c. 6. Pap. eod. art. 3.

Le droit de *rémere* est individu, *a* & peut être prorogé par le Senat, ou par les parties, & quoyque les subhastations soient nulles, elles ont toûjours force d hypotheque, *b executio enim etiam nulla contra debitorem tenet*, c & quoyque le mineur soit relevé s'il est deceu, neanmoins le dernier creancier ne peut offrir en France, s'il n'est mineur, & deceu, & dés l'Arrest de distribution, ou l'interposition du decret, les subhastations generales, comme les discussions d'hoirie, & les particulieres purgent toutes hypotheques.

CHAPITRE XXVI.

Des homologations, insinuations, & enregistremens.

Fin des enregistremens.

a Arr. gen. du 15. Sept. 1606.

Qu'est-ce qui doit estre enregistré.

b Arr. gen. du 12 Janv. 1669 inseré au registre secret.

c Deliberation Chambres assemblées du 19 Oct. 1670.

On ne peut rien tirer de l'archive, sans ouyr le procureur du Prince.

d [illegible] in [illegible] ad [illegible] C. de [illegible] in [illegible] [illegible] in [illegible] C. de prob. [illegible]

LEs enregistremens sont des moyens d'éviter la perte des actes, dont on les ordonne, comme estoient autrefois les noms des Magistrats, les memoires publics, & les testamens, on enregistre encore parmy nous les actes judiciels, *a* les bulles des Papes (sauf des petits benefices, *b* comme Cures, ainsi jugé à mon rapport pour Rev. Mre Henry Gaillard, Curé de saint Albam. *c*) L'on enregistre les patentes du Prince, tant d'Edits, d'establissement de Messieurs du corps, qu'autres importantes, selon l'occurrẽce, estant à noter que tout ce qui sort des archives publiques (ce qui ne se fait sans ouyr le procureur du Prince,) fait foy aprés deuë collation *d* : sur tout si c'est au Senat, ou en chambre, estant à remarquer que le Iuge peut expedier luy méme, comme il fut jugé entre les Sieurs Sardes, & de Piochet, le 26. Février 1663. au rapport de feu Monsieur Pigner.

Quant aux insinuations, & homologations, qui ne sont que des approbations judicielles, elles sont necessaires, & essentielles, ou volontaires, & accidentelles, les donations ne valent faites en pays étranger, sans cette circonstance, *a* & seulement aux lieux, ou elles ont été insinuées, ainsi qu'il fut jugé moy present, entre les Sieurs Vulliet, l'Omel, & la Balme, Chambres assemblées, *b* l'homologation au contraire, (que l'on fait quelquefois des transactions) est purement un accident à leur égard, & ne peut être faite avant l'expiration de trente jours, *ut detur pœnitentiæ locus.* c

Qu'est ce qui est insinué

a Stil art 161. Arr. gen. du mois Septemb. 1655 au regi. 3. C fab. def. 10. de transf. Prejugé. *b Arr du 3. Sept. 1666.* De l'homologation des transactions. *c C Fab. def. 10 de transf.*

Les expedients sont hermaphrodites; car ils sont en partie des jugemens, & en partie des conventions, mais dés qu'ils sont homologuez, ils sont des jugemens conventionels, qui n'affectent que ceux qui les passent.

Des expediēs & homologations d'iceux. Cas notable. *d Arr. servant de regl. du 12. Ianv. 1669.*

Toutes les bulles des benefices, qui sont du patronage du Prince sont enregistrées au Senat, qui permet leur fulmination par Arrest, lors qu'il est juste sous l'émolument de 15. sols seulement, les autres n'étant enregistrées; mais leur fulmination permise par decret, ainsi qu'il fut jugé, *d* au rapport de Monsieur Salteur, personnage d'une experience consommée, & qui a donné des marques de son sçavoir, & de la bōté de son ame, depuis plus de quarāte-deux ans qu'il sert le Prince, & le public dans la Magistrature. Quant aux benefices n'ayans dignité, on n'en enregistre point les bulles, comme il fut jugé pour un Bedat, & pour Reverend Messire Galliard, à mon rapport, les Greffiers ouys.

Quelles bulles ne sont enregistrées. Eloge de Mr. Salteur. Prejugé. *e Arr du 19. Octob. 1670.*

Des registres des Curez.

Les Curez, & Pasteurs spirituels, doivent tenir des registres (qui font foy en quatre cas, aprés qu'ils sont collationez deuëment, *a*) à sçavoir celuy des mariages, des baptémes, des pauvres de leur parroisse, & des enterremens.

a stil art. 10. & 313.

Des registres des Villes.

Les Villes ont aussi les leurs, touchant la valeur des denrées, & les autres affaires de police, il y a méme des familles tant religieuses, que seculieres, qui ont leurs archives particulieres.

CHAPITRE XXVII.

Des nullitez, restitutions en entier, & rescisions.

Sources des nullitez.

Les nullitez viennent du droit, ou du fait, ou des Reglemens, & loix municipales, les dernieres n'ayant besoin de lettres du Prince, pour les faire declarer, parce qu'il l'a déja fait dans lesdits reglemens, *a* ouy les autres, à cause que voyes de nullitez sont abolies, particulierement touchant les actes judiciels, desquelles il est necessaire d'appeller pour les impugner, & abbatre, *b* lors qu'ils sont les effets de la jurisdiction.

a Menoch. lib. praes. 4 & 10. lmb.

b stil. art. 100.

Des nullitez des actes.

Il y a des deffauts, qui ruïnent l'acte lors que les parties essentielles luy manquent, comme en presque tous les contracts, & testamens, qui n'ont les circonstances ordonnées par les loix, & reglemens.

Surquoy on fonde la restitution en entier.

Quant aux restitutions en entier, & relievemens, on les peut fonder, sur l'ignorance, la force, le dol, l'erreur, la minorité, la prohibition des loix, l'absence, & la lezion,

estant

estant à celuy qui agit d'établir les moyens du rescindant, qui est personnel, pour aprés parvenir au rescisoire, qui est réel, *a* ce qui fait que *restitutio in integrum est persona-lis actio, in rem scripta*, & que l'on peut cumuler le rescindant, avec le rescisoire contre la méme personne. *b*

a *C. Fab. def. 3. de indic. ex l. 28 C. de min.*

Du rescindant. Du rescisoire.

b *Guid. Pap. q. 144 & ibi Ranch.*

Celuy qui veut étre restitué contre un acte, en doit établir les moyens, & les deduire par le menu dans son relief, *c* & dans le plaidé articulatif d'iceluy, & jamais il ny a restitution sans cause, étant à remarquer que ce droit n'appartient point au successeur singulier, pas méme au donataire universel, mais au seul heritier, *d* il peut pourtant étre cedée *l. un. C. etiam per procur.*

Maniere de se faire restituer en entier.

c *stil art. 153.*

d *l. 18. ff de minor.*

La lezion ne doit pas étre d'outre moitié, qui est l'énorme, ny des deux tiers, qui est l'enormissime, quand on vient comme mineur, auquel la moindre lezion est suffisante, mais s'il ne recourt avant les 35. ans qui ont succedé à l'an util du preteur, & au *quadriennium* de Iustinien; il n'est plus relevé en Savoye, *ex capite unde minores*, soit en demandant, soit en deffendant, *e* le majeur ne peut plus l'étre aprés l'écoulement de 30. ans à compter dés la passation de l'acte *f* s'il a pû agir.

e *stil art 154. C. Fab. def. 1. de temp. in integ. rest.*

De la restitution en entier par le chef de la minorité.

f *l. ult. C. de temp. in integ. restit.*

La lezion se prouve par titres, ou par témoins, ou par la confession de la partie, sur la commune valeur de la chose à mesurer du temps de l'acte, *g* & si l'affaire tire long trait ? l'on peut adjuger le capital par provision, *h* en donnant caution, à celuy qui a l'acte pour luy, *quia pendente rescisione tenet contractus*, *i* il fut ainsi jugé à mon rapport entre les nommez Brazier, & Deplains, & c'est l'usage du Palais en ce païs de Savoye.

Comment on prouve la lezion ?

g *C. Fab. def. 36. de inof. testam.*

De la provision.

h *C. Fab. def. 25 de dist. pig. Rebuff. in tra. de chiroz. rec. super senten. 16.* *fuscitatis* *d. in int. rest. l. si quis C. Fab. def. 21 de dist. pig. Bald Pap.*

La nature de la restitution en entier est de remetre les choses au premier estat, estant une fin de non recevoir

Fin de non recevoir insurmontable.

insurmontable, lors qu'on ne les y peut pas rétablir. *a* Il est à remarquer, que l'on ne peut pas être restitué en entier plusieurs fois pour la méme cause *b*, ny contre une pure liberatiõ, *quia jura sua remittẽtibus non datur regressus*, c *& semel extinctum non reviviscit*, qu'enfin celuy qui a impetré un relief n'est pas obligé de s'en servir; s'il ne veut, *cui enim damus privilegium*, dit l'Empereur *d*, *non jubemus accipere.*

a l. 24. ff de min. l. ult. ff de rep. vel abst. hered.

b C. Fab. si sæp. in integ. rest. c l. quær ff de ædil. edict. l. qui res. ff. de solut. d l. 28. C. de minor.

CHAPITRE XXVIII.

Des Tailles, & autres tributs, ensemble des Reglemens de police, & des trois Estats de la Republique.

Suite de ce Chapitre.

QVOYQUE le traité des tailles dûsse être logé aprés les emphyteoses, comme dans étant la quatriéme espece de ma division des biens de la terre, qui sont les tributaires, neautmoins n'étant pas tout a fait une affaire de justice, mais plûtôt de Police, je l'ay postposé à tous les autres, & y ait joint le Chapitre des Reglemens de Police, avec quoy je finiray cét ouvrage.

Raisons cõtre les impositions. a Reg. 3. c. 12.

Ceux qui improuvent les impositions ne manquent pas d'alleguer les maux qu'elles ont causez dans les Estats, comme la division du peuple Hebreux, sous Roboam, *a* & les parolles *d'Appollonius*, qui dit que l'or qui en vient, est plus vil que le fer, parce qu'il est arrosé de larmes, mais s'ils font une juste application, ils ne parleront que des Tyrans, & nullement des bons Princes, qui usent de moderation, comme fait le Nôtre, & se soumet aux loix qui luy sont soumises, *& si legibus sit solutus legibus tamen vivit.*

Raisons en leur faveur.

——Qui cuncta coërcet,

Se quoque lege tenens.

Aussi voit-on un panchant à payer les tailles, qui leur donne la qualité de donatif, encor qu'elles soient aujourd'huy necessaires, parce qu'on le fait avec joye, & sans contrainte pour l'interest de tous.

——Patrium vectigal,

Solvere gaudet immunis qui clade fuit.

Outre les raisons dont je viens de faire estat pour justifier l'exaction des tailles,&subsides,que le Pere le Moyne appelle *aydes des Roys* dans son traité de l'Art de regner, l'on en trouve de merveilleuses dans la comparaison du corps naturel au moral, & politique; car comme le premier subsiste par trois sortes d'esprits, dont les plus fins, qui sont les esprits animaux, fournissent au cerveau les especes,& autres secours afin qu'il agisse par celuy de la memoire,de l'entẽdement,& de la volonté,aussi faut-il que le dernier maintienne son chef, qui est le Prince par le moyen des finances, & des tailles qui sont les nerfs des estats, *a* & qu'elles luy servent pour soutenir sa dignité, & le fardeau de l'Empyre, & tout ainsi que le cerveau r'envoye de douces, & salutaires humiditez pour rafraichir les parties du corps qui en ont besoin, ou comme les vapeurs que la terre envoye au Ciel,retombent sur elle pour l'humecter, & fertiliser nos campagnes, de méme nôtre Prince fait retomber sur ses peuples une partie de ce qu'il en exige, suivant la pensée d'Artaxerxe, qui assuroit qu'un Prince doit toûjours donner;*sicut enim imperialis dignitas omnes alias supereminet, sic eius liberalitas culmen debet habere præcipuum*,disoit Iustinien dans une de ses loix. *b*

Suite de raisons.

Ressemblãce morale du corps naturel avec le politique.

a Cicer. pro leg. manili

Liberalitez de S.A.R.

b l. cum mul. C. de bon. quæ liber.

La taille(qui fut autrefois un droit qu'exigoient les pa-

Origine des tributs.

trons de leurs cliens en certains cas.

——Tributum præstare clientes,

Cogimur, dit Iuvenal dans sa 3. Satyre.

Et méme les Seigneurs aux quatre cas, *a* est considerée à present, comme un droit de Souveraineté, & de regale, *b* ne pouvant étre levée sans permission du Prince, *c* pas méme du consentement des interessez, sinon qu'aprés des deliberations en forme, on en obtienne licẽce du Magistrat souverain, *d* (nul autre ne la pouvant accorder) pour la conservation des biens, & des droits de la communauté. Les Seigneurs ne peuvent aussi exiger les tributs qu'ils nomment tailles aux quatre cas, que par forme de censes, & en suite de leurs terriers, *e* ou de l'usage.

Les tributs prirent leur nom de la distribution qui fut faite du peuple, aux premiers siecles du Iudaïsme, & de celle que fit Romule des 18000. journeaux de terre aux premiers temps de son Empyre.

Il y eut des biens stipendiaires, & tributaires hors de l'Italie, *f* & les impositions accrurent insensiblement avec les guerres, & les autres affaires importantes, ce qui fit diviser les tributs en ordinaires, que l'on nommoit *indictiones*, *g* & extraordinaires qui estoient appellez *superindicta*. *h*

Nous avons la méme division en Savoye, ou les tailles ordinaires sont nommées tribut commutatoire, à cause qu'elles furent établies en place de ce qui estoit dû pour l'usage du sel, & les autres extraordinaires, qui ne s'exigent qu'avec connoissance de cause, & pour de pressantes necessitez, & le Prince motive ses ordres particuliers pour cela; car estant le Pere de ses peuples, il modere son authorité à l'équité, & à la raison, *oves meas tondi volo*, disoit Tybere, *non cutem extrahi*.

a *Voy d'Olive, & mon chap. des biens feodaux.*
b Dep. yss. des *tailles. L'oyf.*
c *C. Fab def. 1. nov. vect inst. non poss. Pap. liss* 1.
d *C. Fab. def. 21. in quibus caus. pign. vel hyp tac. contr.*
De levées de quartiers.
D'ou vient le nom des tributs.
Leurs divisions anciennes.
e *tot. tit. C. de usuc. transfor.*
Des tributs ordinaires, & extraordinaires.
f *l fin. C. de indict. lib* 10.
g *tot tit. de superind. lib.* 10.
Division des tailles de Savoye.
h *Voy l'Edit de* 1584.
Du tribut cõmutatoire, & taille ordinaire.
Des tailles extraordinaires.

Outre la taille, dont je viens de parler, (qui est mixte en ce païs, c'est à dire imposée *personis pro rebus, & pro modo jugerum*) le Prince a sa gabelle, & ses autres fermes dont le reveau est fort considerable. Estant à remarquer que la Chambre des Comtes connoit de tout ce qui regarde les droits de la Couronne, & le domaine du Prince, comme des tailles, des eaüs, & forests, ponts; & chemins, & fait la fonction en dernier ressort en ce païs, des Cours des Aydes, & des monoyes, de la Chambre du thresor, du Conseil des finances, & des Esleus, des Presidens, des greneticrs, & de tous les Officiers de gabelle, estans ses Conseillers maîtres Auditeurs, & Correcteurs des comptes, à la difference de celles de France, qui n'ont que la ligne de compte. Les beaux employs, & l'elevation de cette Compagnie souveraine, font connoître l'estime que les Princes en ont toûjours fait, & qu'ils en font, particulierement aujourd'huy qu'elle est dans son plus beau jour par le merite de ceux qui la composent.

De la gabelle & autres fermes.

Prerogatives de la Chambre des Comtes de Savoye

Eloge de cette Auguste compagnie.

Les deniers fiscaux sont exigez par des subordinations fort bien concertées; car la taille qui a été établie par provinces, par mandemens, & par clochers, & doit être payée aux Syndics, qui la portent aux Receveurs provinciaux, *a* lesquels la delivrent aux Thresoriers generaux auquel ils rendent leurs comptes, de temps en temps, comme les derniers qui sont nommez dans les textes *quæsitores ærarij*, le posent en Chambre.

Maniere d'exiger la taille en Savoye.

a l. vlt. C. de ann. Chenu en ses regl. tit. 20. ch. 118. l. 7 C. de susceP l. 10

Devoir des Collecteurs de tailles.

L'Exacteur doit marquer sans difficulté sur son cottet, & roole, (qui luy est dressé par l'Officier local) ce qu'il reçoit, *b* & même avancer du sien ce qui manque de la somme dont il est chargé par son roole, *c* sans qu'il puisse exiger aucun interest de la taille retardée, ainsi que remarque Depeysses.

Des rooles, & c[illegible].

b [illegible] C. de susceptor. 10 l. 4. [illegible] de coll[illegible] judi[illegible] 61. non [illegible] [illegible] [illegible] trib. l. 10.

Les collecteurs, & syndics doivent accelerer le payement des deniers fiscaux à peine d'en étre responsables, étant le devoir de l'Officier local, qui dresse leurs cottets, de procurer qu'ils obligent leur personne, & leurs biens, *a* & s'ils dissipent, ou perdent les deniers du Prince, on peut convenir ceux qui les ont éleus, & nommez, *b* & en cas de manifeste désobeyssance, d'établir de plus solvables exacteurs, la Chambre decerne des letres contre les mieux aisez, & plus apparents suivant le droit, *c* aprés neanmoins qu'il luy conste de la désobeyssance, & insolvabilité.

Les collecteurs, soit syndics doivent étre éleus par la commune deuëment assemblée, (c'est à dire, excedant les deux tiers les trois faisans le tout) & celà en presence des Officiers locaux des plus capables, *d* quelquesfois pourtant le Syndic qui doit quiter, nomme sans autres suffrages, & il est presque toûjours advoüé par les autres communiers, en quoy il y a souvent de l'abus à cause des animositez. Il est vray que l'éleu injustement peut appeller, mais il faut qu'il exerce cependant par provision. *e*

Les tailles ont plusieurs notables privileges, comme de n'étre le creancier d'icelles renvoyé en l'instance de discussion, *f* de porter execution precise sur les fonds, sur les fruits, & sur la personne méme, *g* de n'étre sujettes à la cession miserable, ny a aucuns rescrits moratoires, *h* la taille est deuë solidairement par les condiviseurs, *i* & ne prescrit que par quarante ans, non plus que les actions appartenantes aux Eglises.

Ie remarque par occasion, que les deniers fiscaux sont ainsi nommez *à fiscina*, vase ou l'on tenoit les deniers publics, *k* & selon quelques-uns *à fixo quia fiscus semper durat.*

a *l. vlt. C. de annon.* Depey. des taill. Chenu en ses regl. tit. 20.

Des electeurs

Des letres contre les mieux aisez.

b *l. nominatori, C. de adm. tutor.*

c *l. 4. C. de censib.* le Bret plaid. 15. Depeys au traité des tailles.

Maniere de faire les elections, syndicales.

d *l. vnic. C. de potior. ad mun. nomin.*

Appel des elections.

e *C. Fab def. 3 quor appell. non recip.*

Privileges des tailles, & deniers fiscaux.

f Ranch. in q. 3 Gui. Pap. Dep.

g *l. vlt. C. de annon.* Chenu en ses regl. tit. 20. chap. 18.

h *C. Fab. def. 7. qui bon. ced. poss.*

i *l. 5. ff de censib.* Pap. q. 416. Durăti q. 122. le Bret l. 3. de la souv. Chop. l. 3 de doman.

k Anglebern. l. 2. de magist. colum. l. 2.

Les charges domiciliaires (telles que sont les Syndicats, logemens, étapes, nommez en droit *militares annonæ*,) sont deus *ratione domicilij*, a *nisi dolo fuerit mutatum*, *b* estant le domicile divisé par Rebuffe en naturel, accidentel, commun, & contracté par declaration expresse, ou par le sejour de dix ans, selon Monsieur Favre, *c* & d'un an selon, Masuere, le changement n'est estant jamais presumé s'il n'en conste. *d*

Des charges domiciliaires & division du domicile.

a *Edit du* 27. *Mars* 1584. *au stil.*

b *l.* 2. *ff ad munic.*

c C *Fab. de frust & lit. exp. ex l. civet de incol.*

d *Alciat. in l. pupillus. ff. de verb. signif.*

Or comme nous avons comparé le corps moral, au corps naturel, il faut rencontrer dans le premier les parties principales qui le font subsister, comme les Physiciens les trouvēt dans l'autre, ou plûtôt le Prince étant l'ame de l'Estat les trois facultez qui servent à ses fonctions, comme l'entendement, la memoire, & la volonté servent à nos ames, & ce sont assurément les trois ordres de la Republique, qui sont en Savoye, les Ecclesiastiques, les Nobles, & le tiers Estat, à la difference des premiers Romains, qui composoient leur Estat du Senat, des Chevaliers, & du Peuple, ou ils laissoient leurs Prêtres mélez, *e* ce que nous ne faisons pas, ny les François non plus, parce que nous preferons la Religion à toutes choses, *summa ratio est quæ pro religione facit.*

Suite de la ressemblance mystique. Du corps politique avec le naturel.

e *Voy L'oys. des ordres.*

Quant aux Ecclesiastiques, qui forment le premier de nos trois Estats, nous avons déja ébauché leurs droits, & prerogatives au commencement de cét œuvre, *f* ils ont le pas sur les Nobles, & le tiers ordre dans les assemblées publiques, lors qu'il font corps, comme estans les domestiques de Dieu, les depositaires de ses droits, & les gardiens de sa maison.

f *Voy p.* 1. *c.* 8. *de l'estat de la Iustice.*

Cura quibus divum effigies, & templa tueri.

Les Nobles ont le second rang, & sont tels, ou naturellement, & par naissance, ou accidentellement, & par leur propre merite, & quoyque les premiers ayent de puissantes raisons pour remporter l'avătage sur les autres, (en estant de la Noblesse de naissance, comme des Rivieres, qui descendans des hautes montagnes, deviennent plus pures par la rapidité de leur course, *venerare gloriam veterem*, dit Pline), *a* neanmoins la noblesse de la vertu est la veritable Noblesse, sans laquelle elle n'est que bouë, comme dit *Hostiensis*, b aussi le Poëte en parle en ces termes. *c*

a Plin. epist. 8.

b Hostiens. in cap. de preb.

c Seres. ex oti. con lib. 1.

Causam in se virtus nobilitatis habet.

Si bien qu'il faut que la veritable Noblesse soit accompagnée de la vertu, & de la naissance, ce qui fait voir qu'Aristote s'est abusé, lors qu'il a defîny la Noblesse ancienneté, & pureté de sang sans autre circonstance.

Les (Romains qui anciennement n'admettoient point d'autre Noblesse que celle des letres au dire de Sigonius, & de L'oyseau, & qui distribuerent au commencement le peuple par tribus, par races, & par ordres,) divisoient les Nobles en *ingenus*, gentils, & patrices, mais le President Chassanée, & les François les divisent par classes consistans en simple Noblesse, en la haute, & en celle des Princes.

Cét avantage d'honneur, & d'élevation ne donne pas authorité publique, parce que les ordres n'en ont point en qualité d'ordres, *d* en quoy plusieurs Nobles se trompent d'usurper certains droits, qui ne leur appartiennent pas, dont Tiraqueau, & Tieriat son traducteur se moquent agreablement, ils ont a la verité le pas sur le menu Peuple le port des armes, & plusieurs autres prerogatives.

d Loyseau des ordres chap. 5.

L'On peut parler, des Magistrats dans cét endroit, qui

ancienne

anciennement n'estoient tirez en France que de la Noblesse, comme assure Faucher dans ses origines au Chapitre des Chevaliers, & dire qu'ils sont (je parle des souverains) la plus relevée portion de cét ordre divin, sinon que les croyans au dessus de luy, nous voulussions en former un quatriéme, avec L'oyseau,& Papon. Quoyqu'il en soit, ils ont precedence sur la Noblesse lors que les uns, & les autres font corps, comme il fut decidé par le Prince, à l'entrée solemnelle de feu Madame la Duchesse Royale, dans la Ville de Chambery, & quoyque le salut ne soit de necessité à l'égard des particuliers, s'il l'ét indispensablemēt envers les Magistrats, comme depositaires de l'authorité publique dont l'exercice reside en eux. Il faut remarquer que le titre de Noblesse peut être aquis, ou par les Letres, ou par les Armes, ou par privilege special du Prince, qui seul a droit de l'accorder, *a* & que les Charges de Messieurs du Senat, de la Chambre, & des Controoleurs generaux des Guerres, aquierent tous les droits d'ancienne Noblesse, *b* déja les Senateurs devenoient Nobles selon le droit Romain, ainsi qu'on lit dans les Textes. *c*

Decision touchant la precedence du Senat, & de la Chambre.

Les Iuges Ducaux, & leurs femmes sont annoblis par leurs Offices, & non leurs enfans, *d* & les Secretaires du Prince servans actuellement auprés de sa personne. *e*

L'On devient quelquefois Noble par les Arts, par Mariage, & par le nombre de douze enfans. *f* Il y a un cas fort remarquable touchant la nourrice du Prince, qui annoblit son mary à cause du grand service qu'elle a rendu à l'Estat.

a *l. 1. C. ut dig. nova instit. nō pos. C. Fab. def. 15. de nobil. Loys. des Seig. chap. 8.*
b *Edit du 1. Octobre 1584. inseré au stil.*
c *l. senatorum C. de dig. l. 12.*
d *C. Fab. def. 24. de nob. & dign.*
e *Edit de 1584.*
f *l. mulieres Cod. de nob. & dign.*

Il y a des noblesses sans exemption de t... ...omme celle du droit, qu'ont les Docteurs, & celle d... Syndics, de certaines Villes, & des Gentils-hommes, Archers, qui

Nobles sans exemption.

estant collectives, ne servent qu'au corps, enfin il faut aux estrangers titres, & témoins pour se prouver Nobles. *a*

a Edit de 1626 C. Fab. def. 15. eod.

Perte de noblesse.

L'On déchoit de sa noblesse par forfaiture, ou par l'exercice des Arts mechaniques; mais les enfans n'en sont pas privez lórs qu'elle ne vient pas de celuy qu'on en prive, ou que l'Arrest ne le declare pas, *b* & celuy qui travaille sur son fonds n'en est pas privé. *c*

b C. Fab. def. 14. & 25. de nob.

c C. Fab. def. 3. de nob. & dig. Pap. speculat.

Reste à parler du dernier ordre, que nous appellons *tiers estat* composé des personnes de letre, des artisans, & des roturiers.

Des gens de letre. Des Advocats & Procureurs

Les gens de letre qui ne sont en Magistrature comprenent les Advocats, dont l'employ est si relevé, que Saint Augustin les nomme heureux, Ciceron des fleuves d'or, & le Poëte des foudres qui tonnent contre l'injustice.

Densaque vibratâ jaculantur fulmina lingua.

Les Procureurs defendent les plaideurs, & conduisent leurs causes dans la navigation, & guerre des procez, qui ne sont pas toûjours injustes, ny defendus.

——Tamen & si bella quiescant,
Non periit virtus, licet exercere togatæ,
Munera militiæ licet, & sine sanguinis haustu,
Mitia legitimo sub iudice bella movere.

Des clercs de Palais.

Enfin tous les Notaires, Clercs de Palais, & autres employez à la Iustice, & même aux autres affaires de letre, sont compris dans cette premiere espece du tiers Estat, & quoy qu'il se puisse faire qu'ils nuisent aux gens de bien quand ils sont interessez, avides, & chicaneurs, aussi sont ils propres à beaucoup de bonnes choses, & au bien public quand il s'y veulent employer.

Terra salutiferas herbas, eademque nocentes,

Nutrit,& vrticæ proxima sæpè rosa est.

Les artisans dont les emplois, sont presque infinis, sont les plus importantes portions du commerce, par lequel les Villes subsistent, & se maintienent, comme les roturiers sont les nourriciers des Estats, & comme dit le Poëte. Des Artisans.

Queis sine,nec potuere seri nec surgere messes.

Aussi voyons-nous que les Princes politiques ont advantagé les bourgeois des Villes,qu'ils ont voulu peupler, de quantité de privileges, comme firent les Romains *per leges sacratas* aprés le déchaussement des Roys,on a donné en quelques endroits les premiers honneurs aux agriculteurs, jusques là que les Roys d'Egypte portoient leurs sceptres en forme de soc, *a* & l'on attribuë à l'agriculture la source des premieres loix, *b.* en faveur de laquelle nos Princes ont fait tant d'Edits. Des agriculteurs.

a *Doliv act. forens.*
b *Edit du* 22. *May* 1592. *an stil stat.*

Prima ceres unco glebas demovit aratro;
Prima dedit fruges, alimentaque mitia terris;
Prima dedit leges.

Or comme il y a plusieurs differences dans les trois ordres,concernant les impositions, & tributs : il faut sçavoir que l'Eglise paye taille en Savoye de ses aquis, dés l'Edit de 1584.étant bien juste,qu'ils contribuent aux besoins publics particulierement à la refection des ponts, & des meurs des Villes, *c* puis qu'ils y ont interest *omnes*, dit une loy, *d fore promiores ad soluendum credimur ea quæ pro salute communi poscuntur, & si censum, Dei filius soluit, quis tantus es qui non putes esse soluendum.* Enfin Sylla se servit des vases,& richesses du Temple dans son expedition contre Mitridate. Tributs deus par l'Eglise.

c *l. ad instructionem C. de sacr. Eccles. Doliv. q. not. l.* 1. *chap.* 8. *& passim omn. s.*
d *l. nemo carcerem, C. de exact. trib. lib.* 10.

En effet on fait bien contribuer aux forains pour les

biens, comme aux regnicoles, quoy qu'ils ne soient pas comme l'Eglise, des membres de sa Republique, n'y ayant pas la méme raison pour eux qu'est pour les Nobles dont je vay parler, lesquels doivent sacrifier leurs personnes, & leurs biens quand le Prince en a besoin, ce que les Ecclesiastiques ne font pas. J'observe qu'il ny a nul renvoy pour les tailles en faveur des Clercs, a aux cas ou leurs biés les doivent, étant neanmoins de la prudence du Magistrat de n'alterer pas leurs droits, & leurs immunitez, parce que leur cause est celle de Dieu dont ils sont les domestiques, & les sacrez Ministres, il est aussi de la leur, de conserver *à Cesar ce qui est à Cesar*.

a *l. 5. C. vbi caus. fisc. l. vlt. C. vbi de caus. cur.*

Anciens nobles exemps de tailles.

Quant aux anciens Nobles ils sont exempts de toutes tailles suivant l'Edit, *b* & les anciens privileges de ce pays ce qui est cõforme au droit Romain, *c* & méme leurs bâtards vivans noblement, & ayans du bien pour cela, pourveu qu'ils soient advoüez par le chef de toute la famille, *d* ils doivent pourtant barrer les armes. *e* Les nouveaux Nobles payent la taille 50. ans dés qu'ils ont fait enteriner leurs letres, étãt à remarquer que ceux qui sont faits nobles par la Magistrature s'en peuvent faire décharger dés le temps de leur reception en obtenant le reject en Chambre. Le méme est pour les anciens nobles qui aquierent des fonds cottisez, pourveu qu'ils ayent titre de proprieté, & que la cause enoncée soit prouvée par titres.

b *Edit du 1. Octobre 1584.*
c *l. 1. C. de muni. patrim. lib. 10 l. 3. de mun. & hon.*
d *C. Fab. def. 11. de natur. lib.*
e *C. Fab def 27. de nob. & dign.*

Nouveaux la payent 50. ans

Des rejets de la taille.

Celuy qui desire obtenir rejet de la taille, le demande par requeste à ce Magistrat, qui ordonne *qu'elle sera montrée aux interessez deuëment assemblez, & au Seigneur procureur patrimonial*, aprés quoy, & la formalité faite, le rejet de la cotte est ordonné *à sols, & livres sur les biens cotisables, & non cotisez s'il y en a, & à deffaut d'iceux sur le*

Leur forme.

general de la paroisse, (*ou du mandement ou province*, si on est au cas) *à la diligence des officiers locaux, tous interessez à ce ouys, & appellez*, étant raisonnable que *ex mutatione possessoris mutetur qualitas rei*, a & quoy qu'il sẽble d'abord qu'il ne soit pas juste de charger les uns pour décharger les autres, *b* neanmoins comme les membres foibles sont supportez par les autres, *c* de méme la taille, que les autres engagemens des Nobles leurs empéchent de pouvoir payer, doit l'estre par les roturiers, d *tributa à plebeis, non à nobilibus solui debent*, dit la loy, *e* outre que la raison naturelle veut qu'ayans le profit, & diminution des tailles lors que les nobles, & privilegiez alienent, ils la supportent lors qu'ils en aquierent des cottisez, *iuxta brocardicum juris, ad quem pertinet commodum ad eumdem pertinet incommodum.*

a *Bart. in l. Paulus ff. de aq. haered.*

b *l. in fraudẽ C. de ann. & trib.*

c *l. 4. de censib.*

d *l. 1. C. de mun. patr. l. 10*

e *Mayn. Philip. Durant.*

La Ville de Chambery, qui est la Capitale de Savoye, & le siege du Senat, a des biens francs de tailles, & des autres de l'anciene inscription celle d'Anessi a aussi ses franchises limitées, ne payans leurs bourgeois que les quartiers ordinaires. Le méme est à Remilly, Montmelian, Ayguebelle; mais le temps de ces trois est limité : à l'expiration duquel il faut recourir au Prince. Les bourgeois de Moutiers ne sont exẽpts que des utensiles, & decimes, quãt aux habitans de Thonon, & de S. Iean de Maurienne: ils n'ont qu'une exemption pour leurs cottes particulieres, étant à remarquer que les bourgeois de Chambery n'ont exemption des tailles ordinaires que dans la province de Savoye depuis la restriction de leurs privileges faite en 1639. & qu'annessi, Remilly, & Montmelian ont esté limitées en la cotte generique, & leurs bourgeois en leurs cottes particulieres. Il y auroit plusieurs autres observa-

Villes exempts de tailles en tout ou en partie.

tions à faire touchant les matieres politiques ; mais comme la plusspart des maximes dont nous usons, sur tout au regard des tailles, tributs, & domaine du Prince, sont tirées de celles des Romains, je r'envoye le Lecteur au trois derniers livres du Code Iustinien, qui ont traité tout ce qui regarde la police de leur Empyre.

Police des Villes.

Ie diray seulement deux mots touchant celle des villes, & communautez qui consiste, à veiller à l'ordre des bâtimens, à la liberté, & conservation des chemins, au netoyement des ruës à l'ordre touchant la debite des denrées, & à tout ce qui concerne le repos, & le decore de la ville, ou bourgades. Les emprises qui sont la determination du temps de vendanges, sont aussi des Reglemens de police pour empécher la confusion, & les desordres.

Ie me dispense de traiter à fonds châque espece de police, & me restrains aux chemins, & aux emprises, qui sont les plus importantes matieres.

Des chemins.

Les chemins publics, nommez ruës dans les villes, étans indispensables à la vie civile, & au commerce, sont à tous quant a l'usage, & ne sont à personne, quant a la proprieté, *a* de sorte qu'il n'est point permis de les alterer, *b* autre est des voyes privées, qui ne sont que servitudes : *non enim est omnium viarum una eademque conditio*, disoit Siculus Flaccus, *c nam sunt viæ publicæ, & regales, quæ publicæ muniuntur, & curatores habentes* (appellez voyers,) *& vicinales quæ de publicis revertuntur in agros, & tandem privatæ*, & ce sont les servitudes *iter*, *actus*, *via*. Aussi Bouteillier divise les chemins publics en Royaux, & transversiers, ainsi que nous faisons en Savoye.

a Loys du droit de police c.9.
b tot. tit. ne quid in loc. pub. vel itin. fiat, & ff. de via publ.
c Sic. Flac. de condit. agror.

La maintenance des chemins publics appartient, au Magistrat du Prince, s'ils ne sont infeodez, auquel cas les

Seigneurs qui en ont la charge, & l'infeodation en ſont reſponſables, & les Syndics du netoyement des ruës, ſans qu'ils y ayent autre droit que l'uſage comme les autres, nous liſons que Cumanus Preſident de la Iudée puniſſoit rigoureuſement les Seigneurs pour les deſordres, qui ſe commettoient dans les chemins, qu'ils avoient à charge, *a* c'eſt ce qui fait qu'en Savoye les Officiers locaux les viſitent dans la campagne, & marquent aux aboutiſſans par des bois croiſez, ou autrement : lors qu'il les faut reparer à l'endroit de leurs poſſeſſions, eſtant chatiables d'amendes, s'ils ny mettent ordre aprés, auſſi bien que ceux qui y jettent des pierres, & autres obſtacles. *b*

Du nettoyement, & liberté des chemins, & ruës.

a *Ioſeph au traité de la guerre des Iuifs, Cujas. 1. obſerv.*

Quant aux Reglemens qui ſe font touchant la recolte, ils ſont plus communs pour les vendanges que pour toute autre choſe, le temps deſquelles approchant les Officiers locaux aſſemblent le peuple aprés avoir viſitées les vignes avec les plus intelligens du fait, & determinent les jours auquel on pourra commencer à vendanger, ou le Seigneur n'a que ſa voix comme les autres, & quoy qu'il ait droit de faire autoriſer ce Reglement, il ne l'a pas pourtant de le faire ſeul ; mais les communiers, n'y méme d'en diſpenſer aprés par des permiſſions particulieres, qui n'empécheroient pas aux intereſſez de ſe plaindre de l'infraction d'empriſes, laquelle eſt de la connoiſſance du Iuge du territoire, & non de celuy qui n'a que des hommes, & fiefs diſperſez. Le Senat le préjugea touchant le Iuge de Beauregard en faveur de Monſieur le Preſident, & Comte Coſta, qui en eſt Seigneur territorial, perſonnage dont la belle, & genereuſe conduite ſoutient glorieuſement la memoire de tant d'Illuſtres ayeuls, comme ſa pieté envers Dieu, ſa magnificence envers les Egliſes, ſa

b *Arr. gen. du 3. Sept. 1566. au ſtil.*

Desempriſes.

De l'infraction des empriſes.

Eloge de Mr. le Comte, & Preſident Coſta.

liberalité à l'égard des pauvres, & son honnêteté envers châcun, luy attirent la benediction du Ciel, le succez en ses affaires, & l'estime de toute la Terre. Ie finis cét Ouvrage dans cette douce pensée, & dans celle que s'il n'a pas les agreémens, & le succez que je luy desire par moy méme, il l'aura possible par la bonté du Lecteur, & par l'importance de son sujet.

Quant a moy je seray toûjours trop satisfait si l'on connoit mes intentions pour le bien public sçachant que, comme dit *Appollonius* en *Philostrate*, il n'y a point de lieu plus haut, & plus éminent sur la Terre, que le Tombeau de ceux qui ont travaillé pour le service de leur Prince, & pour l'interêt de leur païs.

FIN.

Omiſſion en la premiere partie, page huit avant la ligne derniere qui eſt icy par apoſtille.

La derniere ligne des cōſeils d'eſtat & de ſanté.

Il y a encore en Savoye les conſeils d'Eſtat, & de ſanté composez de ceux qu'il plait au Prince, dont les principaux ſont du Senat, & de la Chambre des Comptes, ils jugent en dernier reſſort, ce qui eſt de leur connoiſſance, & ont leurs bas officiers.

Des Iuges ducaux, ou Iuges majes.

Les juges ducaux, nommez *Iuges Majes*, ſont auſſi Magiſtrats, comme eſtoient autres fois les Preteurs à Rome, ou les Preſidents dans les provinces, il y en a huit deçà les monts, qui ſont l'aigle volant riere les leurs, *a* & celuy de Savoye eſt juge naturel en premiere inſtance, des affaires de Meſſieurs des deux corps, *b* par un particulier privilege de leurs charges.

a C. Fab. *def.* 23. *de iur. om. iud.*

b C. Fab. *def.* 1. *vbi ſenat. vel clariſſ.*

Des Lieutenans des iudicatures.

Les juges tant ducaux que ſuzerains ont des Lieutenans eſtablis par le Prince, & par ſes Vaſſaux, & à leur deffaut par eux-mêmes, eſtant à remarquer que les Officiers des Prelats, & autres ayans juriſdiction temporelle doivent tenir la même conduite que ceux des perſonnes ſeculieres, & qu'ils n'ont pas titre de Magiſtrats.

Les officiers de Savoye ſont en fort grand nombre, & ſous des noms differents, même pour les affaires de la guerre, & de police.

Autre omiſſion à la page 201. ligne 5.

Eloge de Mr. Comte. Pouvoir donne au Senat de nommer au Prince des Advocats pour places au Senat.

Lequel Sieur Comte eſt une perſonne d'une integrité, & d'une capacité connuës par le Senat, qui (dans le pouvoir que le Prince a donné à ce corps celebre de luy nommer 3. des plus capables Advocats, lors qu'il meurt quelque Senateur,) le luy a propoſé, ce qui fait aſſez l'eloge de ſes Vertus, & de ſon ſçavoir.

Kk

APPROBATIONS DES DOCTEVRS.

NOVS soubsigné Docteur de la faculté de Paris, Conseiller, & Predicateur ordinaire de S.A.R. Vicaire national des freres Prescheurs en Savoye, Prieur de Montmellians, avons leu avec plaisir ce qui est esprit avec justesse, & aprés avoir consideré avec admiration le Livre intitulé *Estat en abregé de la Iustice Ecclesiastique, & Seculiere du pays de Savoye*, donné au public par l'Illustre Senateur, & Baron de Ville, &c. attestons, & declarons ny avoir rien rencontré de contraire à la Foy, & aux bonnes mœurs, & qu'estant la production d'un sçavant en tout, d'un zelateur de la Foy, & d'un equitable Magistrat, il ne sera jamais assez tost mis au jour, pour la gloire de Dieu, le service du Prince, l'avancement de la Iustice, l'honneur de l'Autheur, & l'utilité publique, en signe dequoy avons signé; à Montmellians le 3. Février 1674.

FRANÇOIS CHARLES GAVD,
Docteur de Paris.

IE soubsigné Docteur de la faculté de Theologie de Paris, & Prieur du Convent des freres Prescheurs de Chambery, ayant leu, & examiné le Livre intitulé *Estat en abregé de la Iustice Ecclesiastique, & Seculiere du pays de Savoye*, composé par Noble Charles Emanuel de Ville Seigneur du Fontanil, & du Villaret, Baron Daypierre, Conseilseiller, & Senateur en Savoye, &c. Ie declare & atteste ny avoir rien trouvé de contraire à la Foy, Catholique Apostolique, & Romaine; mais des choses doctes, & curieuses, & tres bien digerées, même utiles en quelques endroits à l'avancement de la Religion, en signe dequoy j'ay signé. A Chambery ce 1. Mars 1674.

FRANÇOIS HVGVES MARCHAND, Docteur de Paris.

EGo infra scriptus sacræ Theologiæ Doctor, necnon Provinciæ Divi Bonaventuræ Ordinis Fratrum Minorum Conventualium sancti Francisci exprovincialis primarius, librum cui titulus est, *Estat en abregé de la Iustice Ecclesiastique, & Seculiere du pays de Savoye*, ab Illustrissimo D. D. Carolo Emanuele de Ville Senatore Sabaudico, compositum summa animi voluptate perlegi, & rogatus sæpius ab eo vt in eum sententiam censoriam pro ferrem: audacter pronunciare non vereor, opus illud incredibili sanè eruditione refertum ingeniosoque labore perpolitum, atque vt omnia paucis perstringam, auctore suo dignissimum; cumque in nullo à Christiana morum deviet honestate, vel Orthodoxæ fidei dissentiat, typis mandari posse, ac debere judicavi, Camberij die 7. Maij 1674.

FRANCISCVS BERNARDINVS DE LONEY,
Doctor Theologus.

Fautes furvenuës à l'impreſſion, à la partie premiere.

part. 1. pag. 4. lign. 20. qu'on y reſpire, *non* qu'on n'y reſpire, p. 5. l. 12. rois de bourgogne, *non* roy, p. 6. l. 13. &14. oſte il la fit eriger en comté, p. 7. l. 17. puis à charles, *non* puis à charles, p. 7. l. 25. eſt auſſi la merveille, p. 13. l. 6. *contrahi*, non *contrariis*, p. 31. l. 20. mansfolus, *non* mansfelus, p. 34. l. 4. *populica*, non *populica*, p. 48. l. 1. le reſidu avant le premier mot, p. 65. l. 1. continu, *non* contenu, p. 90. l. 16. ce ſecours, *non* le ſecours, p. 96. l. 9. *thelemachus*, non *thelemanchus*, p. 107. l. 26. *exemplis*, p. 119. l. 13. s'eſlever, *non* ſe s'élever, p. 140. l. 12. *craſſus*, non *craſſais*, p. 143. l. 26. de la forger, *non* de forger, p. 144. l. 25. du fort au foible, *non* ou foible, p. 145. l. 21. le pere, *non* ſi pere, p. 146. l. dern. crime, *non* crimes, p. 146. l. 13. aprés s'inſcrire, ſauf entre proches, p. 147. l. 10. de Arnaud du Thil, *non* de Jean du Thil, p. 147. l. 18. s'il eut eu, *non* s'il eut, p. 158. l. 12. importantes, *non* impor importantes, p. 158. l. 17. ſous des peines, *non* pas & ſouvent, p. 158. l. 24. terres, *non* textes, p. 178. l. 17. hebreux, *non* genereux, p. 179. l. 9. qu'en lit, *non* qu'en dit, p. 183. l. 17. aprés eſpece de, *eſt omis* peché, p. 183. l. 25. aux corinthiens, *non* aux premier corinthiens, p. 184. l. 17. culan, *non* eulan, p. 185. l. 31. Ioſeph, *non* Ioſephe, p. 186. l. 17. *quod tibi quid morbum*, non *quod tibi morbum*, p. 213. l. 24. *bis integer vits*, non *inita ex vita*, p. 223. *eiolat emiſſum ſemel*, p. 244. l. penult pouvons, *non* pouvans, p. 252. l. pen. *collo*, non *callo*, p. 253. l. 11. parce qu'il y a, p. 273. l. 24. *veros*, non *verat*, p. 295. l. 5. repetes, *non* reproches, p. 314. l. 6. *vinculum*, non *vindulum*, p. 312. l. 5. ſont, *non* ſoit, p. 340. l. 30. eſt, *non* eſtoit, p. 350. l. 5. *presbyteris*, non *preſbiteris*, p. 353. l. 23. *fleta*, non *flenda*.

Partie ſeconde.

part. 2. pag. 28. l. 9. *mulieribus*, non *mulieribus*, p. 54. l. 8. *corporum*, non *corporum*, p. 58. l. 2. le renvoy, b, a *modestis*, non a *frodali*, p. 81. l. 2. qui ſont, *non* qui font, p. 92. l. 27. que apres il eſt iuſte, p. 102. l. 8. pere, *non* pete, p. 103. l. 19. c'eſt aux dépens, p. 115. l. 35. *glicia*, non *licia*, p. 126. l. 24. *adventu*, non *aventu*, p. 134. l. 11. m'ont *non* mon, p. 147. l. 4. qui ſelon le ſtil, *non* dont le ſtil, p. 151. l. 5. fait valoir, *non* fait voir, p. 153. l. 2. retirer, *non* reliberer, p. 156. l. 12. *nefaſtos*, non pas *ne feſtes*, p. 159. l. 20. dés le 20. Decembre, *non pas* dés le 20. Octobre p. 190. l. 11. compeſe, *non* compoſe, p. 103. l. 18. *cognantur*, non *cognantur*, p. 108. *ſpreto*, non *ſpetro*, p. 110. l. 14. *pacis*, non *pars*, p. 212. l. 11. pourtant, *non* pourront, p. 220. l. 14 *nec* non pas *ne*, p. 246. l. 21 ſubhaſtations, *non pas* ſubhatations, p. 246. l. 6. eſt omis ſubſidiairement, aprés on peut convenir. p. 242. l. 13. eſtant, *non pas* dans étant, p. 281. l. 25. murs, *non* meurs.

Il y a erreur aux vers de Monſieur Demerandes, & de Mr. Carron touchant l'ordre, de plus notez que pluſieurs des Officiers nommez ſont morts aprés le parachevement de l'Ouvrage, comme Meſſieurs de Cumiane, Darvey, Dechamoſſet, Fichet, & Excoffon.

www.ingramcontent.com/pod-product-compliance
Ingram Content Group UK Ltd.
Pitfield, Milton Keynes, MK11 3LW, UK
UKHW012022240726
13965UKWH00002B/524